特色学院建设教材

主 编 ◎ 张 静 余 晴
副主编 ◎ 王 丹 李豪军 郭家雨

重庆母城文化概论

西南大学出版社
国家一级出版社 全国百佳图书出版单位

图书在版编目(CIP)数据

重庆母城文化概论/张静,余晴主编.—重庆：西南大学出版社,2022.1
ISBN 978-7-5697-1237-7

Ⅰ.①重… Ⅱ.①张…②余… Ⅲ.①文化史—渝中区 Ⅳ.①K297.193

中国版本图书馆CIP数据核字(2022)第002710号

重庆母城文化概论
CHONGQING MUCHENG WENHUA GAILUN

主　编　张　静　余　晴
副主编　王　丹　李豪军　郭家雨

责任编辑：杜珍辉
责任校对：赖晓玥
装帧设计：闰江文化
排　　版：江礼群
出版发行：西南大学出版社（原西南师范大学出版社）
　　　　　　地址：重庆市北碚区天生路2号
　　　　　　邮编：400715
　　　　　　网址：www.xdcbs.com
经　　销：全国新华书店
印　　刷：重庆升光电力印务有限公司
幅面尺寸：170 mm×240 mm
印　　张：14.5
字　　数：253千
版　　次：2022年1月　第1版
印　　次：2022年1月　第1次印刷
书　　号：ISBN 978-7-5697-1237-7
定　　价：39.00元

前言

1

  时间犹如一双无所不能的神奇巨手,总是能创造出无尽的令人惊叹的奇迹;而它,似乎也格外垂青重庆母城这片土地。3000年光阴,白云苍狗,它以天地为琴,江山为谱,以历史与文化为音符,演绎出华美乐章……

  这乐章,它是如此雄浑而又不失轻灵!它有巴山的绵延挺拔,也有两江的冲决浩荡;它有巴人始祖在蒙昧初开时的声声长啸,也有多情诗人在夜雨涨秋池时的轻轻吟哦。

  这乐章,它是如此壮烈而又不失舒缓!它有巴蔓子刎首存城的忠勇,也有移民路上的艰辛;它有抗战岁月的铁与火、血与泪、不屈与抗争,也有红岩村的隐秘战斗;它有老城旧巷的古朴清幽,也有吊脚楼下的缕缕茶香。

  这乐章,它是如此绚丽而又不失淳朴!它有现代都市的炫彩,也有晨钟暮鼓的回荡;它有万千华灯倒映江河的璀璨,也有船火独明的清丽;它有商业CBD的风云变色,也有寻常巷陌的人间烟火气息。

  这就是重庆母城!它是黄钟大吕的轰鸣,也是短笛长箫的清奏;它是昂扬的进行曲,也是雄壮的交响乐!它是你的母城,也是我的母城;它养育了重庆的过往,也开启重庆的未来;它是身体行走的地方,也是心灵回归的所在……

2

如果把重庆母城比作时间之手演绎的华章,那么《重庆母城文化概论》则无疑是这场盛大演出所留下的乐谱。

习近平同志曾经深刻指出:"文化自信,是更基础、更广泛、更深厚的自信。"母城文化不但铭刻着重庆的发展历程,更作为精神内核,为重庆的发展提供源源不绝的生长动力。知往才能谋新,在重庆紧抓机遇迎来新发展的时代,更有必要对母城文化进行挖掘、整理、传播、利用。

重庆广播电视大学渝中区分校根据自身承担的社会功能,结合创建"特色文商学院"的契机,组织编写《重庆母城文化概论》,正是落实习近平总书记关于"文化自信"论述的重要举措,正是对重庆母城文化进行挖掘、整理、传播、利用的重要举措。

本书主要提供给重庆广播电视大学的学员进行学习,同时也作为母城文化的通识读本,提供给社会公众阅读。

3

本教材在编写过程中,严格遵循以下原则。

注重知识的系统性、科学性、准确性和权威性。教材从母城历史沿革、巴文化与移民文化、航运发展与重庆开埠、抗战活动与抗战精神、革命文化与红岩精神、商贸文化与旅游文化、母城文化发展战略等7个方面,对母城文化进行讲述,具有严密的系统性。同时,教材在编写时注重内容的科学性、准确性和权威性,书中知识做到出处准确,且符合国家相关规定。

以培养目标为编写先导。编写本教材,其目标在于让学习者了解重庆母城历史、文化、商贸的发展历程,知晓重庆母城的文化旅游资源,贮备关于重庆母城文化的知识,进而比较深刻地理解重庆母城的文化内涵、城市风情和城市精神,从而为社会培养文商旅人才。据此培养目标,教材设置了具有针对性的教学要求,注重理论联系实际,让学习者不但掌握关于母城的历史、文化、商贸、旅游的知识,并将知识转化为能力和素养。

注重专业性与通识性的结合。《重庆母城文化概论》既是广播电视大学学员的教材,也对社会公众提供关于母城文化的通识性阅读。教材既然注重知识的深度和广度,并加以适当地理论阐释,从而体现出其专业性;同时也兼顾社会公众进行通识阅读的需求,力求通俗易懂、文图并茂。

4

在上述编写原则指导之下,本教材体现出鲜明的特色,概括如下。

鲜明的地域性。首先,题材的地域性特色。教材以重庆母城的历史、文化、商贸、旅游等为内容。其次,视角的地域性特色。教材在讲述相关内容的时候,注重"重庆视角",体现"重庆主体性"。

宏大的认知视野。"重庆视角"和"重庆主体性",并不意味着封闭于重庆一隅;本教材在讲述重庆母城的历史、文化、商贸、旅游时,有着宏大的认知视野。这种宏大的认知视野,既体现为纵向的时间性,又体现为横向的空间性。即以"航运发展与重庆开埠"一章为例。本章既讲述了重庆自古以来航运业的发展历程,体现出纵向的时间线;同时,又讲述了近代以来世界资本主义发展状况,体现出横向的空间性。正是这种纵横结合的宏大视野,让学习者能够对重庆母城的航运历史、开埠历史,以及重庆母城随着中国社会半殖民地半封建化一道进入近代社会的历程,有着更为全面和深刻的认知。

多学科支撑。本教材涵盖了历史学、社会学、文化学、经济学、地理学以及旅游学等众多学科。以"重庆母城历史沿革"一章为例。本章既从地理学的角度,讲述了重庆母城得天独厚的地理环境;又从历史学的角度,讲述了重庆母城在重要历史节点的发展状况;并从经济学角度,讲述了重庆母城发展的经济基础和商贸兴衰历程;还从社会学和文化学的角度,阐述了重庆母城的人文风情;最后还从旅游学的角度,对母城文旅商资源进行了讲述。

切合学习者特点,注重学习实效。本教材的首要使用者是广播电视大学学生,首要的培养目标是为社会培养文商旅人才。因此,教材在编写中在注意适当理论引领的同时，更注重将理论与实践相结合，注重学习实效。本教材实操性强，学习者可以结合自身行业特点和职业发展规划，将所学知识用于生活、工作。

丰富的板块设计，便于学习者使用。本教材各章除了主体部分之外，还有内容提要、学习目标、小结、实践建议、参考阅读、思考与自测等小板块，便于不同类型的学习者根据自身情况，使用本教材进行多层次的学习。

5

教材的主要学习内容为第一至第七章，各章又分为若干节。

第一章"重庆母城历史沿革"，主要从城市的起源与世界城市发展规律切入，对"重庆母城"概念进行释义，介绍重庆母城的形成条件，梳理母城从远古至当代的历史发展脉络，概况性地介绍重庆母城的城市风貌和人文风情，并从地理、经济、行政、社会文化、都市旅游等方面说明重庆母城发展的优势。

第二章"巴文化与移民文化"，主要讲述了巴族和巴文化的诞生和发展过程，及其作为重庆母城文化重要组成部分对后世的影响。同时介绍了重庆特殊的移民文化。

第三章"航运发展与重庆开埠"，主要讲述重庆母城历史上航运业的发展状况，同时结合近代以来中国社会半殖民地半封建化过程，讲述重庆母城的近代化历程，同时还讲述了相关历史遗迹。

第四章"抗战活动与抗战精神"，主要对重庆成为战时首都的过程进行介绍，讲述重庆成为战时首都的条件，发生在重庆母城的抗战活动，阐述抗战精神的内涵与意义，并介绍重庆的九大抗战遗址片区。

第五章"革命文化与红岩精神"，以时间为轴线，对重庆革命文化的发展进行讲述，对不同时代背景下革命文化形成的原因、过程以及影响都做了讲述；同时，本章还以专门篇幅讲述红岩精神。

第六章"商贸文化与旅游文化",主要讲述了重庆母城商贸的起源和历史上的发展黄金时期,着重阐释了近代和现当代的商务发展;同时,商贸与旅游相伴相生,本章还系统地讲述了重庆母城的旅游资源和发展情况。

第七章"母城文化发展战略",主要讲述了重庆母城在新时代的发展战略,阐述其愿景、目标和路径,尤其重点讲述了文旅商融合发展的战略规划。

6

本教材各章设计了内容提要、学习目标、小结、实践建议、参考阅读、思考与自测等板块,帮助教材使用者进行教与学活动。

内容提要:概括性地介绍该章主要内容,便于教材使用者对内容进行总体把握。

学习目标:通过掌握、理解、了解三种方式,对学习者学习该章内容提出明确要求,提高学习的针对性和实效性。

小结:对重点知识进行梳理,便于教材使用者快速地把握该章的重点知识。

实践建议:结合该章的主要内容或重难点知识,提出实践建议,帮助教材使用者开展实践活动,将知识转化为能力和素养。

参考阅读:结合该章讲述的内容选取阅读材料,以供教材使用者阅读,从而帮助使用者开拓视野,加深理解。

思考与自测:包括思考题和自测题两种形式。思考题主要是结合该章的重难点知识设计,让教材使用者进行深入思考,以期提升学习效果。自测题分为填空题和选择题两种形式,学习者可以通过自测题来巩固学习内容,也可以通过这些题目对知识进行系统性梳理。

关于本教材的学习方式,编写者提供以下建议,以供学习者参考。

阅读:既要通读全章,也要在教师指导下精读重点部分,还要结合该章重难点知识反复阅读。

理解:学习者在使用教材进行学习时,应该对教材讲述的内容进行理解,只有真正理解了所学内容,对知识的掌握才会深入、持久。

记忆:对教材所涉及的重要概念、知识点,应在深入学习基础上进行理解记忆。

思考:教材各章都列有思考题,学习者应结合这些思考题,对教材讲述的重难点知识进行深入掌握。

测试:教材各章都附有测试题,学习者可以通过这些题目进行自我测试,以检测自己对相关知识是否掌握,并通过测试的方式来复习所学内容,加深对知识的理解。在教材的最后,附有"自测题答案",以供学习者对照。

实践:本教材强调实操性,学习者应结合每章的"实践建议",将所学内容用于实践和实训。

目录 contents

第一章

重庆母城历史沿革 ·················001

第一节　历史沿革 ·················002

第二节　城市风情 ·················010

第三节　发展展望 ·················025

第二章

巴文化与移民文化 ·················035

第一节　巴人与巴国 ·················036

第二节　巴文化 ·················045

第三节　移民文化 ·················055

第三章

航运发展与重庆开埠 ·················067

第一节　航运历史 ·················068

第二节　重庆开埠 ·················071

第三节　开埠文化 ·················081

目录

第四章

抗战活动与抗战精神 …………………………………091

第一节　战时首都 …………………………………092

第二节　重要抗战活动与事件 ……………………105

第三节　重要的抗战遗址 …………………………112

第四节　抗战精神与重庆 …………………………119

第五章

革命文化与红岩精神 ……………………………125

第一节　辛亥革命与重庆母城 ……………………126

第二节　重庆母城的中共革命活动 ………………133

第三节　重庆母城的国共合作与统一战线 ………143

第四节　红岩精神 …………………………………151

第六章

商贸文化与旅游文化 ……………………………159

第一节　商贸文化 …………………………………160

第二节　现代都市商务区 …………………………170

第三节　旅游文化 …………………………………173

第七章

母城文化发展战略 ……187
第一节　区域发展定位 ……188
第二节　文旅融合发展战略 ……194
第三节　商务发展战略 ……203

附录
自测题答案 ……215

后记 ……219

第一章 重庆母城历史沿革

◇◇◇◇◇

▶ 内容提要

重庆母城渝中拥有3000多年的悠久历史,曾经历四次筑城、三次建都。母城独特的山水地理风貌,造就了重屋叠居的建筑风格,使母城具有别样的城市风情。悠久的历史为母城烙下了深刻的印记,丰富的古遗址、古墓葬、历史建筑和历史街区,使母城渝中成为重庆历史、城市文明发展的"展示厅"。

▶ 学习目标

掌握:重庆母城沿革的历史脉络;重庆母城的三次建都;重庆母城的四次筑城;重庆直辖后母城的发展。

理解:重庆母城沿革与时代背景之间的关系;母城历史文化对重庆城市发展的意义;重庆母城独特的人文风情及其区位优势。

了解:重庆主要历史风貌区;重庆母城的古城门和古城墙。

第一节 历史沿革

历史沿革是某一事物或某一地方在历史上的延续与变迁。重庆母城的历史沿革,是一幅起伏跌宕、波澜壮阔的变迁史,凝聚着重庆文化发展的根与源,延续着巴渝文化的魂与韵。

一、"重庆母城"概念

"重庆母城"的起源和发展,既符合一般城市的发展规律,也有其自身的特性;"重庆母城"概念经历了学界提出和社会各界逐步认同的过程。

(一)城市的发展规律

探索重庆母城的发展历史,首先要了解世界城市发展的一般性规律。

1.城市的概念

在中国古代文献中,"城市"是"城"与"市"的合称:"城"因"土"而"成","一成而不可毁也",常指四周围上高墙,扼守交通要冲,具有防守性质的军事要点,最早的"城"还不具备宗庙、宫室、商业市场、手工业工场等后来城市所应该具备的要素。"市","买卖之所也",指进行交易的场所,后常设在居民点的井旁,故有"市井"之称。"城市",即有城有市的地方。

中国古代的城市常有城墙,护墙通常对于古代的城市和乡村都是需要的,但并非所有城市都有"墙",考古发现,有的早期城市就没有围墙。早期的"市"也并不固定,随着商品经济的发展,人们逐渐在特定的地点按特定的时间相互交易,形成集市。为了经营上的方便,"市"逐渐被吸引到人口比较集中且又是奴隶主贵族居住的"城"中,并有了固定的位置,至此,真正意义上的"城市"方才产生。

现在所说的城市,其概念范畴早已超过古代城市的含义,在职能、组成、规模、空间等方面都较早期更加复杂化、多样化。不同学科根据需要,对城市概念有不同的理解,就一般情况而言,城市也有其一般特性和本质特征,即马克思和恩格斯认为的"城市本身表明了人口、生产工具、资本、享乐和需求的集中"(《马克思恩格斯全集》第3卷1960年版第57页),其本质特征就是"高度集中的非农业社会运动"[1]。

本书对城市的定义为:城市是非农人口和非农产业高度富集的地域复合体,一般包括了住宅区、工业区和商业区并且具备行政管辖功能、经济功能、文化功能,也可称为地区中心。

2.城市的起源

早期城市的兴起与其所处的地理环境密切相关,包括自然地理环境和人文地理环境。如中国早期在确定城市城址前需要对其地理环境进行充分考究,其选择原则包括:①平原广阔。平原地区自然环境优越,地形平坦,水源丰富,物产丰盈,能为城市的兴起和发展提供必要的条件。②水路交通便利。便利的交通是城市兴起、发展的支柱和杠杆。③地形便利,水源丰富。多为地势险要之地,傍山、倚原、临河,可充分防御,使城市处于安全地位。④地形高度适中。"凡立国都,非于大山之下,必于广川之上。高毋近旱而水用足,下毋近水而沟防省;因天材,就地利。"此处虽言国都,但对一般城市同样适用。⑤气候温和,物产丰盈。[2]

3.城市发展规律

从世界范围看,早期城市按城市功能一般可分为政治型、经济型、军事型三大类。从城市发展的一般规律来看,生产力发展水平越低,城市的经济功能越弱,政治和军事职能在城市职能中的比重越大。因此早期的城市多为政治中心和军事要塞,为某一区域的行政、宗教、军事中心[3]。随着生产力的发展,城市的经济职能尤其是商贸职能日益凸显,正如马克思指出的那样:"真正的城市只是在特别适宜于对外贸易的地方才形成起来,或者只是在国家首脑及其地方总督把自己的收入(剩余产品)同劳动交换,把收入作为劳动基金花费的地方才形成起来。"(《马克思恩格斯全集》第46卷上1979年版第474页)

---

[1] 戴均良.中国城市发展史[M].哈尔滨:黑龙江人民出版社,1992:2.
[2] 见马正林编著的《中国城市历史地理》(1998)中"中国城市的城址选择"。
[3] 戴均良.中国城市发展史[M].哈尔滨:黑龙江人民出版社.1992:6-7.

(二)重庆母城诞生的条件

周武王克商,封同姓为巴子,遂都于此地,因险固以置城邑,并在高岗之上。[①]可见重庆母城自诞生之初,即具浓厚的军事型城市特征,这既与渝中半岛得天独厚的军事防御条件有关,也与其西南水路枢纽地位,以及巴楚长期交战的政治环境密不可分。

重庆母城所在的四川盆地地处西南内陆腹地,与全国主要经济区东障巫山,北隔大巴山、秦岭,仅有长江与外部相通,在其历史早期是一个相对独立的自然经济区。重庆母城坐落长江与嘉陵江的交汇处,"会川蜀之众水",是四川盆地东出的水路交通枢纽。

重庆母城所在的渝中半岛控扼两江、高固险阻、易守难攻,不仅拥有绝佳的防守条件,同时具备水道交通及方便渔猎与生活劳作的沿江缓坡地带,为其成为政治军事中心提供了优越的地理环境基础。

因地理环境使然,秦时期的巴国与北方中原民族交流相对较少,因水路便利,而与东西紧邻的荆楚、蜀国接触较多,尤其与楚的频繁相争,也在一定程度上促进了重庆母城的诞生。

(三)"重庆母城"概念从诞生到定型

1997年,王泉根首先提出了"重庆的母城"概念。自此以后,渝中区作为"重庆母城"的观点和认识得到各界广泛的传播与认同,2012年,渝中区人民政府印发了《关于规划建设重庆"母城"历史文化风貌区的决议》,"重庆母城"的定义被阐述为:以渝中区所辖区域为地理范围,以巴都江州至明清时期古城为核心区域,以重庆开埠至抗战时期,及至新中国第二次直辖市时期地区为中心区域,成为重庆主城九区母本的"渝中区地理与文化空间"[②]。

(四)"重庆母城"概念的内涵

"重庆母城"概念的提出与获得共识,既与重庆历史文化、重庆城市发展历史以及渝中区过去在重庆城市发展、经济与社会发展中的地位和作用密切相关,又与渝中区的未来形象、定位与发展密切相关。其空间范围是明确的,即今日重庆市之渝中区(古之江州城、渝州及宋之重庆城所在地域),但文化内涵又具衍生性与共生性。

---

① 管维良.重庆民族史[M].重庆:重庆出版社.2002:76.
② 重庆人大网《关于重庆母城历史文化风貌区规划建设的调研报告》。

具体而言,"重庆母城"指重庆市主城区古代城市时空及其所影响的现代城区,是包含在此时空、地理范围内所有的历史、地理、自然、政治、经济、文化等物质与精神因素,以及文化遗产在内的一个庞大的文化空间。在三千年的演进过程中,在半岛这一独特空间的制约下,多时期、多样态的文化样式累积性地聚集在同一物理空间,从而构成了母城文化的多样性和丰富性。这种多样性、丰富性体现为,一是集远古的巴文化、各时期的移民文化、抗战文化、革命文化与现代都市文化于一体。二是物质文化与非物质文化交相辉映。三是体现为历史文化的厚重感与现代都市文化的时尚感的有机融合,从而赋予重庆母城历史文化复杂多样性。[①]

二、古代时期的重庆母城

重庆地区在上古时期的名称为"巴",重庆母城时称"江州"[②]。继"江州"之后、"重庆"之前,重庆先后有过巴郡、永宁郡、巴都郡、垫江、楚州、巴城县、巴县、巴州、渝州、南平郡、恭州等11个名字。其中,垫江、巴城、巴县为县名,其余均为州郡名。

宋孝宗淳熙十六年(1189年),宋光宗先封恭王,后即帝位,自诩"双重喜庆",升恭州为重庆府,重庆由此而得名。

(一)第一次建都:巴国国都

约公元前1046年,周武王会盟进攻商纣王。在武王伐纣之战中,骁勇善战的巴人为前锋部队。战争胜利后,周朝建立,周武王分封姬姓宗族于巴国,封以子爵,史称巴子国,以江州为国都。

战国时期,巴人多次迁徙,在该过程中虽立国于川东,但却五次迁都。《华阳国志·巴志》即有"巴子时虽都江州,或治垫江(今合川),或治平都(今丰都),后治阆中。其先王陵墓多在枳(今涪陵)"的记载。[③]其中,建都江州的时间最长,奠定了江州发展成重庆母城的基础。

---

① 见重庆人大网《关于重庆母城历史文化风貌区规划建设的调研报告》。
② 赵万民.三峡工程与人居环境建设[M].北京:中国建筑工业出版社.1999:215.
③ 常璩.华阳国志[M].唐春生,等译.重庆:重庆出版社.2008:300.

(二)纳入中原政权的开端

公元前316年,秦国大将张仪、司马错率兵入川,攻灭巴国。秦灭巴后,经过两年整治,于公元前314年,在原巴国之地建立了以江州为治所的巴郡,把巴地纳入了秦国的郡县体制,使巴人开始融入华夏文化的历史长河中。

(三)历史上的四次筑城

重庆母城在发展历史上经历了秦张仪、蜀汉李严、南宋彭大雅、明戴鼎4次有记载的规模化筑城,最终形成了其开埠前主要的发展格局。

1.张仪筑城

公元前316年,出于防卫需要,张仪在巴郡郡治所在地江州筑城,建立了最初的以行政中心和军事据点为功用的古城邑,成为秦王朝统治川东地区的军政中心,面积小于2平方公里。

2.李严筑城

蜀汉建兴四年(226年),都护李严率重兵驻扎江州,大兴土木筑城。李严修筑的江州城,城周围为汉制16里,约今7公里,南线大致相当于今朝天门以南起西南沿江至南纪门,北线约在今新华路、人民公园、较场口一线,面积2平方公里多,即今天人们所习称的"下半城",成为重庆城市发展的基础。

3.彭大雅筑城

南宋端平二年(1235),元军大举侵宋,攻破成都,宋军退守川东川南。嘉熙二年(1238),彭大雅出任四川制置副使兼重庆知府。嘉熙三年(1239年)夏,蒙古军大举进攻川东地区,彭大雅抢筑重庆城,加强重庆防务,巩固南宋西线防区。嘉熙四年(1240年),重庆母城历史上的第三次筑城完成。该城西线由李严旧城的半岛山脊线的大梁子移至今临江门、通远门一线,城围在7000米左右,城内面积约4平方公里,初步奠定了明清重庆城的大致范围。[①]

4.戴鼎筑城

明洪武四年(1371年),朱元璋遣汤和、傅友德率领水陆两路大军入蜀伐夏,直捣重庆城。戴鼎跟随汤和到了重庆,在汤和攻下重庆继续西征后,留任重庆卫指挥使。

---

① 舒莺.重庆主城空间历史拓展演进研究[D].重庆:西南大学,2016.

元末战争频繁,重庆城池遭到了极大的破坏,既不利于军事防卫,也给百姓的生活带来不便,阻碍了经济的发展。戴鼎来重庆后,在彭大雅所筑的宋末城址的基础上,重新用条石修砌,开始了重庆母城历史上第四次大规模筑城。此次筑城基本恢复了宋代重庆城的形态,确立了明清重庆城的范围,奠定了今天重庆母城的基本格局,也使其第一次有了"九开八闭"17道城门的规制。

(四)第二次建都:大夏国都

元末吏治腐败,横征暴敛,苛捐杂税名目繁多,而中原连年灾荒,更使得百姓破产流亡,无计为生。[①]各地民众纷纷揭竿而起,发生了以徐寿辉、朱元璋、张士诚、陈友谅等人为代表人物的元末起义。

1352年,湖北梅丘人明玉珍在家乡举义,并于第二年投红巾军主帅徐寿辉,以战功升为征虏大元帅。1355年,明玉珍奉命率船队入川筹粮,借机率战船溯长江而上,一举攻占重庆城。之后,其以重庆为大本营,控制了四川全境和川滇黔交界的大片领土。

1360年,徐寿辉在内乱中被部将陈友谅杀害,明玉珍自立为陇蜀王。1362年,明玉珍称帝,定国号为"夏",年号为"天统",定都重庆,建立了大夏政权。大夏国皇宫设于长安寺,即今重庆母城境内的新华路重庆市第25中学校内。

建国后,明玉珍广设学校,开科取士,吸收知识分子阶层参与政权;改革税制,免除徭役,严禁掠夺,颇受百姓拥戴,社会也日趋繁荣稳定。

1366年,明玉珍病逝,其子明升继位。1371年,朱元璋派兵攻大夏国,夏兵不敌,明升投降。

三、近现代的重庆母城

(一)重庆开埠

1891年3月1日,由英国人控制的重庆海关成立,标志着重庆正式开埠。[②]

---

① 章创生,范时勇.一座城的故事——茶余饭后读重庆[M].重庆:重庆大学,2012:85.
② 潘洵,刘志平.红岩精神[M].北京:中共党史出版社.2018:19.

在开埠之前,重庆母城优越的地理位置以及重要的水运地位,使其成为西南地区对外贸易的枢纽与川东地区的商业重镇,城市商业繁荣兴旺,但长期以来皆为传统经济模式。重庆开埠后,重庆母城沿江水域码头被辟为全国内陆最早的对外通商口岸之一,西方商品、资本以及生产方式随即进入,对重庆母城传统的城市经济结构形成了冲击,重庆被逐渐卷入国内和世界资本主义市场。

(二)辛亥革命时期的重庆母城

为了救国图存,革命志士在重庆尤其是作为其中心的重庆母城进行资产阶级革新运动。

1896年前后,在京参加"强学会"的川籍人士宋育仁来到重庆,在主持商务矿务、积极兴办实业之际,提出了"保地产、占码头,抵制洋货,挽回利权"的口号,为保护本土工商界权利和民族资本利益竭尽全力。1897年,宋育仁联合一批维新知识分子,在重庆母城白象街创办了四川近代史上第一家近代报纸《渝报》,启迪了邹容、梅际郁、杨沧白等一批先进青年投身时代洪流。

1903年,杨庶堪、梅际郁联合一批进步青年,在重庆秘密组织了四川近代史上第一个革命小团体"公强会",宣传新思想,倡言革命;1905年,公强会被改组为同盟会重庆支部,并逐渐成为资产阶级革命党人推动四川革命运动的中心。

1911年6月17日,四川保路同志会成立,明确提出"保路破约"口号,正式掀起声势浩大的保路运动。重庆迅速响应,在同盟会重庆支部领导下,成立以同盟会员为中坚的重庆保路同志协会,组织数千群众集会,强烈谴责清政府的卖国行径,表明"拼死以争,誓死必争"的决心。

1911年10月10日,武昌起义成功,重庆同盟支部见起义时机成熟,加紧与各州县革命党人联络,公推杨庶堪、张培爵为起义领导人。在重庆革命党人的策动下,川东、川南的涪陵、合江等地先后举事。11月21日,各界代表到重庆总商会议重庆独立事宜。22日,发动重庆起义,同盟会支部在朝天观召开大会,宣布重庆独立,并通电全国。[①]重庆母城境内现存的杨沧白纪念堂旧址、重庆蜀军政府成立地旧址、重庆蜀军政府旧址、重庆蜀军镇抚府旧址等辛亥革命旧址,以及邹容路、沧白路、中山路、民族路、民权路、民生路等与辛亥革命有关的地名,都是当时历史的见证。

---

① 中共重庆市委党史研究室.中国共产党重庆地方简史[M].重庆:重庆出版社,2006:1-6.

(三)第三次建都:战时首都

全民族抗战初期,当时国民政府的首都南京告急。1937年11月20日,国民政府颁布《国民政府移驻重庆宣言》,确定重庆成为中国战时首都。

随着国民政府移驻重庆,大量的军政、文化、教育单位和工矿企业也随机迁入,重庆成为抗战大后方的政治、军事、外贸、商业和金融中心。其间,国民政府、盟军总部、中共中央南方局和八路军驻重庆办事处等均驻重庆母城。

(四)第一次直辖

1939年5月,迁都至重庆的国民政府颁令,将重庆改为直隶于行政院之特别市(即直辖市)。这是重庆历史上第一次直辖。重庆母城的打铜街及附近街区,集中了交通银行重庆分行、川康银行总部、美丰银行总部、中国银行总部、聚兴诚银行总部、川盐银行、和成银行等,形成了以此为中心的大后方金融网络。

四、当代重庆母城的发展

进入当代社会后,重庆母城在党和政府领导下,社会经济文化都得到长足发展,焕发新的生机。

(一)第二次直辖

1949年11月30日,重庆解放。1950年7月,为适应新中国巩固新生红色政权的需要,西南军政委员会定重庆市为西南行政区直辖市。1953年3月12日,中央人民政府政务院决定:重庆市由大区直辖市改称中央直辖市。(资料来源:《中国共产党重庆历史》第二卷第3页)。重庆母城进入了新的历史时期,行政范围再次扩大,城市面貌、经济发展、社会文化等也发生了翻天覆地的变化。

1952年10月,李子坝、遗爱祠、黄沙溪划归由重庆市第一区至第七区合并而成的第一区管辖;1955年,第一区改称市中区,主要区域囊括两路口到解放碑范围,曾在战争中被毁的朝天门码头得以改扩建,解放碑周边开始成为重庆的商业中心。

1954年，重庆被调整为四川省辖市，其第二次直辖史至此结束。重庆第二次直辖尽管只有很短的时间，但重庆人民的创造热情和生产积极性得以极大提高，社会经济快速恢复，并在母城留下了人民大礼堂、大田湾体育场、劳动人民文化宫等地标性建筑。

(二)第三次直辖

1997年3月14日，第八届全国人民代表大会第五次会议投票表决通过了《关于批准设立重庆直辖市的决定》。1997年6月18日，重庆直辖市政府机构正式挂牌。直辖时，重庆总面积达8.24万平方公里，人口有3043万之多。作为重庆母城的渝中区，从此成为中国西南唯一一个直辖市的政治、经济、文化和交通中心，迎来了新的发展机遇。

经过直辖后20余年的发展，作为重庆母城的渝中区现已成为重庆市的行政中心、商贸中心、金融中心、文化中心和基础教育高地、医疗卫生高地、水陆客运交通枢纽。

第二节 城市风情

重庆母城依山傍水，其独特的山水城市地理风貌、重屋复叠居的建筑风格、悠久且鲜活的巴渝文化，孕育出独特的重庆母城风情。

一、重庆母城的地理风貌

地理环境通常会强烈地影响某一区域的人文风情，重庆母城的城市风情，同样与其地理风貌紧密相关。

(一)重庆母城的地理特征

重庆母城地处长江、嘉陵江交汇处,三面环水,西面通陆,为一东西向的狭长半岛,城市建在由两江环绕的半岛山地上,具有显著的山水城市的地理特征。

重庆母城是典型的山城,其地势从海拔仅160米的朝天门河滩,到海拔376米的至高点鹅岭,相对高差达216米。就母城的状貌上看,大致西高东低、北高南矮,其中又有若干的山峦起伏并形成了诸如大梁子、五福宫、枇杷山、鹅岭、佛图关等高点。

重庆母城又是水城,母城所在的渝中半岛如同水中之舟。汉代的谯周在其《巴记》中,以江流之状如草书"巴"来解释巴国的名称由来。重庆母城借两江之水势,不必像北方城市那样挖池绕城以增其险,而是"环江为池";同时,借山势筑城垣于半岛山地使母城更显宏伟壮观。

(二)重庆母城的建筑风格

"重屋复叠居,山是一座城",是重庆母城建筑的外部特征。

重庆母城依山而建,面江而立,房屋高下错落,极富立体感。依山傍水建城的方式,使重庆母城气势雄奇,也使城市的建设与交通变得复杂。历史上重庆母城的街道多以石板铺成。

因地形及空间的限制,重庆母城的传统民居院落一般比较窄小,构成了极小的天井,仅用于采光通风和保持阴凉,布局相对自由随意。只在相对平坦的地方,才建有较大的院落,同时院落中的敞廊、敞厅较多。

重庆母城传统民居的结构形式多为抬梁、穿斗等,建筑中多使用"筑台""悬挑""吊脚""拖厢""梭厢""爬山"等手法。房屋因地制宜,其底层下部为架空的干栏式吊脚楼结构,或者根据地形构成多层出入的民居。重庆母城传统民居使用的建筑材料多为木、泥、青瓦。建筑所用木料多为本色,而将柱漆为黑色,门窗则为浅褐色或枣红色。墙体的材料较多地使用了木板、竹笆夹泥等,而较少使用砖石墙体。屋顶一般用小青瓦,出檐以及山墙出挑深远,屋前有回廊,以避免墙体淋雨。[①]

重庆母城最具浓郁地方特色的建筑样式是吊脚楼。吊脚楼属于干栏式建筑,源于上古时期巴人,是由山地地形和潮湿等气候条件决定的。

[①] 重庆市旅游局.重庆导游(第2版)[M].北京:中国旅游出版社,2014.

典型的吊脚楼一般分两层或三层，一面背靠斜坡，另外三面用木柱支撑形成楼面。吊脚楼底层面积一般较狭小，主要用来圈养牲畜或堆放杂物。二楼是人的住处，二楼楼面和屋檐伸展出来，部分悬空，这种依山悬空的建筑样式，是"吊脚"之名的由来。如有第三层，多用于堆放粮食。吊脚楼的建筑布局不占耕地，充分利用地形，节约部分建材；底层不住人，可以防止野生动物骚扰侵袭，同时防潮。

图1-1　吊脚楼

（三）古城门与古城墙

重庆历史上经历了四次大规模筑城，古城门和古城墙是重庆母城3000年历史的重要见证。

1."九开八闭"古城门

重庆母城基于特殊的山水地形，历经四次筑城，最终形成了"九开八闭"17座城门的城市规划格局，承载了深厚的历史文化内涵。

17座老城门中，9座为开门，8座为闭门。"明洪武初，守城将戴鼎旧址上砌石城，环江为地，筑城门十七，九开八闭。"之所以开九门、闭八门，据《古城重庆》记载，戴鼎筑城劈门时，"有意识安排九开八闭"，"是按照九宫八卦之象定的，九开八闭恰与九宫八卦相吻合"。[①] 开门，多为交通用途；闭门，仅具城门形态或其他作用。

17座城门的排列，以朝天门为起点，按顺时针方向转一圈，开门和闭门相间排列，但因开门多一座，所以储奇门和金紫门两个开门在一起。滨长江

---

① 彭伯通.古城重庆[M].重庆：重庆出版社.1981.

10门：朝天门（开门）、翠微门（闭门）、东水门（开门）、太安门（闭门）、太平门（开门）、人和门（闭门）、储奇门（开门）、金紫门（开门）、凤凰门（闭门）、南纪门（开门）；连陆3门：金汤门（闭门）、通远门（开门）、定远门（闭门）；滨嘉陵江4门：临江门（开门）、洪崖门（闭门）、千厮门（开门）、西水门（福兴门，闭门）。

图1-2　通远门城门

17座城门中，最具代表性的是朝天门、临江门、洪崖门、南纪门、人和门。

朝天门是十七座城门之首。"朝天"者，是城门面朝天子、面朝皇城之意。据王士禛《蜀道驿程记》载："江中遥望渝城，因山为垒，邈在天际，女墙寰阓，缭绕山巅。"朝天门城门为双层结构，正门之外还有瓮城，瓮城门额上刻有"朝天门"三个大字，正门额上则刻"古渝雄关"四个大字。城门内从过街楼（今重庆饭店）以北都是朝天门的范围。有一洞门、二洞门和三洞门街、接圣街（今信义街）、朝天观（今五十中）、圣旨街和传递皇帝圣旨及官府文书的起点驿站——朝天驿。1927年因修建朝天门码头和拓宽道路，朝天门被拆毁，至此拥有550多年历史的古重庆城象征——朝天门城楼消失。

临江门与千厮门、洪崖门合为城北三座城门，临江门是其中最大的一座。临江门隔嘉陵江与江北嘴、刘家台相望，城门上有"江流砥柱"四个大字。除正门外，还有瓮城。来自嘉陵江沿岸和渠河、大宁河、保宁河流域的农副产品到此中转；从合川、磁器口等地来的菜船、煤船等也以临江门作为出入门户。因此，在临江门处的码头聚集了许多以卖苦力为生的劳工和做小生意的小贩。据《巴县志》载：民国十年（1921年）杨森为重庆商埠督办，主拆临江门，发展城郭交通。

洪崖门处于临江门与千厮门之间,屹立于嘉陵江畔,城门筑在一片高崖石壁之上。洪,其本意是大,亦指洪水;崖,既指石岩高地陡立的侧面,也言临江的水边,多指高峻的山边或岸边。洪崖门之名,即取依山傍水之义。洪崖门约始建于宋代,本是一道开门,直到明洪武四年(1371年)戴鼎筑城,洪崖门才成为一道闭门。在洪崖门外岩下崖边,有一个巨大的石窟,被称为洪崖洞。历史上曾为军事要塞的洪崖门,还是重庆母城的一大胜景。明人曹学佺在《蜀中名胜记》引旧志云:"城西雉堞下有洞曰洪崖,覆以巨石……飞瀑时至,亦名滴水崖。""洪崖滴翠"由此被列为"渝城八景"之一。

南纪门在城的西南角,有瓮城面向西,城门上书"南屏拥翠"四个大字,因为隔江而对的是南山"翠峰碧峦"。在历史上,城内市民出城到南岸郊游观光和乘渡船过江均通南纪门,因此南纪门历来是下半城的交通要道,是重庆母城最重要的城门之一。

人和门位于太平门、储奇门之间,面向长江,门宽近3米,呈圆形拱券,有城门的形制却常年不开,是一道闭门。门内有条街名为"人和湾",城外原有一条"人和街"。清代巴县衙门就在此处,流传于重庆的童谣《重庆歌》里,有"人和门,火炮响,总爷出巡"的歌词。

重庆童谣《重庆歌》是助记重庆城门的口诀,歌中讲述了母城十七座城门的名字及其特征。

《重庆歌》

朝天门,大码头,迎官接圣(开)

翠微门,挂彩缎,五色鲜明(闭)

千厮门,花包子,白雪如银(开)

洪崖门,广开船,杀鸡敬神(闭)

临江门,粪码头,肥田有本(开)

太安门,太平仓,积谷利民(闭)

通远门,锣鼓响,看埋死人(开)

金汤门,木棺材,大小齐整(闭)

南纪门,菜篮子,涌出涌进(开)

凤凰门,川道拐,牛羊成群(闭)

储奇门,药材帮,医治百病(开)

金紫门,恰对着,镇台衙门(开)

太平门,老鼓楼,时辰报准(开)

人和门,火炮响,总爷出巡(闭)

定远门,较场坝,舞刀弄棍(闭)

福兴门,遛快马,快如腾云(闭)

东水门,洗衣妇,成堆成群(开)

2.现存古城门与古城墙

重庆母城的大部分古城门和古城墙都已经被拆除,现仅存通远门和东水门两座古城门,以及300多米的小段古城墙。

通远门位于重庆城西,渝中半岛中部的七星岗处,是重庆母城唯一的一座陆上开门。通远门为拱形顶,条石砌成。原筑有瓮城,由于年代久远,瓮城已毁。旧时通远门位于重庆母城的边缘,出门向西为佛图关,是通往成都的要道。明时,城墙完全是石头结构,城壁顺山势而筑,居高临深,具有典型的山城特色,是重要的军事防御设施。1929年,时任重庆市市长潘文华打通通远门城墙,仅遗留了通远门及其左右约100米的一小段古城墙。1992年,通远门及古城墙被列为市级文物保护单位,2000年成为重庆市直辖后的第一批市级文物保护单位。2005年,重庆市政府将通远门及残留的一段城墙,修建成为城墙公园。

东水门建于明代,是重庆母城正东的大门,城门向北,宽3.1米、高4.5米、厚6.6米,属石券顶城门洞,因其所处地势险要,易守难攻,故未设瓮城。城门附近残存200余米的石城墙一段,高约6米,城墙面临长江,孤峙江岸,气势巍峨。东水门曾是渡长江去往南岸的要道,也是商贾云集之地。

"八省会馆"中的湖广会馆、广东会馆和陕西会馆,都在与东水门相连的芭蕉园街上。抗战时期,为改善城区与南岸的交通,在东水门外的望龙门兴建缆车,东水门逐渐衰落。1992年,东水门及古城墙被评为市级文物保护单位,2000年成为重庆市直辖后的第一批市级文物保护单位。

(四)上半城与下半城

母城依山而建,蜿蜒起伏的山势、纵横交错的沟壑,使得城市街道曲折多变,重庆母城依山势分为上、下两个半城。

古时由于生产力低下，人们一般逐水而居，谋求生计。至汉代，如今的解放碑一带因处于"山顶"颇为荒凉，成为死者的墓葬之地。随着时代的变迁，人们逐渐向"山上"移居。重庆母城因此自"下"而"上"地发展起来了。

戴鼎"因旧址筑石城"，所建成的九开八闭17座城门，直接关系到重庆上半城与下半城的区分。重庆母城建筑在山上，唯一连陆的开门通远门修建在城最高处的山脊上，这个山脊为华蓥山余脉，称为"大梁子"。从"大梁子"到长江边的区域，因为交通便利，古时的官府衙门多位于这一区域。随着母城的范围逐渐扩大，十七座城门之内的区域都成为城区。但由于官府衙门都在大"大梁子"与长江之间，因此这一区域仍是城市的重心。这一时期大梁子以西、以北的部分虽在城内，但因地势高，少人居住，位于城市的边缘，被称为上半城，大梁子与长江之间则是下半城。根据《巴县志》记载，上半城的外围经通远门到沿嘉陵江的定远门、临江门、洪崖门、千厮门、西水门到朝天门，城门多建在高崖上；下半城则经朝天门沿长江经翠微门、东水门、太安门、太平门、人和门、储奇门、金紫门、凤凰门、南纪门、金汤门，再上行与通远门连接，将上下半城连为一体。

随着近代重庆的开埠，重庆下半城的商业、金融日渐繁茂。在抗战时期，由于受到地形限制，上半城率先修通了公路(1927—1929年，今中山一路)，解放碑等上半城区域开始日渐繁荣。而由十八梯、凯旋路电梯、厚池街、守备街、白象街、东水门等为代表的下半城则开始日渐落寞。1949年后，位于上半城的上清寺成为行政中心，解放碑则成为重庆的经济中心。2012年重庆市渝中区人大会议通过了相关决议，确定将下半城打造成为重庆母城历史文化风貌区。巴县衙门、东水门、湖广会馆等大量见证重庆历史的城市遗迹，将被纳入重庆母城历史文化风貌区。

(五)历史文化风貌区

重庆母城有着众多的历史文化遗迹，历史文化遗迹集中的区域，已经被打造为历史文化风貌区。

1.中山四路历史文化街区

中山四路位于重庆母城渝中区上清寺，是重庆市委、市政府机关所在地。中山四路历史文化街区起于上清寺，止于周恩来纪念馆铜像广场，全长约1000米，是重庆母城抗战遗迹最集中之地，有中国民主党派博物馆，还有桂园、周公馆、戴公馆、张骧公馆、国民政府总统府旧址等。

2010年,重庆市结合主干道综合整治,将这一片区域作为历史街区进行了恢复,将沿街的众多建筑改造为20世纪三四十年代青砖带瓦、拱窗拱廊的中西合璧风格,既最大限度地保留了建筑的历史风貌,又反映了时代进程中的重庆城市新貌。

2.山城巷传统风貌区

山城巷传统风貌区位于重庆母城渝中区南纪门街道凉亭子社区,北至重庆干休所,南以南区路为界,东接中兴路,西至石板坡立交。山城巷原名为天灯巷、天灯街,名字源于一位法国人曾在此处立杆点灯照明;1972年,更名为山城巷。

在重庆开埠时期,山城巷因紧邻外国领事租界地,成为当时的高级住宅区域;抗战时期,山城巷又成为官宅区域。山城巷上下两头连接着上下半城,具有典型的山城地理特色,是重庆历史文化和山水特色的缩影。

图1-3 山城巷一景

3.白象街历史文化风貌区

白象街位于望龙门和太平门之间,是重庆母城老街。重庆开埠后,英、美、日等国的多家洋行开设于此。白象街目前仍有不少重庆开埠时期的建筑、名人公馆、吊脚楼民居等,如重庆海关报关行(大清邮局)旧址、美国大来公司旧址、李耀庭公馆、重庆反省院旧址等。

4.东水门历史文化街区及湖广会馆

东水门历史文化街区即东水门老街,位于重庆母城渝中半岛内,东距长江朝天门港约五百米,北距重庆城市中心解放碑商业中心约一千米。整个街区坐落在陡峭的堡坎之上，距江边约150米，地势险要，老街多为旧时建筑。2017年，东水门老街与街区内的湖广会馆一并进行保护修缮、提档升级，打造历史文化街区。

湖广会馆位于东水门正街，始建于清康熙年间，从清朝乾隆年间到光绪年间，不断进行扩建、新建和改建，是我国城市中已知的最大移民会馆建筑群。

湖广会馆建筑群依山而建，结构气势宏伟。大殿和戏楼飞檐下的环楼木雕，雕刻着《西游记》《封神榜》《三国演义》等戏曲中的人物故事及山水花鸟，工艺精湛，形神逼真，是清初重庆母城的一大景观。

民国初年，以湖广会馆为代表的各会馆逐渐衰落，抗日战争中又因受日机轰炸，大部分会馆建筑被损坏。至20世纪90年代，东水门内仅留下湖广会馆、广东公所、齐安公所三个会馆的部分建筑，已经成为国家级文物保护单位。

5.洪崖洞传统民俗风貌区

洪崖洞传统民俗风貌区位于解放碑沧白路，地处长江、嘉陵江两江交汇的滨江地带，于2006年建成开放。早在公元前316年秦灭巴时，洪崖洞就是一处军事要塞；在其后的历史中，相继形成江隘炮台、镇江古寺、川东书院、明代城墙、天成巷街等众多历史遗迹。洪崖洞传统民俗风貌区，以传统特色建筑吊脚楼为基本建筑风格，以传统巴渝胜景"洪崖滴翠"为中心景点，展现了独特的巴渝民俗文化、山地民居的建筑风貌。

（六）母城特色地名溯源

重庆母城很多地名具有鲜明的特色，这些地名从侧面体现了重庆的历史和文化风情。

1.以地势为名

重庆母城因其为山城的特殊地理，为了有效地辨别和区分不同的地理位置，便有了依据地形、山貌以及自然景物为街道取名的习惯。诸如坡、坝、坎、梯、堡、岗、沟、岩、垭、坪等名称，便常见于书，并沿用至今，如七星岗、观音岩、十八梯、石板坡、大阳沟等。

2.以官职为名

重庆人文繁盛，在宋代重庆就出了2名状元，明代又有及第进士112名，三品以上官员39名,于是在母城中也就留下了不少以状元、榜眼、解元为名的桥、碑、牌坊,以及以官职为名的街道。其中,尤以明代尚书蹇义的"天官府"最为著名。在明代尚书亦称天官,蹇义的"天官府"是以王爵府第规格建造的,坐落在通远门和南纪门之间的斜坡顶上。该府宅直到清中叶以后犹存,辛亥后才消失,而天官府街名一直沿用至今。

3. 以商贸行业为名

重庆母城的很多街名或地名都是以行帮、商肆店铺或行业为名。"打铜街"就是其中的典型。自清代始,城内的铜匠们便在现打铜街一带揽客开工,打铜街之名由此而来。20世纪30年代,打铜街作为第一条安装上路灯的街道,成为重庆真正意义上的"现代第一街"。

4. 以民间故事为名

重庆母城历史典故、民间故事众多,这些故事口口相传,其中很多化为街(地)名而被铭记,其中较为典型的为"化龙桥"。据《重庆市地名词典》[①]载,传说此处岩洞中有蛟龙常兴水患,清代乡里集资建桥镇龙后遂化险为夷,故名化龙桥。据《巴县志》载:"化龙桥为三孔石拱桥,长十八丈四尺,1930年建,为县属第一大桥。"

(七)当代母城地标

伴随着当代社会的发展,重庆母城产生了众多具有重要人文价值的新地标。

1. 重庆市人民大礼堂

重庆市人民大礼堂位于重庆市母城人民路学田湾。1951年,西南军政委员会的领导人刘伯承、邓小平、贺龙决定,建设一座能够容纳数千人集会的大礼堂和附设一个招待所。1951年,著名建筑师张家德正式代表西南建筑公司呈送大会堂设计方案;6月,大礼堂开始施工,1954年竣工,初名"中苏大楼",后贺龙题名为"西南行政委员会大礼堂",1956年更名为"重庆市人民大礼堂"。

大礼堂占地6.6万平方米,建筑面积2.5万平方米,分礼堂、南楼和北楼

[①]《重庆市地名词典》编辑委员会.重庆市地名词典[M].重庆:科学技术文献出版社重庆分社,1990.

三部分。其中礼堂占地1.85万平方米,高65米。大厅高55米,内径46.33米。正厅内设大型舞台一座,四周环绕五层挑楼,共4200个座位。大礼堂取中西合璧之建筑风格,主体部分仿北京天坛祈年殿及天安门形式,配以廊柱式的南楼、北楼,大门为牌坊式建筑。整个建筑布局和谐,雄伟壮观。

1987年,英国皇家建筑学会和伦敦大学编写的《比较建筑史》中,首次收录了新中国成立后的43项工程,重庆市人民大礼堂位列第二位。1997年,拆除大礼堂围墙,建设人民广场,与人民大礼堂融为一体。2013年5月,人民大礼堂被国务院列入"第七批全国重点文物保护单位"。

2. 重庆中国三峡博物馆

重庆中国三峡博物馆位于人民大礼堂西面,2000年动工,2005年对外开放,总用地面积为2.93公顷,主体结构长157.3米,宽98.1米,地面以上建筑高为25.3米,共5层,总建筑面积为42497平方米。建筑为钢筋混凝土框架结构,气势宏伟。

博物馆外观由弧形外墙和玻璃穹顶构成,分别代表三峡工程大坝和三峡悠久的历史文化。重庆中国三峡博物馆是重庆城市文化的象征,也是重庆母城标志性建筑之一。

3. 重庆国泰艺术中心

重庆国泰艺术中心位于解放碑商业中心,地处临江支路、江家巷、青年路和邹容路合围地段,用地面积2.91公顷。于2007年12月开建,2013年1月竣工,因兴建于原国泰电影院而得名。国泰电影院的前身是抗战时期的国泰大戏院,曾经以上演电影和演出大量抗战话剧而闻名。

艺术中心以黑红两色为主色调,远远望去像一团熊熊燃烧的篝火,其形状和颜色的设计思想源自重庆的"穿斗老房"。艺术中心利用钢梁进行横竖堆叠,达到"梁抬柱、柱抬梁"的效果。建筑的钢结构多达32层、1200根,重达1300多吨,最小的钢梁悬挑26米,最大悬挑71米。建筑设计还借鉴了湖广会馆中的多重斗拱方式。

国泰艺术中心有国泰大戏院和重庆美术馆两个部分,总体布局是上部为美术馆,下部为大戏院。国泰大戏院的入口是一个高19米、面积为200多平方米的大厅,环绕四周的是高达20米的玻璃幕墙。

4.朝天门广场及朝天扬帆

朝天门原是老重庆九开八闭17座城门中规模最大的一座。1927年,因修建朝天门码头,将旧门拆除。1997年,重庆直辖后修建了气势宏伟的朝天门广场。整个广场占地8万平方米,由观景广场、护岸梯道、交通广场和周边配套环境四大部分组成,集水、陆交通枢纽和旅游观光、市民休闲等功能于一体,是重庆母城极具特色的一处标志性建筑。

广场的核心部分是观景广场,广场取两江环抱、自然地形之势,占地面积1.7万平方米。凭栏远眺,两江四岸尽收眼底,可观久负盛名的长江与嘉陵江"朝天汇流"胜景。广场的基础部分是护岸梯道,其与原始江岸吻合,濒临长江和嘉陵江,128梯,700米长,由8万块护岸梯道混凝土砖铺砌,是颇为壮观的江岸大梯道。

"朝天扬帆"位于朝天门广场旁,总建筑面积超过110万平方米,是集住宅、办公楼、商场、公寓、酒店等为一体的现代化城市综合体。2015年正式进入全面建设,2018年开放营业。其由8幢塔楼组成,最高的两座有70余层,高约350米;其他6座为40—50多层,高约250米。它们与朝天门广场连为一体,临水北向,错落有致,宛若巨轮扬帆起航,寓意"朝天扬帆"。

(八)母城夜景

渝中半岛两江环抱,重庆母城依山而建,建筑高低错落,形成了独特的城市风貌,其山城夜景更是绮丽。清代修编《巴县志》时,将"字水宵灯"列为"巴渝十二景"之一。此景中"字水"二字是指,长江、嘉陵江两江蜿蜒交汇于朝天门,形似古篆书"巴"字,故有"字水"之称;"宵灯"则是入夜时分,山城重屋累居的万家灯火。

随着城市的发展,母城夜景更加流光溢彩。每当夜幕降临,以渝中半岛灯饰群为中心,城市干道和桥梁华灯为纽带,万家灯火高低辉映,构成一片错落有致、曲直相映、远近互衬的独特景观。观赏母城夜景有三大去处:一是长江南岸南山上的一棵树观景台和大金鹰;二是渝中半岛最高处鹅岭公园上的瞰胜楼;三是朝天门"两江游"游船。

二、重庆母城的人文风情

在悠久的历史进程中,重庆母城产生了丰富而具有浓郁地方特色的人文风情。

(一)母城风俗

作为一座历史文化名城,重庆有着独特的风俗,其中很多风俗流传至今。

1.坐茶馆

唐代陆羽的《茶经》明确写道:"茶者,南方之嘉木也……巴山峡川有两人合抱者",可见重庆人的饮茶风俗历史悠久。重庆母城在历史上有"城门多、茶馆多"之说。茶馆遍及大街小巷,"坐茶馆"是重庆人的生活习俗。

重庆茶馆的传统茶具及特色设施包括茶碗、茶盖和茶船。明末清初,随着商业繁盛和城市的发展,茶馆成为了各行各业、各个阶层的社交和交易活动场所。抗战时期,重庆出现了文化茶馆,是当时文化界人士社交的重要场所。为了招徕文化人士,这类茶馆一般都位于僻静之地,店堂雅致。当时,国泰电影院右侧的"新生活茶馆"是电影喜剧界文化人聚会喝茶的地方,会仙桥的"升平茶馆"则是戏曲界和票友们聚会的场所。据1947年3月《新民报》发表的文章统计,全城新旧市区茶馆竟有2659家之多,平均每条街巷有8家茶馆。[①]如今,重庆的茶馆仍遍布城区,还出现了不少"洞天茶馆",即利用抗战时期遗留下来众多的防空洞和"平战结合"新修建的防空洞开设的茶馆。

2.走"人户"

走"人户"就是通常人们所说的走亲戚,走人户一般是在节日期间或者是亲戚家办婚丧嫁娶酒,办生日酒等时候。走人户还需赠送礼物,重庆人叫"送人情",主人家往往设有专人"接情""记情",就是收礼品、记账。

春节期间走人户称为拜年,这是人们交往最频繁的一个节庆期。在传统风俗中,拜年的人走人户从正月初二开始一直到大年(正月十五元宵节),甚至延续到正月末。在农历八月十五这天,女儿女婿回娘家,叫"送中秋"。在亲戚朋友家有红白喜事时,走人户一般把红喜事叫作"吃酒",把白喜事叫作"坐夜"。

---

① 杨耀健.民国时期的重庆茶馆[J].公民导刊,2014(12):52-53.

3.包杂包

在重庆,走人户时主人家往往要回赠一些礼物,主要是一些食物,也可以是别的物品。回赠的礼物叫"杂包",而回赠礼物的行为则是"包杂包"。主人家包杂包的最初用意,是向客人家里没来做客的成员致谢。婚酒的"杂包"一般由新娘家准备,主要是生瓜子、生花生、泡粑、粽子、核桃、板栗等。其他走人户的"杂包",一般是一包香烟,一些花生瓜子糖果等零食。

4.吃开水

重庆人有"吃开水"的习俗,这种开水并不是白水,而是吃食。在重庆常见的有开水米花糖、醪糟荷包蛋或汤圆。

重庆人热情好客,有亲友到家里小坐,主人就会热情地请"吃开水"。如果是附近的客人,往往就会来一碗开水米花糖,用滚烫的开水冲泡,米花糖就会散开浮在水面,里面有核桃、花生、芝麻等配料,吃起来香甜可口。如果是远道而来的客人,通常就是醪糟荷包蛋或汤圆。"吃开水"体现了重庆人的好客。

5.坐滑竿

由于重庆母城的山城特征,出门就需爬坡上坎。旧时没有电梯、缆车,一些人要从下半城去到上半城就选择坐滑竿。滑竿因采用滑溜溜的竹竿绑扎而得名。被抬的人坐在躺椅上,而滑竿的两头则有力夫一前一后,边走边喊号子。前面喊"懒洋坡",后面应"慢慢梭";前面说"弯弯拐拐龙灯路",后面应"细摇细摆走几步"。如今的山城重庆,交通条件得到极大的改善,在母城已没有坐滑竿的情景。

(二)母城的非遗文化

截至2019年,重庆渝中母城拥有国家级非物质文化遗产2项,市级非遗24项,区级非遗5项。这些非遗文化的类别涉及传统技艺、传统医药、传统音乐、传统美术以及民俗。

重庆母城的国家级非物质文化遗产为:传统技艺"蜀绣"、传统医药"刘氏刺熨疗法"。

市级非遗项目为:丘二馆炖鸡汤传统技艺、吴抄手传统技艺、传统医药燕青门正骨疗法、传统音乐古琴、花丝镶嵌传统制作技艺、德元酸梅汤传统制作技艺、九园包子传统制作技艺、重庆陆稿荐卤菜传统制作技艺、王鸭子传统制作技艺、正东担担面传统制作技艺、传统医药赵氏雷火灸、传统美术烙画、民俗禹王庙会、重庆周氏古船模型制作技艺、陈氏抄手传统技艺、恒河正骨推拿术、葫芦烙画传统技艺、手工羽毛毽传统制作技艺、小洞天干烧江团传统制作技艺、余记山城小汤圆传统制作技艺、重庆火锅传统制作技艺、德元小汤圆制作技艺、黄氏儿科传统医术、重庆市中医骨科医院正骨诊疗术。

区级非遗项目包括：顺庆羊肉传统制作技艺、鲜氏枣酒浸泡技艺、小滨楼素椒炸酱面传统制作技艺、渝州正骨诊疗术、张氏针灸。

（三）重庆言子儿

重庆话以古代巴、蜀方言为基础，隶属西南官话。重庆有着独特的"展言子儿"，即重庆方言、歇后语或谚语，于谐趣幽默里见智慧，是重庆方言的一大特殊现象，体现着独特的重庆的民俗文化。

重庆言子儿的内容丰富，包括天文地理、人文历史、日常生活等。重庆言子儿的形式更是灵活多变，短小精悍，并且生动形象。一般而言，前半句是譬语或引子，后半句是解语或注语，是说话人的真意所在。在实际语言运用中，展言子儿的人常只说出前半句，而将后半句隐去不表，而听话人则心领神会，使语言交流不但幽默风趣，而且含蓄生动，展现出独特的美感和魅力。例如："瞎子戴眼镜——多余的圈圈"，这是一个完整的言子儿；但生活中常这么说："你做这些无用功，真是瞎子戴眼镜。"再如"半天空挂口袋——装风（疯）"，生活中常说："他这人经常半天空挂口袋。"

第三节 发展展望

重庆母城具有地理、行政、商贸、社会文化、都市旅游等发展优势。重庆母城将立足优势,整合各类资源,融合文化、商业、旅游等产业大力发展城市建设。

一、重庆母城的发展优势

重庆母城在当今时代迎来了新的发展机遇,其本身有着地理和人口、行政、经济、商贸、社会文化、都市旅游等方面的发展优势。

(一)地理和人口优势

重庆母城是重庆的中心城区,地处重庆市西南部,长江、嘉陵江汇流处,东、南、北三面环水,西面通陆。目前,母城总面积为23.24平方公里,其中陆地面积20.08平方公里,共拥有常住人口66.2万人[①]。

(二)行政优势

重庆母城是重庆的行政中心。自公元前314年秦置巴郡治江州以来,重庆母城历来是郡、州、路、道、府、县治所所在地,如今仍然是重庆的行政中心。母城渝中区现在划分为朝天门、解放碑、南纪门、七星岗、菜园坝、两路口、大溪沟、上清寺、石油路、大坪、化龙桥11个街道。

(三)经济优势

重庆母城是重庆的商贸中心。区内人均商业设施居重庆市榜首,拥有解放碑和大坪2个百亿级商圈,汇聚180余个国际品牌,2020年解放碑步行

---

① 2021年11月16日检索于重庆市人民政府网"区情简介"部分。

街被评为"全国示范步行街"。2019年,重庆母城实现商贸产业增加值283亿元,占地区生产总值的21.8%。

母城渝中是重庆的金融中心。2019年实现金融产业增加值300亿元,占地区生产总值的23%。

(四)商贸优势

重庆母城作为重庆的商贸中心区,有着悠久的商业文化传统。重庆的商业起源于巴国时期,迄今已有3000多年的历史。到明代时,重庆母城已成为四川和邻近省区的商品交换中心,逐步形成长江和西南地区最集中的物资集散地,为明代全国30多个商业城市之一。1890年,中英签订《烟台条约续增专条》,翌年将重庆开辟为商埠,母城渝中水域码头便成为中国内陆最早的对外通商口岸之一。20世纪30年代,重庆母城区域内商业企业急剧增加,商业资本迅速扩大,经营的百货品种齐全,出现了一大批具有影响力的大型商业企业。

目前,母城渝中商贸迅速发展,已形成东、西、北三足鼎立的三大商圈,即解放碑商圈、大坪商圈和化龙桥商圈。三大商圈各具特色,业态特征明显:解放碑商圈是中国著名的中央商务区之一,其商品以中高档为主,成为重庆乃至西南地区的商贸标杆;大坪商圈是母城渝中打造的新兴百亿商圈,商圈主要以大商业地产为核心,成为商业的新高地,潜力巨大;化龙桥商圈则以高端、涉外的商业地产重庆天地为主,建筑具有浓郁的巴渝风情。

(五)社会文化优势

重庆母城作为重庆市的文化中心,融巴文化、开埠文化、抗战文化、革命文化、商务文化、旅游文化于一体,文化遗产丰厚,文化设施富集。

重庆母城教育资源丰富,重庆最早建立的大学重庆大学即在母城渝中。1929年四川省主席刘湘创建了重庆大学,校址最初设在渝中区长江边的菜园坝,1933年迁至沙坪坝嘉陵江边。重庆医科大学创建于1956年,目前拥有位于母城渝中的袁家岗校区和位于重庆大学城的缙云校区2个校区,其临床医学等学科排名全国前列。除此之外,重庆母城区域内还拥有全军重点建设院校中国人民解放军后勤工程学院(现更名为中国人民解放军陆军勤务学院)。

在中小学教育方面,重庆母城拥有重庆市第二十九中学,集幼儿园、小学、中学为一体的名校巴蜀中学、百年名校求精中学、抗战中创办的中学复旦中学、战火中诞生的学校人民小学、在渝中土生土长的巴渝名校人和街小学、创办于1911年的百年名校中华路小学、重庆第一所民族小学精一民族小学、为辛亥革命遗孤开办的学校遗爱祠小学等。截至2019年末,重庆母城共拥有普通中学13所,职业高中2所,小学30所。于2020年7月,重庆母城入选教育部普通高中新课程新教材实施国家级示范区名单[①]。

(六)都市旅游优势

重庆母城渝中是山俊水秀、胜景迷人的山城、江城、不夜城,是重庆都市旅游的核心区、长江三峡旅游的最佳起始点和西部旅游的重要目的地,以独特神奇的都市风情,吸引着全国和全世界的游人。

重庆母城旅游业发展速度快,在区域经济中占有突出显著的地位。2019年全年旅游业总收入463.5亿元,增长20.9%,接待旅游者人数6744.2万人次,增长5.8%,旅行社196家,其中国际旅行社40家;4A、3A、2A景区分别为9个、2个、2个,两江游船8艘。获评"2019中国旅游影响力年度夜游城市"。

二、文商旅城融合发展愿景

当下的重庆母城,正抓住打造内陆开放高地、成渝协同发展等历史机遇,推进社会发展。

(一)文化发展愿景

重庆母城正在系统梳理、深入挖掘母城文化资源,建立人文资源清单,加快释放文化价值;加强文物保护修缮,精心实施老鼓楼衙署遗址公园等保护修缮工程;活化利用文物资源,接续实施郭沫若旧居等文物展陈工程,提升中共重庆地委旧址开放陈列水平;讲好"母城"故事,以国际村、领事巷等社区为单元,打造历史文化主题街巷、院落。此外,重庆母城还着力传承弘扬一批老字号、老工艺,壮大文化创意、旅游演艺、文博展陈、研学旅行等业态,鼓励打造一批精品影视作品,提升文化传播能力。

---

① 参见渝中2021统计年鉴。

(二)商贸发展愿景

重庆母城正推动金融业持续壮大,大力建设内陆国际金融中心核心区,持续巩固金融业在全市优势地位;打造一流金融生态环境,完善产业促进政策,优化银政企联动机制,切实增强金融审判庭护航作用,加强与国内外知名高校和机构合作,推动高端金融智库项目落户;加快提升解放碑(朝天门)现代金融集聚区、大石化创新金融集聚区辐射能力。推动品质消费加快形成。持续推进国际消费中心城市核心区建设,全面提升品牌集聚度、时尚引领度、消费贡献度。

(三)文商旅融合愿景

重庆母城围绕文商旅融合发展,推动轨道、滨江道路、旅游码头等有机衔接,串联李子坝、洪崖洞、朝天门、白象街、十八梯等景点,加快菜园坝、储奇门等区域功能转型、业态提升,充分挖掘、合理利用众多文化遗存,精心布局吃住行游购娱特色文旅要素,高品质打造滨江文旅生态走廊。大溪沟—上清寺—两路口片区突出提质增效,做优做强上清寺互联网科创产业集聚区、大溪沟文创设计产业集聚区,推动电子商务、大数据智能化等产业加快发展,吸引文化创意、研发设计等产业集聚发展,有效盘活空置楼宇,做好重庆渝欧跨境电子商务产业园、U创空间等重点载体择商选资,发挥对周边区域的产业配套和创新辐射作用。[①]

(四)城旅融合愿景

坚持城市有机更新,加快提升城市品质,实施城市提升行动计划,统筹生产、生活、生态三大空间布局,全力建设品质城区,扮靓"重庆客厅"、代言"都市旅游形象"。

优化城市发展空间。以全市国土空间总体规划为引领,开展渝中区国土空间分区规划,完成城市更新规划,推动重点产业平台资源集聚、效能释放。解放碑—朝天门片区突出示范引领,强化国际金融、商业商务和国际交往功能,重点引进现代金融、高端商贸、专业服务等企业。紧紧抓住全市中央商务区统筹发展机遇,全面提速一体化发展,统筹规划建设、产业布局、功能配套,推动解放碑国家级步行街、朝天门中新合作示范园融合发展,完成解放碑—朝天门步行大道建设,加快打造重庆金融街和金融文化风貌街。

---

① 重庆市渝中区人民政府工作报。

大石化片区突出蓄能添劲,着力建设新兴产业示范区,聚焦大健康、数字经济、专业服务、新型金融等新经济、新要素,推动环重医创新生态圈、大坪潮流商圈、总部城数字经济集聚区、化龙桥国际商务区融合发展,新增企业1500家以上。

以城为基增品质。建成西南大区、半山崖线首开段2条市级步道,加快建设"一带六横十六纵"步行系统,持续完善路网和公共交通系统,推进历史遗存、热门景区等"串珠成链",实现景点联通、片区贯通、线路畅通。重点建设十大风貌街区项目。全力推进大田湾—文化宫—大礼堂文化风貌片区保护改造,基本建成白象街传统风貌区和胜利巷老街区,完成十八梯传统风貌区主体工程、鲁祖庙传统风貌区核心区主体改造、李子坝传统风貌区地灾治理,实现三层马路老街区首开区、山城巷传统风貌区开街运营,加快建设打铜街传统风貌区、燕子岩飞机码头老街区[①]。

小结

本章从城市的起源与世界城市发展规律着手,对重庆母城概念进行了释义,介绍了重庆母城的形成条件,梳理了母城从远古至当代的历史发展脉络,包括重庆母城历史上的四次筑城、三次建都、近现代及当代的城市历史沿革和发展。同时从母城的地理特色、建筑风格、历史风貌街区、地方方言、人文风俗等方面,概况性地介绍了重庆母城的城市风貌和人文风情,并从地理、经济、行政、社会文化、都市旅游等方面说明了重庆母城发展的优势,展现了未来母城发展的愿景。

实践建议

参观重庆母城重要历史遗迹,并梳理重庆母城发展脉络,准确列出重庆母城发展时间轴。

[①] 重庆市渝中区人民政府公告. http://www.cqyz.gov.cn/zwgk_229/zfgzbg/202001/t20200122_6164216.html.

参考阅读

"重庆母城"概念的提出

"重庆母城"概念最早由北京师范大学王泉根教授提出。此后,有陈石的《渝中区重庆母城的藏宝图》等文章延续了渝中区为"重庆母城"这个观点和提法。

王泉根教授1997年在论述重庆文化时首先提出了"重庆的母城"这个概念和认识。他说:"从历史地理角度考察,'重庆'可以分为四个层次:第一层次,是指重庆的母城,即长江、嘉陵江两江环抱之半岛古城,面积为9.6平方公里的今日渝中区。这是元典意义上的重庆,根本层面上的重庆。禹分九州,即有巴蜀,周王册封,巴为诸侯,秦汉置巴郡(前314年),隋唐置渝州(581年),宋置重庆府(1189),元末大夏国建都(1363年),近代开商埠(1891年)……,凡此种种历史大端,均发生于此半岛古城。"

1998年,王泉根在《中国第四直辖市——重庆文化谫议》一文中继续表达了上述认识。

——重庆人大网《关于重庆母城历史文化风貌区规划建设的调研报告》

思考与自测

一、思考题

(一)重庆母城诞生的条件是什么?

_____

_____

(二)重庆母城文化的多样性和丰富性体现在哪三个方面?

_____

_____

二、自测题

(一)填空题

1. 重庆地区在上古时期的名称为( )。
2. 在重庆建立大夏国并称帝的人是( )。
3. 重庆第三次直辖的时间是( )年。
4. 明代( )主持了重庆母城历史上的第四次大规模筑城。
5. 重庆市第二次直辖在重庆母城留下了三座地标：重庆市人民大礼堂、大田湾体育场和( )。
6. 最早提出重庆母城概念的人是( )。
7. 重庆母城目前的国家级非物质文化遗产项目包括蜀绣和( )。
8. 重庆茶馆的茶具及特色设施是传统"三件头"，即茶碗、茶盖和( )。
9. 重庆风俗中主人回赠客人礼物的行为叫作( )。
10. 公元前1066年，周武王会盟进攻商纣王。战争胜利后，周朝建立，周武王分封( )姓宗族于巴国，封以子爵，史称巴子国。
11. 重庆母城最具浓郁地方特色的建筑样式是( )。
12. 母城十七座城门的排列，习惯以( )为起点，按顺时针方向排开。
13. 重庆母城唯一的一座陆上开门是( )。
14. 重庆有着独特的( )，即结合重庆的人文地理特征的重庆方言、歇后语或谚语，于谐趣幽默里见智慧。
15. 母城的经济优势主要体现为其是重庆的商贸中心和( )。
16. 人民大礼堂的设计师是( )。
17. 山城夜景自古雅号( )。
18. 重庆母城教育资源丰富，重庆最早建立的大学( )即在母城渝中。
19. 重庆国泰艺术中心整体形状和颜色的设计理念，源自重庆的( )。
20. 周恩来纪念馆铜像广场位于重庆母城渝中的( )历史风貌区。

(二)选择题

1. 最早的"城"具备的要素是( )。

   A.宗庙　　　　　　　　　　B.宫室

   C.商业市场、手工业工场　　D.军事

2. 从城市发展的一般规律看，早期城市的核心功能不包括( )。

   A.军事　　B.政治　　C.经济　　D.宗教

3.重庆城第二次筑城的主持者是(　　)。

A.李严　　　　　B.彭大雅　　　　C.戴鼎　　　　D.张仪

4.重庆第一次直辖的时间(　　)。

A.公元前314年　B.1939年　　　C.1891年　　　D.1949年

5."重庆"首次得名的朝代是(　　)。

A.西周　　　　　B.秦朝　　　　　C.宋朝　　　　D.清朝

6.关于渝中区在重庆的地位,下列说法不正确的是(　　)。

A.行政中心、商贸中心、金融中心、文化中心

B.基础教育高地、医疗卫生高地

C.水陆客运交通枢纽

D.农业生产基地

7.1897年,宋育仁联合一批维新知识分子,在重庆母城白象街创办了四川近代史上第一家近代报纸(　　)。

A.重庆日报　　　B.渝报　　　　　C.新华日报　　D.朝报

8.国民政府宣布重庆为中国战时首都是在(　　)。

A.1936年　　　　B.1937年　　　　C.1938年　　　D.1939年

9.重庆母城至今一共经历了几次直辖(　　)。

A.1次　　　　　B.2次　　　　　C.3次　　　　D.4次

10.重庆开埠的时间是(　　)。

A.1899年　　　　B.1891年　　　　C.1888年　　　D.1900年

11.1987年,英国皇家建筑学会和伦敦大学编写的《比较建筑史》中,首次收录了新中国成立后的43项工程,重庆市人民大礼堂位列(　　)。

A.第一位　　　　B.第二位　　　　C.第三位　　　D.第四位

12.临江门隔着哪条河流与江北嘴、刘家台相望(　　)。

A.长江　　　　　B.嘉陵江　　　　C.涪江　　　　D.乌江

13."化龙桥"得名是以(　　)。

A.以地势为名　　　　　　　　　B.以官职为名

C.以民间故事为名　　　　　　　D.以商贸行业为名

14.重庆母城现存两座古城门及城墙,它们是通远门及城墙和(　　)。

A.千厮门及城墙　　　　　　　　B.人和门及城墙

C.南纪门及城墙　　　　　　　　D.东水门及城墙

15.《重庆歌》里,"火炮响,总爷出巡"指的是那一城门(　　)。
A.人和门　　　　B.临江门　　　　C.洪崖门　　　　D.朝天门

16.湖广会馆位于的东水门正街,始建于(　　)。
A.明朝　　　　　B.清朝　　　　　C.宋朝　　　　　D.唐朝

17.连接着上下半城,具有典型山城地理特色的历史风貌区是(　　)。
A.山城巷传统风貌区　　　　　　　B.洪崖洞传统民俗风貌区
C.白象街历史文化风貌区　　　　　D.中山四路历史文化风貌区

18.重庆地区在上古时期的名称为"巴",重庆母城时称(　　)。
A.楚州　　　　　B.巴州　　　　　C.江州　　　　　D.恭州

19.母城渝中商贸发展迅速,已形成了东、西、北三足鼎立的三大商圈,即解放碑商圈、化龙桥商圈和(　　)。
A.大坪商圈　　　B.洪崖洞商圈　　C.东水门商圈　　D.朝天门商圈

20.母城形成了六大重点产业,以下哪一产业不属于其六大重点产业(　　)。
A.现代金融业　　B.高端商贸业　　C.文化旅游业　　D.军事科技业

参考文献

邓晓.重庆古城的建筑与历史文化[J].重庆师范大学学报(哲学社会科学版),2003(04):62-67.

重庆市旅游局.重庆导游(第2版)[M].北京:中国旅游出版社,2014.

郭宇.从"九开八闭"老城门看明清重庆城市规划中的功能与文化考量[J].装饰,2018(03):130-131.

《母城渝中》编辑委员会.母城渝中[M].重庆:重庆出版社,2013.

刘易斯·芒福德.城市发展史——起源、演变和前景[M].倪文彦,宋俊岭,译.北京:中国建筑工业出版社,1989.

戴均良.中国城市发展史[M].哈尔滨:黑龙江人民出版社,1992.

何一民.中国城市史[M].武汉:武汉大学出版社.2012.

孟广涵.历史科学与城市发展:重庆城市史研讨会论文集[M].重庆:重庆出版社,2001.

何智亚,文·摄影.重庆老城[M].重庆:重庆出版社,2010.

隗瀛涛.近代重庆城市史[M].成都:四川大学出版社,1991.

徐晓渝.重庆古城[M].重庆:重庆出版社,2018.

王心富.重庆[M].济南:山东画报出版社,1998.

彭伯通.古城重庆[M].重庆:重庆出版社,1981.

陈中东,王海文.重庆往事[M].广州:花城出版社,2010.

《重庆古城渝中》编辑委员会.重庆古城渝中[M].重庆:重庆出版社,2019.

邱远猷.重庆蜀军政府的成立及其法制[J].重庆师专学报,1998(04):47-52.

裴宇轩.重庆渝中半岛城市意象的结构、特征与演变[D].重庆:重庆大学,2017

重庆市渝中区委员会文史资料委员会.重庆渝中区文史资料(第8辑),1996(内部发行).

重庆市渝中区政协文史资料委员会.重庆市渝中区文史资料(第12辑),2002(内部发行).

舒莺.重庆主城空间历史拓展演进研究[D].重庆:西南大学,2016.

第二章 巴文化与移民文化

◇◇◇◇◇◇

▶ **内容提要**

　　巴人诞生于长江三峡、巫巴山地,以渔猎为生,分为不同氏族部落。巴人因盐、丹砂资源而兴盛,向外迁徙,白虎巴人西迁涪陵、重庆,定都江都,奠定今天重庆母城山水城市文脉。巴国以江都为中心,向东向西拓展,国力大增,与周边国家蜀、楚、秦具有联系,扩大了经济、军事、文化交流,巴国物质文化、精神文化成就巨大。秦灭巴后,巴文化继续与大量迁入的汉族文化交融。重庆历史上九次大规模移民,巴文化与外地文化交融,呈现出了新的文化形态——移民文化。巴文化是重庆文化和移民文化的重要组成部分,具有极大的研究价值、城市营销价值、旅游与经济开发价值。

▶ **学习目标**

　　掌握:巴人与巴国的发展历程、巴文化的成就和特色;重庆移民历史和移民文化特点。

　　理解:巴文化、移民文化在当今社会的传承价值。

　　了解:巴文化与移民文化的关系。

巴文化是指以巴人为主或被称为巴賨、巴濮、巴蜑的多族群在其领地创造出的个性鲜明、特色突出的地域文化，它既是巴国地域文化，也是巴族与周边蜀、楚、秦交融的产物。秦汉以后，大部分以巴人为主的族群逐渐融入从中原迁入的汉族文化中，从而形成巴文化的新形态，巴文化也因此成为重庆母城文化的重要组成部分。

与巴文化一样，移民文化也是重庆母城文化的重要组成部分。巴人和巴文化的基因里有着极强的迁徙因子，因此移民文化既与巴文化相对独立但又受到巴文化的影响。

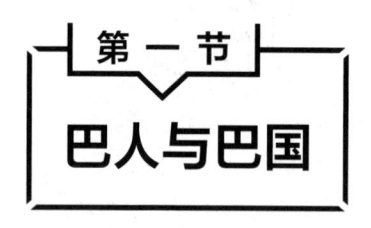

第一节 巴人与巴国

古代巴人起源于重庆东部的巫巴山地、长江三峡地区，依山傍水而居，形成了按自身文化序列发展的巴文化。

一、巴人与巴国的兴起

巴人或称巴族，是我国古代西南及中南地区的少数民族之一，最早的居住地为大巴山区和巫巴山地，分布在鄂西、三峡地区，后逐步向今重庆一带拓展，最终形成以重庆为中心的巴国。巴国建立后，密切了与中原文化的联系，同时，随着诸巴族群的发展，与周边楚、蜀、秦等文化交往，巴人受其影响，最终融入中华民族的形成和统一的多民族国家之中。

（一）因盐、丹砂资源而兴的巴人

巴人起源所见的最早文献是先秦的《山海经》。《山海经·海内经》记载"西南有巴国"。

巴人起源地,据《山海经·海内南经》载:"夏后启之臣曰孟涂,是司神于巴。人请讼于孟涂之所,其衣有血者乃执之,是请生。(孟涂)居山上,在丹山西。"此事《竹书纪年》卷三也提道:"帝启八年,帝使孟涂入巴莅讼。"孟涂"司神""莅讼"的地方就是巴人聚居的地方。这个地方大致在大巫山之中,峡江之内。20世纪80年代以来,以考古发现的实物资料来分析鄂西、三峡地区、重庆地区和汉水流域,这一区域确实存在一种连续的序列文化,考古学者称之为早期巴文化的遗存并被研究者认可:"三峡地区的不少原始文化遗存遗物与夏商及其以后一段时间的巴人遗存遗物,是一个不同时期自身发展先后继承与递变的关系,夏商时期的巴文化遗存是由该地区新石器时代原始文化遗存直接发展而来。"①考古学者通过考古学的"地层学"或"类型学"理论对出土遗存遗物进行研究,"说明巴文化起源重庆、湖北西部地区"。考古发现资料证明:三峡地区重庆、湖北巴人起源于4000年前的新石器时代,考古发掘的文物资料证实该区域确实存在着一种独特的具有连续发展序列的文化系统。

巴人生活的长江三峡流域、巫巴山地江河密布,山高坡陡,耕地有限,但也有着得天独厚的资源、丰富的野生动物。巴族初营江河捕鱼为主、狩猎为辅的渔猎生活,后来发现、占有了天然盐泉、丹砂资源,于是进行开采和长途贩运,逐步走出巫巴山地、三峡,迁徙各地。

盐资源在人类历史上长期是最为重要的贸易品之一,远古时期盐业贸易就开始进行了,巴人至少在先秦时期就有了较大规模的盐业贸易。《蜀典》记载:"太皞生咸鸟,咸鸟生乘釐,乘釐生后照(灶),后照是始为巴人。"学者考证,"咸鸟"为巴人装载盐的船像鸟一样在大江上快速行进;"釐"是治理的意思,"乘釐"为管理承载运盐的事务;后照(灶)是管理煮盐的首领。在现在的重庆市忠县中坝遗址,出土了大量巴人文化特征的遗存,其中有很多与盐业有关的花边束颈圜底罐,出土时研究者倾向是制盐的工具,现在多认为是巴人贩卖运输盐的器物。

巴人起源地除了江河鱼盐资源丰富外,还有一种上古巫术时代极为重视的资源——丹砂。早期中国视丹砂为神奇的药物,非常重视丹砂的生产,而重庆三峡地区正是我国历代最重要的丹砂产地。东汉学者许慎在《说文解字》里这样解释"丹砂":(巴郡)与南越(今广东、广西一带)之红色矿石。

---

① 杨铭.土家族与古代巴人[M].重庆:重庆出版社,2002:15-16.

巴地各族群拥有的资源不同,形成不同发展程度的氏族部落。到夏商之际,巴人活动的区域范围广泛,到达鄂西、三峡地区、重庆地区、汉水流域等地,逐步形成了巴蛇部、鱼凫部、弓鱼部、白虎部。

(二)巴人的生活习性

巴人早期的生活环境依山傍水,并以盐、丹砂的贩运为重要产业,因此其都沿着江河流域生活和迁徙,因而形成了不同于农耕、游牧族群的生活习性。

第一,巴人沿江而居,习水性善于驾舟。考古发现的巴人船棺葬,应该是其日常生活的投射。船棺葬或将死者遗体和随葬品一道装殓船舱内,或另备一小棺容尸体及随身小物品,再将小棺放舱内,其他大的随葬品如陶釜、陶罐、陶壶等等放在舱内。用船作棺,反映了巴人水居生活环境和渔猎生活的特点。

第二,喜佩剑。《华阳国志·巴志》讲巴人剽悍劲勇,考古发现出土了很多具有巴族自身特点的巴式剑。巴式剑是一种很具特色的短兵器,整体呈柳叶形,其长度中等,不少偏短,表明勇敢善战的巴族敢于近身搏击的无畏精神。考古发现的巴式剑分布广,以墓葬为主,如涪陵小田溪巴王墓出土了12件,其中一号墓出土了8件。

第三,头饰椎髻。汉代文献已经记载椎髻了,根据唐代颜师古解释,所谓椎髻,就是一撮头发"其形如锥"故名椎髻,椎髻即是锥髻,是说头发扎成一种一撮朝天、形状如锥的发式。在昭化宝轮寺和巴县冬笋坝出土的铜剑和铜矛上有一种梳有两尖尖锥状的人头符号,就是中原文化称为椎髻的发式。西晋时称白虎巴人后裔为"弜头虎子",重庆学者邓少琴的《巴蜀史迹探索》认为冬笋坝铜剑铜矛所绘的双髻人像是"结发使上",从头部左右斜出如角,挺立,故名"弜头虎子"。可见,这种头梳双髻被视为巴族男子的特有发式。

第四,巴人盛行干栏式建筑。三峡地区发现距今7000年的城背溪遗址和大溪文化中有考古发现的干栏建筑。干栏又称高栏、阁栏等,是南方少数民族的一种住宅样式,巴人为适应山地而大量建造了这种干栏类建筑,《华阳国志·巴志》说巴人"郡治江州,……地势刚险,皆是重屋垒居"。重屋垒居,即是木结构的干栏式建筑。

第五,巴人守土性不强,外迁与扩张是其主要习性之一。巴人非农耕,靠捕鱼、贩盐为生,逐河流迁徙成为巴族的生活常态,从而形成以大巫山为中心,在川、陕、鄂、渝、湘、黔六省市内的大迁徙,将巴文化扩展到广大的地方,到夏商时代形成的巴蛇部、鱼凫部、弓鱼部、白虎部逐渐转往峡江之外。

白虎巴人是巴族中最有影响的一支,诞生于巫巴山地、鄂西地区,在其首领廪君时崛起。《世本·氏姓篇》载:"廪君之先,故出巫诞。"这支巴人的氏族首领务相能力卓越,取得了部落最高军事首领——"君长"的称呼,并被大家授予"廪君"的名号。这支巴人以白虎为其崇拜图腾,因此称之为白虎巴人。

(三)白虎巴人立国江州

廪君白虎巴人拥有盐水资源,贩运盐势力大增,继续向外扩张,其后裔一部分西迁至重庆,建立了巴国或曰巴子国。

1.白虎巴人西迁川渝

白虎巴人大部分西迁重庆东部,建立城邑作为活动中心据点,并最终以重庆为中心建立巴国。目前学界多数学者认为:管维良先生的西迁路线说法比较客观和真实可信[①],即白虎巴人沿着清江上行转入郁水,到达今郁山镇,夺取了郁山伏牛山盐泉,再顺郁水而下至今彭水县城关,进入乌江,下行到达"枳"即今涪陵,乌江与长江的汇合处。乌江口的枳,是白虎巴人进入重庆后第一个立足之点和最初的政治中心,以此向东、向西拓展。

2.白虎巴人都江州

白虎巴人以枳为基地向东扩展,到达今丰都一带;而向西溯江而上,便到达了今重庆市渝中区:长江、嘉陵江的交汇之处。此处北、东、南三面半环水,仅西南半面背山,但此处窄如鹅项,最狭处不及一公里,从而使整个地势有如江中之州,因此重庆市渝中区远古时代便有江州之称,正是白虎巴人建都立国最理想的地方。巴人建都江州有文献可查:

《华阳国志·巴志》载:"巴子时……都江州。"

《汉书·地理志》载:"巴郡,故巴国。"

---

① 周兴茂.土家学概论[M].贵阳:贵州民族出版社,2004:66.

《左传·桓公九年》杜注:"巴国,在巴郡江州县。"

《舆地广记》载:"巴县,本江州,古巴国也。"

3.巴国的建立

多数学者认为巴师参加武王伐纣,因功受封,"以其宗姬于巴,爵之以子",时间当是公元前1046年,所建国严格意义称为"巴子国",习惯称"巴国"。

《华阳国志·巴志》载:"武王既克殷,以其宗姬于巴,爵之以子,古者远国虽大,爵不过子,故吴、楚及巴皆曰子。"巴族作为偏居西南的子爵方国,政治地位不算高,发达程度低,但与中原文化联系相当密切。故周成王大会诸侯于成周洛邑时,巴国亦参会,巴子向周天子成王贡献了自己的土特产比翼鸟。与中原密切联系后,巴子国发展迅速。

二、巴国的历史

白虎巴人在江州建的巴国,建国伊始范围并不太大,但以江州为中心,积极拓展,在周边逐渐建立了军事、宗教、商贸、王陵等城镇。

(一)巴国的扩张与强盛

巴国不断以武力扩张而获得领土,因而具有典型的因战争而兴的特征,战争加强了首领和其血缘集团的权力。

巴国向外拓展,立国后挥师北上,占领了今合川一带,以至川中濮族居住的地方,当时部落很多,有"百濮"之称,进而向川北推进。为了加强对濮族的控制,在原濮族居住的中心古垫江,建城置邑,遂成为巴都江州北面的重镇。

巴师进抵川北后,把蜀国的势力挤到阆中以西、以北,从而完全控制了川北以及汉中。同时在南边,攻占蜀的鳖国之地,控制了今黔北。

巴国鼎盛时期,疆域非常辽阔,《华阳国志·巴志》记载:"其地东至鱼复,西至僰道,北接汉中,南极黔涪",囊括了今陕西汉中东半部、川东、川南、湘西北、贵州北部。

(二)巴国与周边诸国关系

巴国与周边诸国,处于战与和交替的状态。东边楚国的强盛,导致巴国的多次失利甚至后期其重要盐源的失去,随后楚国人大量移入巴地。与西边蜀国虽然有矛盾,但双方文化交流很深。巴国对北方以周和秦为代表的中原势力时处于弱势,早期是朝贡关系,后期秦崛起南下与楚、巴相争,最后巴亡于秦。

1.与周王朝的关系

姬姓巴子国的建立,强化了与中原的联系和文化交流。根据历史文献记载:巴国曾多次向周朝纳贡。

2.与楚的关系

巴楚相距很近,因此关系也很密切。早年巴楚二国皆始封为子国,国力相对不甚强大,同在壮大自己的过程中,利害冲突不大。春秋时期,楚国占据了江汉平原大片土地,国力强大,争锋中原,独霸蛮荆,巴国被迫听命于它,实际上处于附庸的地位。对巴国来说,东面的楚国是其最大的威胁,两国武装冲突时有发生。虽然巴人尚武善战,但是毕竟由于社会的落后,地盘的限制,无法改变楚强巴弱的形势,只好以不断加强防御来对付,故《水经注·江水》载曰:"昔巴楚数相攻伐,藉险置关,以相防捍。"楚人夺巴地,大量楚人进入原来巴地,"江州以东其人半楚",可见楚文化对巴地的影响。

在巴国与楚国的关系史上,产生了著名的巴蔓子刎首留城的故事。巴蔓子是古巴国忠州(今重庆市忠县)人、巴国将军。约公元前4世纪,巴国胸忍(今万州一带)发生内乱,时巴国国力衰弱,国君受到叛乱势力胁迫,百姓被残害。将军巴蔓子请楚国出兵帮助平乱,许诺事成后以三城作谢。内乱平定后,楚王派使臣向巴蔓子索取三城。巴蔓子认为国家不可分裂,身为人臣不能私下割城,否则是为不忠,但不履行承诺是为无信。为了既不失信于楚国,又不辱巴国尊严,保巴国领土完整,巴蔓子告楚使曰:"将吾头往谢之,城不可得也。"于是自刎,以头授楚使。楚王听闻此事,感其忠烈,以上卿之礼葬巴蔓子头颅;而巴亦举国悲痛,于巴国国都厚葬其无头之遗体,而安葬地点即在今渝中区七星岗莲花池街。明代曹学佺所撰《蜀中广记》即载有"郡学后莲花坝有石麟石虎,相传为古时巴君冢。"清雍正、乾隆、道光年间,巴郡官民多次对此墓进行了修缮,明确祭祀巴蔓子将军。民国十一年(1922

年)川军第一军军长兼川东边防督办但懋辛主持修成墓园并立碑"东周巴将军蔓子墓",此墓保留至今,现存于渝中区民生路之下的石拱洞内,为市级文物保护单位。巴蔓子以头留城、忠信两全的故事,在巴渝大地广为传颂。《华阳国志》中评价巴蔓子:"若蔓子之忠烈,范目之果毅,风淳俗厚,世挺名将,斯乃江、汉之含灵,山岳之精爽乎!"

图2-1 巴蔓子将军墓

3.与蜀的关系

巴国与蜀国的关系很微妙。《华阳国志》认为"巴蜀世仇""巴蜀世战争",但从历史记载来看,又没有战争的明确记录。《春秋战国异辞》载:"蜀王别封弟葭萌于汉中,号苴侯,命其邑曰葭萌焉。苴侯与巴王为好,巴与蜀仇,故蜀王怒,伐苴侯,苴侯奔巴,求救于秦。"这是迄今所见的巴蜀矛盾尖锐的一次表现,但巴蜀尚未开战,秦兵就于公元前316年出兵灭蜀,随后又将巴王俘往咸阳,巴国至此灭亡。

历史上有更多关于巴蜀结盟出兵伐楚和友好交往的记载,据《太平御览》记载:"昔蜀王栾君王巴蜀,见廪君兵强,结好宴饮,以税氏五十遗廪君。"即蜀王向巴王赠种族奴隶税氏五十人。

4.与秦的关系

巴国与秦有联系,历史记载有约公元前659年巴人致贡秦国之事。《史记·商君列传》载,赵良谓商鞅曰:"(百里奚)相秦六七年,而东伐郑,三置晋国之君,一救荆国之祸,发教封内而巴人致贡;施德诸侯而八戎来服。"意思是:百里奚出任秦相六七年,向东讨伐过郑国,三次拥立晋国的国君,一次出兵救楚。在境内施行德化,巴国前来纳贡。施德政于诸侯,四方少数民族前来朝见。

(三)巴国的灭亡

巴国由盛到衰的转折始于楚肃王四年(公元前377)巴蜀联军伐楚,巴企图夺回已经被楚国占有的盐水,初获胜,攻占了滋方(今湖北松滋),楚国反击大败巴蜀联军。从此,巴国势力衰败,楚国趁此机会吞并巴国疆土。公元前361年,楚国攻占了巴南方的黔中之地,得到巴国的第二大盐泉,巴国三大盐泉已经失去了两个,国力日益衰败。继之发生内乱,巴蔓子向楚借兵平乱。公元前316年秦国派张仪、司马错等灭蜀,顺带也灭了巴国。

三、重庆母城的建置变迁

重庆母城地位一直较稳定,始于巴国都城,继而为郡治、州治、府治、道治所在,始终是一个府的规模,但规模比其他府治、道治大。晚清时期,长江上游经济贸易中心东移,重庆因交通之利,中心地位凸显。在巴国之后,其具体建置变迁略如下。

秦时。秦于公元前316年灭巴,并于公元前324年筑江州城,置巴郡下辖九县,郡治江州县(治今渝中区半岛尖端处)。

西汉时期。巴郡仍置,下辖11个县,江州兼郡治(治今渝中区)。

东汉时期。东汉初期巴郡仍置,仍沿袭西汉辖11个县。顺帝时(公元120年—144年)巴郡辖14个县,江州兼郡治(治地不变)。东汉末年巴郡辖地进一步缩小,仅领江州(兼郡治)、临江、枳县、平都四县。

三国两晋南北朝时期。刘备入蜀,于221年称帝建汉,史称蜀汉,巴郡仍置,领江州(仍兼郡治),曹魏、西晋时建置不变。西晋末年的十六国时期,成汉政权以巴郡置荆州,重庆地区由郡升州自此始。荆州领巴郡和巴东郡,其中巴郡领江州(兼州、郡治)。东晋347年灭成汉,废荆州,巴郡仍置。

隋唐时期。到隋开皇三年(583年),隋文帝撤销郡一级建置,地方只设州县两级,为渝州,下辖三县,巴县兼州治。炀帝大业三年(607年)又复州为郡,渝州复为巴郡,辖县及治地不变。唐高祖武德元年(618年)复郡为州,巴郡仍为渝州，玄宗天宝元年（742年）改渝州为南平郡，肃宗乾元元年（758年）又复为渝州。五代十国时期，渝州仍置，辖县及治地不变。

宋元时期。宋初设渝州，后改为恭州。南宋孝宗淳熙十六年（1189年）二月禅位于恭州的恭王赵惇，是为光宗。按例潜邸恭州应升格为府，8月，改恭州为重庆府，重庆得名由此始。元在陕西京兆（今咸阳市）设立陕西、四川行中书省，并将四川省分为四道，道下为路，改宋重庆府为重庆路。当时重庆路置总管府治理，下辖仍为巴县、江津、璧山三县，并置录事司管理路治巴县城关。至元二十一年（1284年），重庆升为上路，兼路治（治今渝中区）。元末明玉珍称陇蜀王，以重庆为都建立政权，1361年称帝，建大夏国。在行政建制上有所改动，重庆路仍置，直辖巴县（兼路治）。

明清时期。明朝建立后，改重庆路为重庆府，辖十一县，三州，三州领县六，故《巴县志》称领县十七。清初长期处于战乱，人口锐减，因而对府州县建置做调整；雍正十三年（1735年）后，重庆府领县十一、州二、厅一，直领巴县（兼府治）。嘉庆年间为加强对地方的控制，拆分四川，下设四道，川东道署设在重庆府巴县。

民国时期。辛亥革命后，成立蜀军政。蜀军政府并入成都大汉军政府后，重庆为镇抚府。1921年刘湘在重庆就任四川各路军总司令兼四川省省长，将四川政治中心移到重庆，同年设四川商务总办，由杨森任督办，以重庆（指巴县县城，今渝中区东部）及江北县城一带居民集中区为辖区，这就是近代重庆最初的规模。1927年改督办公署为市政厅，任潘文华为市长。1929年，以巴县城区正式置重庆市，作为四川省的省辖市，改市政厅为市政府，潘文华仍任市长，除巴县城区外，在江北县城设江北办事处，不久又在南岸设市政管理处，从而开了现代重庆地跨两江、鼎足三分的先河。接着潘文华主持拓展市区，将从嘉陵江边牛角沱上延至两路口，再延到长江边菜园坝到兜子背一线以东，直抵通远门城墙的大块地方扩称为新市区。1932年再次划定重庆市界，西至化龙桥、南岸东到苦竹林，江北自溉澜溪直到香国寺，共187平方公里，划为重庆市。1937年抗战爆发，举国内迁，重庆定为战时首都，市辖地大为扩张。1939年5月将巴县及江北县两县政府迁出重庆市区，其下划为17个区。1946年国民政府还都南京，将原第十一区拆置为两个区，重庆市有18个区，直到重庆解放。

第二节 巴文化

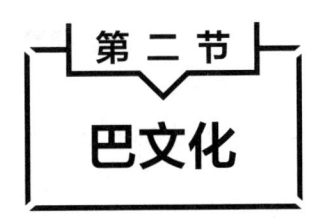

巴人建国后,除了沿袭渔猎经济外,还在有利的自然环境中发展多种经济,无论在物质文化方面还是精神文化方面都创造了辉煌的成就。

一、物质文化

巴人创造的物质文化丰富灿烂,主要表现在农业生产、生活消费品、手工业、城市与商业、水上交通等领域。

(一)农业生产与生活消费品

巴国吸收蜀国的先进技术发展农业,《华阳国志·蜀志》中有"后有王曰杜宇,教民务农……巴亦化其教而力务农"的记载。农业物产丰富,相应的消费性物质生活也发达,最具代表性的就是制酒与制蒟酱。《华阳国志·巴志》中记录有民歌:

> 川崖惟平,其嫁多黍。
> 旨酒嘉谷,可以养父。
> 野惟阜丘,彼稷多有。
> 嘉谷旨酒,可以养母。

"旨酒嘉谷,可以养父",可见酒的日常普及。巴国清酒,是酒中上品,《水经注·江水》中记载仅鱼复县巴乡村一地酿制,故名曰"巴乡清酒"。秦昭襄王时,这种名酒早已为秦上层统治者所喜爱,在处理秦政权统治下的秦人和巴人关系时明确规定:"秦(人)犯夷(巴人),输黄龙(珑,玉饰)一双,夷犯秦,输清酒一钟。"一壶清酒抵两只黄珑玉佩,这既说明秦对巴人的怀柔和笼络,又体现了清酒本身确实名贵。

蒟酱的制作,是巴蜀民众对食物化学和合成药物的一项重要贡献。蒟是一种药物兼食用的藤本植物,其子、叶可食。《华阳国志·巴志》在叙述巴地物产时,特别突出地写道"蔓有辛蒟"四字。巴国制造的有辣味的蒟酱,历来很得各阶层人士的欢迎,汉武帝就喜食蒟酱,梁武帝更是赞不绝口,认为蒟酱"味美,与肉何异"。

值得一提的是茶的发现和使用,《华阳国志·巴志》中记载的众多物产中有茶,且作为周朝贡品,结合唐朝陆羽《茶经》中所说茶出自巴山峡江,可知巴人是茶的较早发现者和使用者。

(二)手工业

第一,青铜铸造发达。其产品带有强烈民族和地方色彩,如錞于、钺、剑、戚、矛等,达到了中原文化水平。

第二,巴国的传统制漆工艺发达。在巴县冬笋坝的巴国墓葬中,出土有相当数量的漆器,计有漆盒、漆盘、漆奁、漆梳等,多髹红、黑二色。

第三,煮盐泉制盐也是巴国一项重要的、传统的手工业门类。巴国占有盐水、郁山、宁厂三大天然盐泉,都是自流的盐泉,可直接取泉水煮盐。煮盐、贩运盐是巴人发展、扩张的经济根基。

第四,丹砂的开发与利用,在巴族具有十分悠久的历史。丹砂即硫化汞,中国对它的认识、利用历史非常早。巴人立国川东以后,丹砂的主要产地黔中成了巴国的重要领域,丹砂的开发、利用也就成了巴国人民的一项重要产业。不少古籍中称丹砂为巴砂,李斯上秦王嬴政的《谏逐客书》中也指出丹砂非秦所生,乃巴蜀所产。

(三)城市与商业

巴人经营城市历史悠久。巴国的城市有江州、垫江、平都、枳、阆中等,其具体地址皆有文献可考。

除政治功能外,城市的经济功能在巴人的城市中也得以体现,巴国统治者设"市",作为交易货物之处,并置关立卡,以便进行税收。巴国在经济领域里出现了一种桥形的金属铸币,作为商品交换的等价物。桥形币因其像古代石磬,或称磬币,亦因其与玉璜之形相似,也称璜形币。

(四)水上交通枢纽

巴国时期的交通由水路、陆路通道构成,主要是靠江河行船的水上交通,与江河相向的陆路为辅。目前所见巴国的几座重要城市,无一不在江边,是巴国水上交通的支撑点。巴人的水上交通工具是一种独木舟,船体较厚。

巴都江州(今渝中区)本身是在长江与嘉陵江的交汇处,自古都是水上交通枢纽。以江州为中心,顺江而下可到枳(今涪陵区枳里乡)以及楚都丹阳(今秭归);从江州逆水而上,可经江阳(今泸州),到僰道(今宜宾市)再转岷江,经嘉定(乐山)逆岷江就至蜀都成都。

从江州经嘉陵江北上,经垫江(今合川区合阳镇)可达巴国北部重镇阆中,再北出朝天峡可达巴国汉中之地;或者从垫江折入涪江,再逆涪江西上,可进入川西,经陆路到成都;或从垫江西向,折入渠江,再溯渠江而上可到宕渠和宕渠以东的地方。

从江州往下到枳邑(今涪陵区枳里乡),再溯巴涪水(今乌江)可进入贵州东北,即当时黔中之地;或经酉水进入亦属黔中的沅江流域,或从彭水溯郁江到出泉盐的今郁山镇,过郁山而进入湖北夷水(今清江)流域。

逆长江到今江津顺江场,进入鳖水(今綦江)到达川南和贵州北部。

由此可见,在水上交通中江州(今渝中区半岛)是东南西北的航运中心。

图2-2 水上交通

二、巴人物质文化遗存

巴地文物和考古中的巴人物质文化遗址众多，特征突出，类型比较丰富，如墓葬有土坑墓、石坑墓、船棺葬、悬棺葬几个大的类型。其中土坑墓又包括无葬具墓、单棺墓、单椁墓、单棺单椁墓、双棺单椁墓、殉人墓及瓮棺葬等七种。

(一)巴人物质文化遗存类型

依据晚期巴人文化墓葬的资料，巴人物质文化遗存分为冬笋坝类型、李家坝类型和罗家洞类型[①]。

1.冬笋坝类型

这一类型的遗存目前发现不多，主要分布在四川盆地东部的偏西部分，大体是重庆主城区及以西地区。其典型遗存为重庆九龙坡区冬笋坝墓地和四川广元宝轮院墓地。这两处墓地都是最先发现的，其中冬笋坝墓地的发掘规模更大、文化内涵更为丰富，因此将这一类型命名为"冬笋坝类型"。

其传统的葬具为独木舟式，即通常所说的"船棺"。这种船形葬具的形制是两端起翘，并且两端还常常各有两个系绳的孔。船棺的制作均是用整段的大楠木，削去上面一小半，再削平底部，船舱则是先用火反复烧再用斧锛刳制而成。其形制与实用的独木舟大体相同，这种葬具平均长5.30米，宽约1.05米，船舱内空平均长约3.90米，宽约0.86米，深约0.38米，下葬后在船棺上还要放一层木板作为盖。这种葬具的特点是直接将死者的遗体和所有随葬品均置于葬具内。以后，由于受到外来文化的影响，出现了在独木舟式葬具中再置独木棺或板木棺以敛尸的情况，因此可以认为这时的独木舟式葬具已经演变为所谓的"船椁"了。

2.李家坝类型

这一类型的遗存是20世纪90年代以来，随着三峡库区大规模地下文物抢救工作的展开而逐渐被人们所认识。现已发现有十余处遗址，主要分布在四川盆地东部边缘和三峡地区，也就是重庆市忠县以东至峡江山地的长江两岸地区。这是晚期巴文化分布的中东部地区。典型遗址为重庆云阳李

[①] 罗二虎.初论晚期巴文化的类型[M]//重庆2001年三峡文物保护学术研讨论文集.北京:科学出版社,2003:162-174.管维良.三峡巴文化考古[M].北京:中国言实出版社.2009:149-229.

家坝、开县(今开州)余家坝。这一文化类型的内涵主要是通过李家坝遗址的揭露而为人们所认识,因此命名为"李家坝类型"。

该遗址的居住区和墓地均位于长江北岸支流小江(澎溪河)边的台地上,高出洪水期的江面一般仅数米,背山面河。墓地规模很大,现已清理发掘的墓葬达300座。墓地的墓葬分布密集,墓坑形制均为长方形竖穴土坑墓。墓坑的长度一般在2—4米、宽度在0.5—2.5米之间。墓坑最深的可达3.5米。最浅的现仅深数十厘米。根据墓坑和葬具的规模,大体上分为大、中、小三型。少量的有二层台。其二层台有的仅在头端,有的仅在一侧,有的在两端,有的三边都有二层台。有生土二层台,也有熟土二层台。

多数墓葬中发现有木质葬具的痕迹,但也有部分墓葬(尤其是小型墓)可能没有葬具。以后,在外来文化的影响下出现了棺椁制,为一棺一椁。木棺的形制为长方形,板制。在一部分大中型墓中还可见用白膏泥(或青膏泥)在葬具(木椁)外填塞以保护葬具的习俗。随葬品较为丰富,主要是陶器和铜器,另有少量漆器、铁器、玉石器和琉璃器。

3.盔甲洞类型

悬棺葬为巴人的一特色葬俗,即将棺木置于高于地面几十米到几百米的临江的悬崖峭壁上。本类遗存集中分布在三峡地区,也就是巴文化分布的最东部地区。这种类型的墓葬都属于崖葬。到了明代以后,由于人口的流动移徙,土著锐减,很多人显然已不知三峡地区这些放在高崖之上的木匣就是木棺了,因此当地民间附会了不少"风箱""兵书匣""龙船""仙人棺椁""巴人蛮洞"等的传说。20世纪60年代初以来,通过考古学家们的实地考察,人们才认识到这是一种古代的崖葬,并且与古巴人有关。其典型遗存为重庆奉节盔甲洞崖葬和风箱峡崖葬、巫溪荆竹坝崖葬等。由于这一类型的基本文化内涵最初是通过奉节盔甲洞崖葬为人们所认识,故将这一类型的文化命名为"盔甲洞类型"。

奉节盔甲洞,即风箱峡之南岸,距江面70—80米的自然洞穴里,放有数具棺木,1959年曾被掀下三具,除人骨外尚发现巴式剑。巫溪荆竹坝位于大宁河与东溪交汇处一座高约二三百米的悬崖上,半崖中有一中部内凹上成崖檐下成崖坎的地方,放有25具棺木,顺隙放置,十分壮观。棺木有大有小,一般长20米左右。

(二)巴人物质文化遗物

巴人物质文化遗物种类丰富,主要为陶器与铜器,但是早期还有骨器、角器及石器,晚期还有铁器、甲骨等。

1.巴人陶器

陶器是上古社会最普遍使用的器类,陶器可按用途分为烹饪器、盛储器、饮食器及其他杂类。巴人陶器较为发达。

早期的烹饪器有釜甑、鬲、鬹、盉,晚期的烹饪为釜、鍪、甗。釜,一般为侈沿、鼓腹、圜底,腹有深有浅,早期釜有的较大,而且一种花边口沿釜是很具特征的。鍪是巴文化特有陶器,形状与釜相近,但带单耳,多用于烧水,形体比釜要小。盛储器中,早期有缸、瓮、壶、尊、罐,晚期无缸尊而增加罍,而烹饪多用釜,盛储多用罐。饮食器是种类最多的类,早期有碗、盘、钵、豆、尖底杯、尖底钵、尖底盏、盂、簋等,晚期有盂、豆、碗、钵、尖底盏、盘、簋等不见或少见。尖底盏是巴人的特色器物。

2.巴人青铜器

早期青铜器多为小件,多为工具和兵器,少量为生活用具,没有容器,这正是早期青铜器的特点,晚期则丰富得多,亦可分容器(包括烹饪器、盛储器、饮食器等)工具、兵器、生活用具及杂器等。

烹饪器计有鼎、釜、釜甑、鍪、锅,其中鼎明显是受东面楚文化的影响而出现的,釜、釜甑、鍪则是巴蜀青铜文化的特色器物。

巴式釜皆大口径,斜肩带左右双环状耳,平底或圜底,圜底占多数。釜甑则下为釜,上为甑,是两件的套合,甑略似单体釜,翻沿、溜肩、肩带双环耳,底或平或圜,下有箅孔;甑下之釜与单体釜差别较大,为小侈口,带半高领,广肩,肩上亦竖两环耳,下为略带圜状的底,底下有3个支钉着地。

铜鍪是巴文化特有之器,沿略半卷,半高颈、腹较深,颈肩交接处带环状单耳,少量为双耳,一大一小置于肩腹交接处,耳面皆作纽素状。

壶、罍是巴蜀文化青铜礼器中最多的,具体来讲分巴地多用壶和蜀地多用罍。

兵器。独具特色的巴族青铜兵器:巴族惯常使用的长兵器有巴式戈、巴式矛、巴式钺。巴式剑剑身上有斑驳之纹,无剑首,无剑格,只有扁平的剑茎与剑身相连,在剑身的后端近茎处有虎、手臂与蛇头等符号。

巴物质文化遗物早期还有较多的骨器，有锥、刀、锯及生活用具针、簪、笄、勺等，而晚期则出现了少量的铁器，有甾、钁、斧、锛、镰、带钩、刀、削刀等，与中原北方差别不大。

三、巴人精神文化

在创造丰富的物质文化的同时，巴人也创造了丰富的精神文化。

(一)巴人精神文化概观

精神文化是人类生活世界的产物，巴人的精神文化有多层次发展，但其核心精神价值包含尚武忠勇、爱国诚信、包容进取等方面，其中尚武忠勇尤为突出。

巴地尚武，首先是古代巴人尚武，文献多有记载。颜师古注《汉书·司马相如传》中曰：巴渝之人，刚勇好斗。巴族的勇猛尚武是由其生存环境和社会方式决定的。巴人于三峡之中从事渔猎、盐业生产贩运。渔猎生存环境险恶，盐业生产贩运争卤争盐的现象不可避免地会发生。巴人崛起并从事煮盐、运盐、贩盐事务，在他们转徙各地进行贩运的过程中，经常与夺盐、抢盐者争斗。在这种历史环境下成长起来的巴人，必然形成刚猛剽悍、尚武善战的民族习性。

巴人崇尚忠勇尚武这种精神体现在其"战歌武舞"和后来的"巴渝舞"中，体现在众多巴氏青铜兵器上，体现在巴蔓子忠勇为国的传说里，还体现在其族群发展过程的巴蛇吞象、巴族白虎、射杀盐水女神等神话传说中。

(二)巴人精神文化成就

巴人精神文化的成就主要体现在语言文字、音乐舞蹈与礼乐文明、宗教习俗等方面。

1.语言与文字

(1)语言

巴人的语言在一些中原古籍中有一鳞半爪的记载，著名学者邓少琴辑录，略举数例说明巴人语言独特性[1]：

---

[1] 邓少琴.巴蜀史迹探索[M].成都：四川人民出版社，1983：49.

"阿陽":陽音荡。扬雄《方言》曰:"巴濮之人,自呼'阿陽'"。

"朐忍":朐,音渠。《太平寰宇记》引晋阚骃《十三州志》曰:"朐忍,虫名,夔州多此,遂以名县。"朐忍,即蚯蚓,今四川俗称曲鳝,尤保留巴人朐忍的"渠"的音。

"㛚隅":㛚音取。《世说新语》卷七引郝隆《南蛮参军诗》云:"㛚隅跃清池。"郝隆自注曰:蛮语谓鱼为㛚隅。

"灵义":《华阳国志·巴志》曰:"涪陵郡山有大龟,其甲可卜,其缘可作义,世号'灵义'"。

"桃笙":扬雄《方言》曰:"巴蜀谓簟(音电)为桃笙"。簟,就是用竹编的蔑垫或席子之类;桃笙,乃桃竹簟也。刘渊林注《蜀都赋》中"桃枝"一词曰:"竹属也,出垫江县。"

"灵寿":刘渊林注左思《蜀都赋》中"灵寿,木名也,出涪陵县……可以为杖。"

"给客":《史记·司马相如列传集解》引郭璞语曰:"今蜀中有给客橙,似橘而非,若柚而芬香,冬夏华实相继,或如弹丸(今称四季柑),或如拳(或即寿星橘)。"

"文草":谯周《巴蜀异物志》曰:"文草作酒,能成其味,以金买草,不言其贵。"文草即五加皮也。《本草》曰:"惟蜀产者佳。"

"彭排":彭排就是盾的别称。《庶物异名疏》曰:"诸葛孔明军令曰:'帐下及右陈(阵),各持彭排'。"

(2)图语符号或文字

现在巴式青铜兵器、印章以及其他器具上,发现了一种符号,据统计有200多个。对这些符号,目前认识不一。有的认为是文字,有的认为是图语符号。

2.音乐舞蹈与礼乐文明

巴人的音乐、舞蹈、诗歌三位一体,不可分割。

(1)音乐

巴人音乐独具特色,传到楚国都城郢,深受下层人民所喜爱,成千上万的人都能唱合自如。据《文选·宋玉对楚王问》记载:"客有歌于郢中者,其始曰:《下里巴人》,国中属而和者数千人。"所谓《下里巴人》,应是巴族人民创作的反映族群生活情况的简单通俗的民歌。这种一人领唱,众人随声合唱的表演方法,在今川东、鄂西白虎巴人及后代生活之地仍以唱山歌的形式沿袭下来。

巴人还有一种特有的歌谣形式,后来演变成"竹枝词"。乐史《太平寰宇记》卷一百三十七《开州风俗》中也说:"巴之风俗……男女皆唱竹枝歌。"

(2)礼乐文明

考古发现,巴地使用并仿造中原传来的錞于、钲等中原青铜礼乐器物,且将用于悬挂錞于的钮作虎形。该器物的发现既突现了巴民族的特点,又表明了中原文化影响下巴人礼乐文明的进步,证明巴人逐渐融入中华民族大家庭。

涪陵小田溪一号墓中出土了巴族礼乐文明的器物,有编钟1套,共14枚。这套编钟的发现,其意义远不只是显示巴王的娱乐水平,更重要的是它的政治意义。编钟,是礼乐之器中最重要的乐器。编钟的大小多少依贵族的地位、等级而定。涪陵小田溪一号墓出土的编钟,与洛阳出土的骉羌钟、信阳长台关楚墓所出的编钟属同一个等级,说明小田溪一号墓内的这位巴族"先王"已经在追效中原华夏文化了。

(3)舞蹈

巴人是崇尚勇武的民族,又是能歌善舞的民族。他们的舞蹈表现了他们的勇武刚猛。在牧野之战中,巴师"歌舞以凌殷人",在消灭商纣的战役中立了战功。秦末巴渝之兵执仗而舞,帮助刘邦夺得天下。后来,巴人这种武舞成为巴渝舞。

3.宗教习俗

巴人日常生活中的宗教习俗表现形式较多,除了虎、蛇、鸟等图腾崇拜,还有人祀血祭、崖畔獭祭、信仰巫鬼文化。

人祀血祭:杀人祭祀氏族图腾的习俗,曾在古代巴人中长期流行。《后汉书·南蛮西南夷列传》中载:"廪君死,魂魄世为白虎。巴氏以虎饮人血,遂以人祠焉。"明确说明了白虎巴人用人祭虎的原因。近年来出土的一把战国铜壶上铸有一幅以人祀蛇的图像。图像中蛇图腾被安置于祭台之上,台前跪有一人即人牲,不远处又有一台,台上站一武士,张弓搭箭对准人牲,准备一箭射杀他,这也是以人为祭的习俗。

崖畔獭祭：用獭作祭品，祀奉葬于崖畔的祖先，故名獭祭。

信仰巫鬼文化：这是早期人类的普遍现象，巴人也不例外，晏殊《类要》中载曰："白虎事道，蛮与巴人事鬼。"巴族崇鬼尚巫，久而久之，其文化充满了传奇、奇幻色彩。

四、巴文化的资源特色和传承开发价值

巴文化对重庆母城文化有着深远影响，巴文化资源极其特色，具有重要的传承和开发价值。

（一）巴文化的资源特色

巴文化历史悠久，内涵丰富，底蕴深厚，分布地域广泛，具有独特的地域文化特色。具体体现在以下几方面：第一，巴文化的山水特质，城市经营的山水布局，至今依然有价值；第二，巴人的物质文化遗存、遗址众多，有科学研究、历史文化价值；第三，精神文化资源众多，从巴人巴地承继而来至今传承不断，如巴渝舞、竹枝词、山歌、川江号子，是文化创新的基础；第四，巴人淳朴憨直、忠勇尚武、坚韧不拔、勇于进取的精神，是需要传承的优秀人文精神。

（二）巴文化资源对重庆母城的开发价值

巴国定都重庆母城，以母城为中心形成的巴文化资源，应该予以重视、发掘、传承利用。

第一，巴文化是珍贵的地域历史文化的符号和文化品牌，应将其用于城市的硬件、文化软件、城市形象的经营和营销，把文化资源、产业经济、旅游、城市形象结合起来。

第二，应将巴文化的深度开发利用，与丰富民众日常生活，提供文化资源和艺术活动，形成艺术鉴赏力联系起来，为文化产业、文化设计提供元素，为艺术创作提供题材和精神元素，创新巴文化符号，构建百姓喜闻乐见的艺术形式。

第三，巴文化分布广泛，其影响并不限于重庆，可以借助巴文化搭建起拓展与向外交流的平台，在促进地方社会发展中展示文化的魅力。

第三节 移民文化

巴人和巴文化的基因中,充满迁移的因子。因此,移民文化既可以看作是独立于巴文化的文化,也可以视作巴文化所影响的文化。

重庆"西控巴渝收万壑,东连荆楚压群山",特殊的地理与交通的便捷,为本地区和外地人口的迁徙流动提供了便利条件,成为南北和东西居民的交流通道。在重庆历史上,经历过9次不同规模的移民,形成了典型的移民社会。

一、重庆历史上九次大规模移民

第一次移民。夏商时期是重庆历史上第一次大规模移民时期,主要为外迁移民。从重庆峡江地区走出的巴人鱼凫部,在川西建立了鱼凫蜀国;从峡江走出的巴族弓鱼部,则在城口县沿河北上进入汉水,在陕西汉中盆地建立了古鱼国;白虎部西迁重庆定都江州,建立了巴子国。

第二次移民。从战国后期秦灭巴到东汉时期,发生大规模政府主导的迁入和迁出并存的移民。战国后期巴蜀内乱,公元前316年,秦军攻占阆中后,挥师南下"击夺巴楚",夺取了以江州为中心的原巴国南部土地,设黔中郡。江州被秦占后,巴人东迁南迁三峡、武陵山地区。秦灭巴后,重庆地区由于其处于四川盆地和长江中下游交界地,一直成为交通要道,因而先后在巴地设置了巴郡、江州、阆中、枳、鱼复等县,迁入大量中原移民,中原文化强势植入巴地文化中。

第三次移民。东汉末年经两晋隋唐,重庆发生第三次大移民,北方战乱、唐代战乱以及自然灾害等因素,造成大量移民避乱入巴蜀。东汉末年,中原战乱,南阳、三辅居民数万家避乱入川,被益州牧刘焉收编为"东川兵";蜀汉刘备带荆州兵万余入川。从西晋末年开始,北方民众南迁,甘肃、陕西移民迁入今四川、重庆；隋唐巴蜀移民依然持续，尤其安史之乱爆发后，北方经济萧条，中原人纷纷入巴蜀避乱。

第四次移民。本次移民发生在宋代。北宋靖康二年(1127年)金兵大举南下，攻破京师汴梁，战乱延续到南宋建炎年间，北方居民不断举家南逃，陕、豫、甘等地区难民纷纷入川避难。与此同时，南宋末年，巴地之人为避战乱又纷纷往长江中下游迁徙。

第五次移民。本次移民时间为元末明初，长江中下游文化传入重庆，再次融入重庆本土文化。元末战乱，湖北明玉珍入川开始移民，随其入川军队20余万，加上军队家属，大约40万，开启了第一次"湖广填四川"。

第六次移民。清代发生的第二次"湖广填四川"，是重庆历史上第六次大移民，也是古代最大的一次移民高潮。清朝初年，经数十年战乱、自然灾害，四川人口凋零。顺治十六年(1659年)朝廷实施鼓励各省移民入川垦殖的政策，前后延续100余年。这次大规模移民涉及湖广、闽粤、江西、云贵等十四省。本次移民多举家举族迁入，同籍聚集而居，其文化习俗保留多，与重庆当地土著长时间的相互交融，导致重庆文化大变化，形成特色的地域文化。

第七次移民。抗日战争时期，国民政府西迁重庆，大批工厂、学校、企事业单位迁入，大众随之从不同方向迁移到重庆。这一次移民不仅使重庆人口的职业文化素质、教育程度都有了很大的提升，而且扩大了城市规模，推动了重庆城市生活和思想观念向现代化转变，提升了重庆城市在全国乃至世界的地位与知名度。

第八次移民。又称"三线建设移民"。三线建设是20世纪60年代中期，国家为加强战备而进行的一次以国防工业为中心的大规模经济建设。重庆由于自身较强的工业实力和优越的地理位置，成为全国三线建设的重点地区。在三线建设期间，一大批军工、造船、汽车、仪表、机械设备等企业从外地迁往重庆，形成了重庆解放以来外来人口增加的高潮，又一次改变了重庆的人口结构。

第九次移民。此次移民是为实施三峡工程而进行的大移民，具有两大特色：一是移民数量大，当地转移和迁往外地的人口最终达120万人(据新华网2006年10月2日报道)，是此前世界最大的水利工程伊泰普电站移民的28倍；二是生态型移民，以移民新城镇、农业移民项目为主要特色。

二、移民与重庆母城的发展

重庆多次移民,加快了重庆和重庆母城的拓展,加强了其辐射功能。

(一)加快了重庆母城的拓展

巴人定都江州即今天重庆渝中区,奠定了重庆母城"环江为池,以山为城"的基本形态。

秦灭巴以后,置巴郡,张仪筑城,为郡治所,汉代巴郡所辖与原来巴国国土差不多,到了汉末分为巴郡、巴西、巴东三巴,辖地有所减少,但城的地位没有太大变化。随着大量人口进入巴郡,作为郡治所的江州繁荣起来,城市特色凸显。

明清时期的湖广填四川,大量移民的增加,加快了重庆社会秩序重建、经济文化发展,扩大了主城规模。明代重庆城内有8坊,城外有2厢,到康熙中后期,城内已发展为29坊,城外21厢。

20世纪三四十年代的抗战时期,由于大量移民迁居重庆,1939年5月5日重庆升为中央直辖市,成为大后方政治、军事、经济、金融、文化的中心。大量国民政府党政军机关人员,企业,科技、文化、教育、艺术机构及其随同人员西迁到重庆,人口激增,城市空间加快拓展,城市道路、公共交通、轮渡、邮政电讯、医疗慈善、住宅环境等向现代化方向迈进。

(二)形成了移民社会

重庆是长江中上游的东西交通要道,由川东地区入川的移民把重庆作为最大的落脚点,加之重庆历来是军事要塞,具有特殊地位,承担着重要的政治、经济、文化使命,因而政府的政策性移民相对于自愿性经济性移民、流寓性移民、军籍移民所占比例大,重庆移民社会特征明显,形成五方杂处,多元文化习俗信仰并存的局面。重庆文化根基在巴族文化,彰显于移民文化尤其是明清移民文化。

(三)移民文化深植母城文化

历次官方组织的大规模移民、自愿的经济性移民、流寓性持续性移民,最终使重庆成为多元一体格局的移民城市社会。移民社会充满活力、创新,善于利用资源优势竞争,移民与土著的融合过程中,既保留一定来源地文化习俗,又逐步在当地社会创造了辉煌的移民文化。所谓移民文化,就是指移民群体在迁徙地生产生活过程中与当地社会文化的冲突、融合所形成的一种文化积淀或文化形态,具有鲜明的地域或族群特色。

移民文化已经根植于重庆母城文化的方方面面。其中,移民地名文化和移民商业文化,更是有着显著的彰显。

移民地名分为一、二级移民地名,渝中区有清代一级移民地名2个,清代二级移民地名1个,会馆地名4个。重庆移民有蹇、曹、牟、刘四大家族,其中蹇姓最为有名,家族中多为高官,明朝蹇义是家族代表人物,曾官至尚书,死后追封为太师。以蹇义官名和姓氏名为名的街巷有四条:天官府街、天官街、蹇家桥街、蹇家巷[①],其中天官府街、蹇家巷至今尚存。

再比如移民带来的重商文化。重庆以东地区,商业文化一直发达,在明末清初的移民身上更加发扬光大,"商贾半多客籍"。清代重庆是移民聚集最大的城市,各省商业性移民积极参与,重庆迅速成长为一个移民商贸城市。嘉庆初年统计,重庆商行109行。这109行商人中:湖广籍43行,江西籍40行,福建籍11行,加强了母城商贸中心地位。

三、移民文化的特色与保护开发

具有鲜明特色的移民文化,是重庆母城文化的重要组成部分,是推动重庆和重庆母城发展的重要文化基因,有着重要的保护开发价值。

(一)移民文化特色

重庆母城移民文化历史悠久,地域特色突出,归纳起来大致有以下几点。

第一个特点:移民带来社会、经济、文化的多样性格局。外来移民的迁入,对重庆经济结构和生产技术等方面都产生了很大影响,并进一步促进了重庆地区自然资源的更大利用,形成经济形态的多样性格局。如明清移民带来了农业方面的新物种和耕种技术,外来的玉米、甘薯等高产农作物适宜重庆山区生长,得以大规模种植。同时,移民从事手工业、商业、水路运输也十分普遍,至今重庆母城还有大量反映手工业、商业的街巷名。如"陕西

[①] 彭伯通.古城重庆[M].重庆:重庆出版社,1981:72.

街",明末清初陕西移民多在此开设金店、钱庄、当铺、会馆;再如"兴隆街",住户多为移民商人,取"生意兴隆通四海,财源滚滚达三江"之意。

第二个特点:移民地缘特色明显。首先,大量移民迁移至重庆,五方杂处,使传统的宗法关系受到一定程度的削弱,导致同宗族疏离,移民对自己的同乡社会组织的依赖比宗族更为重要,各移民省籍会馆纷纷应时出现。其次,移民依然接续了自己的历史文化传统。

第三个特点:奠定了文化包容性。大批移民进入重庆,移民带来的各种文化也在此生根发芽,融合成一种新的移民文化。比如川剧就是陕西、江西、安徽、湖北等地方剧种加本地的灯戏组合而成。抗战时期大量的文化机构、教育机构等进入重庆,它们带来的一系列文化持续在重庆发展,成为重庆文化发展、提升的一个组成要素。

(二)移民文化资源遗存

重庆母城移民文化历史悠久,遗存较多,主要分为如下几类。

第一类遗存为重庆城老街道。重庆很多街道因为移民或移民后裔发达而命名。如与明代蹇姓家族有关的天官街、蹇家巷;还有一些老街道,因抗战时期国民政府及其机关迁入而命名。国府路为上清寺到人民大礼堂的一段路,因1937—1945年国民政府迁重庆的办公所在地而得名,1950年重庆解放后,改为人民路;交通巷为上清寺向阳隧道旁边的一小巷,因抗战时期国民政府交通部迁此办公得名;国际村位于两路口靠近鹅岭正街旁,因抗战时期英、法等国大使馆在此而得名。

第二类遗存为移民住宅类。如谢家大院,又名谢锡三堂,位于渝中区下半城太华楼二巷巷口石梯下,石梯上是解放东路与陕西路交会处,此地因清代川东道府衙设于此,故名道门口,是下半城最繁华的地方。谢家大院建于清后期,由江西籍布庄商人谢亿堂、谢赞堂兄弟修建。谢家大院两道朝门极富特色,高大威严。头道朝门紧紧靠近道门口之下的石梯,门框内空高2.5米,宽1.6米,门框石雀替三面雕花,门楣阴刻四大字"宝树传芳",头道朝门前后两座门楼增添了威严气势。谢家大院最出彩的是琳琅满目的雕花鎏金木雕,工艺雕刻精湛,内容丰富,极有艺术价值。谢家大院不仅有建筑、艺术、民俗价值,还有独特的商业、移民研究价值。

第三类遗存为移民创办的工业、商业、公司、学校类旧址。这类遗存也较多,尤其抗战时期内迁企业旧址最多。其中有代表性的是杨氏移民家族经营的聚兴诚银行旧址,和"火柴大王"刘鸿生在重庆创办的火柴原料厂旧址。

聚兴诚银行旧址位于渝中区望龙门解放东路112号,为三楼一底中西结合的砖木结构建筑,做工精美,造型大方,格局大气,整个建筑占地面积2082平方米,2013年国务院公布为第七批全国重点文物保护单位。

火柴原料厂旧址位于重庆渝中区十八梯凤凰台附近,紧靠解放西路,三层中西结合砖木结构建筑,体现了重庆近现代建筑特色风貌。抗战时由著名的火柴大王刘鸿生创办。刘鸿生是浙江定海人,1888年出生于上海,因开办火柴厂起家,被时人称为"火柴大王",抗战时先后在重庆开办了火柴厂、毛纺织厂、火柴原料厂等企业,拥有美英德日的电气、化工、机械工程师10余人,为了留住人才,时常私下予以津贴。

第四类遗存为宗祠会馆类。这些宗祠会馆,承担着移民社会组织功能与移民族群乡土文化认同、心理认同、自助兼娱乐,参与官府、地方社会管理功能。重庆母城有著名的"八省会馆"又称八省公所,实际不止八个,包括陕西会馆、福建会馆、江西会馆、湖广会馆、广东公所、齐安公所、江南会馆、山西会馆、浙江会馆和云贵公所10个会馆、公所(俗称"八省会馆")。

第五类遗存是移民迁入兴办的饮食酒楼、餐馆,其中很多酒楼餐馆已经成为重庆饮食名牌。

陆稿荐:1944年,孙姓苏州人在重庆市中区(现渝中区)青年路开办"陆稿荐"冷酒馆,后迁入邹容路。如今陆稿荐在较场口石灰市重新开业,特色产品遍及家禽、水产等,其中多品种获"重庆风味小吃"证书。

颐之时:20世纪20年代罗国荣创建于成都,店名寓意颐养身体、延年益寿,1948年迁来重庆,成为重庆著名餐厅,该店名菜收入中日合编的《中国名菜集锦》中。

丘三馆:抗战时期迁渝湖北人韩德,1943年在新生市场开了一间炖鸡店,韩德曾在国民政府第10军中任少将旅长,被排挤离开军队,因此之故取名"丘三馆",因为就是军人被戏称丘八,丘八退伍(五)只剩三,韩德取名多少有自嘲之意。后来又有人开了一家"丘二馆",因为重庆把帮工的人叫丘二,取其名向世人宣称这是打工仔开的店,另外还暗示与丘三馆有点渊源关系。1972年,丘三馆并入丘二馆,统称丘二馆,其现在的炖鸡汤除获得"中华名小吃"等一系列称号外,还被重庆市政府纳入"重庆市级非物质文化遗产"名录。

(三)移民文化资源开发价值

移民文化是重庆母城文化的重要组成部分,具有重要的开发价值。

第一,文化研究价值。重庆移民文化资源历史内涵丰富,具有历史、经济、社会治理、文化冲突与融合等多种学科的研究价值。

第二,城市营销价值。移民文化的遗存分布众多,遗存类型广。如有形的湖广会馆遗存集历史、文化、人文、戏剧、建筑、雕刻、教育于一身,成为移民文化、会馆文化、移民自治的见证;无形的移民资源更是城市独特的资源,是提升城市文化品质形象的资源和城市文化发展的资源。

第三,旅游与经济开发价值。移民文化资源多样,有著名的移民饮食餐厅、美食,也有移民建筑、移民文化街道地名。要用好用活移民文化载体、文化元素、文化符号,深度挖掘移民文化遗存,突出文化内涵,讲好故事,规划旅游路线产品,打造好文化品牌,着力将母城移民文化优势资源建设成都市文化旅游的名片和标志,以及对外联络与开发的重要窗口,从而把渝中移民特色文化资源培育成城市创新发展的核心竞争力。

小结

本章主要讲述了巴人与巴国的历史,巴人创造的丰富的物质文化和精神文化,并讲述了巴人的文化遗存。本章还讲述了重庆历史上九次大规模移民的历程,阐述了移民文化的特色、移民文化与巴文化的关系,以及移民文化留下的历史遗存和移民文化在新时代的开发保护价值。

实践建议

参观博物馆(如:重庆中国三峡博物馆、重庆巴人博物馆等),通过考古实物了解巴文化的形成和发展过程,并写出参观心得。

参考阅读

盐业对重庆经济结构的影响

历史上盐业对重庆以东地区的政治经济结构方面有显著影响,主要表现在对其他行业的促兴,以及对地方市邑和政府部门的建设作用。严如熤《三省边防备览·山货》中,对三峡地区盐业资源开发带动其他行业发展进行了描写。如:巫山大宁盐场"谭家墩口出有煤洞,煤载小舟,顺流而下,更为便当。天不爱宝,故大宁商人不需大有资本,亦能开设也"。开县(开州)温汤盐场"煤户用四轮小车推之溪侧,小船运载至灶厂中。井厂所用夫匠、水陆运煤及商贩运背之人,井旺时日以万计"。整个三峡山区"灶户煮盐……或出资本取利,或自食其力,各营生计"。经考证,重庆朐忍和巫县是西汉最早设立盐官之县。汉以后,历代也在三峡地区延设盐官。三峡地区的盐业税,无疑在历史上是重庆地区的重要经济支柱。

思考与自测

一、思考题

(一)巴文化的特征是什么?巴文化对重庆历史发展有何影响?

(二)历次移民对重庆城市发展的影响体现在哪些方面?

二、自测题

(一)填空题

1.忠县中坝遗址出土大量巴人文化遗存,其中出土最多与盐业有关的是(　　)。

2.这支巴人的氏族首领务相能力卓越,取得了部落最高军事首领——"君长"的称呼,并被大家授予"廪君"的名号。这支巴人以白虎为其崇拜图腾,因此称之为(　　)巴人。

3.秦于公元前316年灭巴,并于公元前324年筑江州城,置巴郡下辖九县,郡治江州县。西汉巴郡仍置,郡治为(　　)。

4.改恭州为重庆府,重庆得名由此始的时间是(　　)。

5.1932年再次划定重庆市界,西至(　　)、南岸东到苦竹林,江北自溉澜溪直到香国寺,共187平方公里,划为重庆市。

6.巴国清酒,是酒中上品,《水经注·江水》记载仅鱼复(　　)一地酿制。

7.巴国占有盐水、郁山、(　　)三大天然盐泉,都有自流的盐泉,可直接取泉水煮盐。

8.巴国在经济领域里出现了一种桥形的金属铸币,可作为商品交换的等价物。桥形币因其像古代石磬,或称(　　)币,亦因其与玉璜之形相似,也称璜形币。

9.《华阳国志·巴志》记载的众多物产中有茶,且作为周朝贡品,结合唐陆羽《茶经》所说茶出自巴山峡江,可知(　　)是茶较早的发现和使用者。

10.(　　)皆大口径,斜肩带左右双环状耳,平底或圜底,圜底占多数。

11.(　　)是巴文化特有之器,沿略半卷,半高颈、腹较深,颈肩交接处带环状单耳,少量为双耳,一大一小置于肩腹交接处,耳面皆作纽素状。

12.巴人崇尚忠勇尚武这种精神体现在其"战歌武舞"和后来的"(　　)"舞中。

13."(　　)街",住户多为移民商人,取"生意兴隆通四海,财源滚滚达三江"之意。

14.川剧就是陕西、江西、安徽、湖北等地方剧种加本地的(　　)组合而成。

15.交通巷为上清寺向阳隧道旁边的一小巷,因抗战国民政府(　　)迁此办公得名。

16.(　　)时期是重庆历史上第一次大规模移民时期,主要为外迁移民。

17.重庆移民有蹇、曹、牟、刘四大家族,其中(　　)最为有名。

18.考古发现资料证明:三峡地区重庆、湖北巴人起源于4000年前的(　　)时代。

19.元末战乱时期,湖北明玉珍入川开始移民,随其入川军队20余万,加上军队家属,大约40万,开启了第一次(　　)。

20.(　　)为上清寺到人民大礼堂的一段路,因1937—1945年国民政府迁重庆的办公所在地而得名,1950年重庆解放后,改为人民路。

(二)选择题

1.出土14枚青铜编钟的地点是(　　)。
A.小田溪一号墓　B.忠县中坝　C.云阳李家坝　D.巴县冬笋坝

2.在巴国有一种"和者千众"的歌唱模式,它的名字叫(　　)。
A.阳春白雪　　B.下里巴人　C.竹枝词　　D.巴讴

3.重庆市中区留存至今规模最大的古建筑会馆群是(　　)。
A.湖广会馆　　B.云贵公所　C.江西会馆　　D.山西会馆

4.重庆母城有著名的"八省会馆"又称八省公所,不包括以下哪个省(　　)。
A.广东　　　　B.福建　　　C.陕西　　　　D.黑龙江

5.重庆移民有四大家族,这四大家族不包括(　　)。
A.蹇氏　　　　B.曹氏　　　C.牟氏　　　　D.李氏

6.以下器物哪个不是巴族青铜文化的特色器物(　　)。
A.釜　　　　　B.釜甑　　　C.鍪　　　　　D.锅

7.清初第二次湖广填四川移民重庆人数最多的省份是(　　)。
A.闽粤　　　　B.湖广　　　C.江西　　　　D.两广

8.1939年5月将巴县及江北县两县政府迁出重庆市区,其下划为(　　)个区。
A.17　　　　　B.18　　　　C.19　　　　　D.16

9.人们常说巴文化是釜文化,巴人使用的陶器器物中的特征器物是(　　)。
A.鼎　　　　　B.鬲　　　　C.釜　　　　　D.罐

10.出土葬具为独木舟式即通常所说的"船棺"遗址是(　　)。
A.李家坝遗址　　　　　B.奉节盔甲洞崖葬
C.巫溪荆竹坝崖葬　　　D.冬笋坝墓地

11.巴族男子的特有发式是(　　)。
A.梳辫子　　　B.散发　　　C.头梳一髻　　D.头梳双髻

12.《华阳国志·巴志》中讲巴人剽悍劲勇,考古发现出土了很多具有巴族自身特点的兵器是(　　)。
A.巴式剑　　　B.巴式矛　　C.巴式弓　　　D.巴式箭

13.移民文化是重庆母城文化的重要组成部分,具有重要的开发价值,其中不包括( )。

A.文化研究价值 B.城市营销价值

C.旅游与经济开发价值 D.建筑研究价值

14.重庆历史上经历了( )次大移民。

A.7次 B.8次 C.9次 D.10次

15.依据晚期巴文化墓葬的资料,巴人物质文化遗存不包括下列哪种类型( )。

A.冬笋坝类型 B.李家坝类型 C.盔甲洞类型 D.王家河类型

16.重庆母城移民文化的特色不包括( )。

A.移民带来社会、经济、文化的多样性格局

B.排他性明显

C.移民地缘特色明显

D.奠定了文化包容性

17.( )年5月5日重庆升为中央直辖市,成为大后方政治、军事、经济、金融、文化的中心。

A.1939 B.1937 C.1946 D.1949

18.下列手工业不属于巴国手工业特色的是( )。

A.青铜铸造工艺 B.冶金工艺 C.制盐工艺 D.制漆工艺

19.巴文化的资源特色不包括( )。

A.矿石资源丰富,可大力发展矿石产业

B.多山多水的地理环境,可发展旅游业

C.巴人的物质文化遗存、遗址众多,有科学研究、历史文化价值

D.精神文化资源众多,如巴渝舞、竹枝词、川江号子,是文化创新的基础

20.重庆多次移民对重庆母城的影响不包括( )。

A.加剧了移民与土著之间的矛盾

B.加快了重庆母城的拓展

C.形成了重庆母城多元文化习俗并存的局面

D.使重庆成为多元一体格局的移民城市社会

参考文献

任乃强.华阳国志校补图注[M].上海:上海古籍出版社,1987.
管维良.巴族史[M].成都:天地出版社,1996.
管维良.重庆民族史[M].重庆:重庆出版社,2002.
管维良.三峡巴文化考古[M].北京:中国言实出版社,2009.
李禹阶.重庆移民史[M].北京:中国社会科学出版社,2013.
朱世学.三峡考古与巴文化研究[M].北京:科学出版社,2009.
童恩正.古代的巴蜀[M].成都:四川人民出版社,1979.
彭伯通.古城重庆[M].重庆:重庆出版社,1981.
邓少琴.巴蜀史迹探索[M].成都:四川人民出版社,1983.
蓝勇,黄权生."湖广填四川"与清代四川社会[M].重庆:西南师范大学出版社,2009.
张洪斌.重庆地域特色文化[M].重庆:重庆出版社,2018.
罗二虎.初论晚期巴文化的类型[M]//重庆市文物局,重庆市移民局.重庆·2001三峡文物保护学术研讨论文集.北京:科学出版社,2003.
代金平,周兴茂,刘晶.重庆的地域文化资源[J].重庆邮电大学学报(社会科学版),2007(06):67-72.
成良臣.巴文化的精神内涵、价值及当代型转化[J].四川文理学院学报,2017(06):22-26.

第三章 航运发展与重庆开埠

▶ 内容提要

自古以来,重庆因为地理位置优越而航运业发达。到19世纪末,西方列强强迫重庆开埠,这段历史既记录了中国遭受屈辱的史实,同时也是抗争殖民列强不屈不挠精神的历史见证。

▶ 学习目标

掌握:重庆航运业的发展历史;重庆开埠的历史过程。

理解:开埠所带来的社会新思潮。

了解:开埠对重庆社会生活的影响;重庆母城重要的开埠历史文化遗迹。

重庆位于长江、嘉陵江交汇处，借两江及其支流之便，沟通了四川盆地内部，并与长江中下游地区联系。历史上，长江沿线间经济交往发达，四川盆地尤其是中东部嘉陵江流域商品经济活跃。近代以前，重庆已成为一个航运极为繁盛、商业网络极为辽阔的都市。近代以来，西方列强强迫重庆开埠，在重庆开设洋行、公司，建立工厂，开采矿山，倾销商品，掠夺原料，输出资本。这极大地冲击了重庆传统的自然经济。

第一节 航运历史

一、重庆母城独特的航运优势

四川地处我国西南内陆腹地，与全国主要经济区东障巫山，北隔大巴山秦岭，仅一线长江与外部相通，成为一个相对独立的自然经济区。这种封闭的自然地理环境，使得四川与外部的联系比较困难，而重庆作为重要商贸城市，其在四川境内的优势地位得以凸显。重庆母城航运业发达，这与其历史上所形成的航道和港口优势地位有关。

（一）重庆母城的航道地位

重庆母城位于横穿四川全境的长江与纵贯盆地的嘉陵江的交汇处，使其成为四川盆地水运交通的枢纽。嘉陵江是重庆航运和商业上的重要的连接线，它沟通了重庆与其腹地间直接的经济联系，将其丰富的物产和广大的市场纳入重庆的商业范围。长江是重庆对外交流的主干航道，它将重庆与长江中下游各省连接起来，大大地缩短了重庆与这些地区的交通距离，便利了相互间的贸易往来。

长江在四川境内有近千公里可以通航的航道,以重庆母城为枢纽,直接沟通了奉节、万州、忠县、涪陵、江津、合江、泸州、南溪、宜宾以及金沙江下游等地区。

在800多公里长、16.3万平方公里的嘉陵江流域内,以重庆母城为枢纽,连接着川北的合川、武胜、南充、蓬安、南部、阆中、苍溪、剑阁、广元以及陕南、甘南地区,其支流涪江和渠江又分别连接着川西北的潼南、遂宁、蓬溪、射洪、盐亭、三台、中江、绵阳、江油,川东北的广安、渠县、达县、宣汉、平昌、通江、巴中、南江等广大地区。

(二)重庆母城的港口优势

港口是位于海、江、河、湖、水库沿岸,具有水陆联运设备及条件,以供船舶安全进出和停泊的运输枢纽,是工农业产品和外贸进出口物资的集散地,也是船舶停泊、装卸货物、上下旅客、补充给养的场所[①]。在铁路、航空等现代交通方式出现之前,航运是最便利的运输方式。重庆母城处在长江和嘉陵江的交汇处,具有作为港口的地理环境优势。

重庆母城自古以来就是川东地区的商业重镇。川江航运的便利,使其商业贸易,特别是转口贸易发达。随着重庆近代商业的繁荣,重庆城市近代金融业也发展起来,由票号、钱庄、典当逐渐向银行演变,重庆母城成为四川区域的金融中心。这极大地促进了重庆的商贸发展,亦成为重庆母城作为港口的重要优势。

港口最重要的交通基础设施就是码头。历史上重庆母城拥有"九开八闭"17座城门,其中的9个开门除通远门外,均临江连接各个码头。1927年以前,重庆城全城有码头40个。在众多的码头中最具有代表性的便是朝天门码头,其位于长江与嘉陵江交汇处。地理上的优势使得朝天门码头独占重庆水路交通枢纽之利,是历史上长江上游和西南地区最重要的货物集散地。历史上朝天门码头由三部分组成,包括沙嘴码头、嘉陵码头和月亮碛码头。沙嘴码头位于长江与嘉陵江相拥入怀的区域,是朝天门码头主要部分。嘉陵码头位于重庆朝天门两江汇合处,既是嘉陵江结束千里流程汇入滚滚长江之地,也是重庆溯嘉陵江而上通航行船的起点。月亮碛码头位于重庆市渝中区朝天门两江汇合处长江一侧的江岸,是朝天门码头港区枯水季节

---

① 胡永举,黄芳交.通港站与枢纽设计[M].北京:人民交通出版社,2012.

的主要码头。月亮碛码头因江岸地形而得名。由于月亮碛码头处于两江汇合处一带,江水冲击,泥沙淤积,泥沙沿江岸向外扩展形成如同月亮弧形般的沙洲碛坝。涨水时,碛坝被江水淹没;枯水时,人们上船、送货经过沙洲碛坝到达码头。[①]

二、近代以前的重庆航运业

重庆航运业的发展有赖于长江、嘉陵江及其大小支流航运的开拓。

中唐以前,中国的经济、政治、文化中心在关中及黄河中下游地区。四川区域内的经济交流以富庶的川西和其周边地区为主,与外部经济交往规模不大,主要以川西平原地区通过川北的栈道和直接经过长江顺流而下同外部往来的方式进行,重庆(巴郡)仅起着过境驿站的作用。

中唐以后,随着川中、川东地区的经济发展,嘉陵江流域及沱江流域逐渐成为四川最重要的粮、棉、麻、丝产区。到宋代,四川已经成为中国西部最发达的经济区,商品经济有了较大的发展,中国经济中心逐渐由黄河流域转移到长江流域。经济中心的南移,进一步促进了长江及其支流航运的发展。北宋中晚期,嘉陵江流域与外部经济往来的增多,以及川江水运的发展,奠定了重庆的川江枢纽地位。

宋代四川经济的繁荣发展,促进了长江、嘉陵江水运的兴起,大量的物资顺流而下,通过重庆运往长江中下游地区。南宋时期,秦岭一带成为抗金前线,粮食、军需物资通过长江、嘉陵江运往川陕前线。频繁的水路运输使重庆到南宋时已发展成为"两江商贩,舟楫旁午"的集运输出大港,航运业得到较大发展,经重庆转运的大宗物资主要有布帛、丝绸、粮食、食盐、药材等。

元朝时期,四川经济凋敝,货源减少,重庆航运日趋衰退。到了明代,四川经济有所恢复,川江木船制式基本定型,沟通滇东北的永宁河也整治开通,长江、嘉陵江、岷江沿江水驿得以重新设置,川江航运逐渐复兴,重庆的航运业也得到复苏。

清代为适应川粮、川盐、滇铜、黔铅的调运和进一步沟通云贵与内地的联系,对川江、嘉陵江、岷江及其支流河道进行了整治,长江南岸的一些支流小河和金沙江也逐次开发通航。同时,四川境内长江流域的阆中、南充、合

[①] 禾子,陈石,浩东,等.十座必须知道的重庆码头[J].环球人文地理,2012(16):30-41.

州(今重庆合川区)、达州、绵阳、三台、遂宁、泸州、内江、资中、乐山、宜宾等地逐渐成为地区性商业中心城镇,沿江沿河的一大批城镇工商业普遍兴旺,商品流通日益频繁。这些都为重庆转口贸易以及川江航运枢纽地位的最后确立创造了条件。[①]乾隆、嘉庆时期,重庆已是"商贾云集,百物萃聚",或繁至剑南、川西、藏卫之地,或运至滇、黔、秦、楚、吴、越、闽、豫、两粤间,水牵运转,万里贸迁(清代乾隆版《巴县志》卷三)。转口贸易的发展,造成了重庆城"舟集如蚁,陆则受廛,水则结舫"的繁荣景象,促进了重庆母城城市商业的兴旺,吸引了大量商业移民。城市已突破了城墙限制,两江沿岸随航运而发展起来的街市有15厢之多。据1845年(道光二十五年)统计,常年在渝船只2000余只,常年的货运进出量粗略估计应在20万吨至30万吨左右[②]。

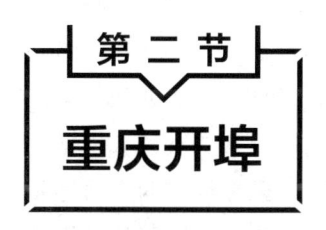

第二节 重庆开埠

开埠本义为开辟为商埠[③],即对外开放、进行商业贸易往来。但在中国近代史上,开埠特指资本主义国家通过与中国签订不平等条约,强迫中国开放与其通商进行免税贸易、允许其设立领事区并享有领事裁判权、铁路修筑权或航运通航权[④]。近代中国被迫开埠的城市大多处于交通枢纽、军事要地或者内陆的中心,是历史上经济、政治、文化中心或军事要塞,从而成为西方列强在中国谋取利益的工具。

---

① 周勇.重庆通史(第一册)(第2版)[M].重庆:重庆出版社,2014:167.
② 四川省档案馆,四川大学历史系.清代乾嘉道巴县档案选编[M].成都:四川大学出版社,1989:417-418.
③ 中国社会科学院语言研究所词典编辑室.新华字典(第11版)[M].北京:商务印书馆,2011.
④ 雷蕾.谈近代开埠城市的异同[J].南方建筑,2005(06):67-71.

一、重庆开埠的时代背景

世界主要资本主义国家逐渐进入帝国主义阶段,中国逐渐成为半殖民地半封建社会,重庆开埠就是在这样的时代背景下发生的。

(一)世界资本主义经济发展状况

1640年英国爆发资产阶级革命,18世纪资本主义制度在英国、法国、美国等欧美主要国家先后得以确立[1]。在第二次工业革命的推动下,世界资本主义经济得到迅猛发展。19世纪70年代以后,世界资本主义开始向帝国主义过渡,各主要资本主义国家英、美、法、日、俄等相继进入帝国主义阶段,更加迫切地要求夺取商品市场、投资场所和原料供给地,以攫取更大限度的垄断利润。

这一时期,帝国主义列强已先后将中国的近邻变为自己的殖民地,并以此作为根据地加紧侵略中国,使中国出现了边疆新危机[2]。日本武装侵略朝鲜、琉球以及中国的台湾,妄图以武力来达到经济侵略的目的。北面的俄国随时准备夺取中国的领土。地处西南的川、云、贵、桂、藏成为英法分别从缅甸、印度、越南侵夺的目标。1885年中法战争以后,法国在西南的势力逐步扩张,取得了关税方面的优惠条件,将云南省的蒙自(连同它附属的商埠蛮耗)和广西的龙州作为边界贸易的"商埠"[3],英国将长江流域划为自己的势力范围。

(二)中国及重庆鸦片战争后的历史状况

1840年英国发动侵略中国的鸦片战争,中国战败签订《南京条约》,被迫开放广州、上海、福州、厦门、宁波五个通商口岸。西方资本主义国家利用侵略特权,疯狂地向中国倾销商品和掠夺原料,逐渐把中国市场卷入世界资本主义市场,中国自给自足的封建经济逐步解体,开始成为半殖民地半封建社会。1856年英法联军对中国发动第二次鸦片战争,以进一步打开中国市场。战争后,英国又取得了天津、营口、南京、汉口等11个通商口岸,其势力开始深入长江流域。

---

[1] 《中国近现代史纲要》编写组.中国近现代史纲要[M].北京:高等教育出版社,2013.
[2] 褚敏.边疆新危机和人民的爱国斗争[J].历史教学问题,1985(03):44-46.
[3] 马士.中华帝国对外关系史(第二卷)[M].张汇文,姚曾廙,杨志信,等译.北京:生活·读书·新知三联书店:457-458.

经过两次鸦片战争,中国的领土、领海、司法、关税、贸易等主权不断丧失,帝国主义列强则通过一系列不平等条约获得特权,逐步控制了中国的政治经济命脉,使中国民族资本不能获得正常的发展。巨额的战争赔款和经济掠夺使中国陷入贫困的境地。清政府的腐败无能更使中华民族面临着"亡国灭种"的危险。中国人民肩负起了反对外国资本主义侵略和反对本国封建统治的任务。清政府公开勾结外国侵略者,共同镇压中国人民的起义,沦为了西方侵略者统治中国的工具;一部分封建统治阶级,开始转化为洋务派,推行洋务运动,企图"师夷长技以制夷"。

19世纪90年代以前,整个四川及重庆都是以自然经济为基础的封建农业社会。重庆作为自然经济下商业贸易的主要集散地,承担着四川同长江中下游地区的经济联系。鸦片战争后,贸易格局发生了变化,重庆除了同长江中下游其他地区的贸易得到了较大的发展外,开始同国际市场发生经济联系,并逐渐被卷入世界资本主义市场体系。

重庆作为长江上游地区重要的货物集散地,其突出的区域地位和较为繁荣的商贸经济,早已成为帝国主义列强们在中国进行政治经济掠夺所觊觎的对象。1873年,世界资本主义经济危机爆发,欧洲不景气,作为老牌资本主义强国的英国,其工商业萧条,为摆脱困境,遂加快了由长江水道进入四川,控制重庆,直趋云南、西藏,与在缅甸、印度的侵略势力相呼应。在此背景下,英国急于在重庆开埠,借以实现其囊括中国西南的庞大计划。

二、重庆开埠的历史过程

重庆开埠伴随着西方列强对中国进行侵略的历史过程,也伴随着重庆人民不屈的奋斗历程。

(一)夔关事件

鸦片战争以后,逐渐有洋货进入四川内地市场,其运输方式一般由四川商人经长江到汉口、上海,或经陆路到湖南、广东等地,与当地经销洋货的商人进行交易而运入四川,同时也有一批外地商人携带洋货入川销售。到1875年,经重庆进口的洋货总值15.6万两[①],但这并不能满足西方列强的胃

---

① 见《耐维耶报告》第105页,转引自聂宝璋:《中国买办资产阶级的发生》第133页。

口,"夔关事件"即在此背景下发生。

1874年夏,英、法、美公使先后照会总理各国事务衙门,声称英商信和、法商泰昌、美商公泰洋行雇佣69艘民船私载洋货上驶重庆,途经万县,被负责当地税务的机构夔关扣留,船货均有损失,要求清朝政府赔偿。1875年初,英国公使威妥玛威胁清朝政府,如不赔偿,英国将扣一半厘金,他本人将亲自前往湖北、四川两省截留应该上交中国政府的海关关税,以作抵押。法国公使罗淑亚公然宣称,如谈判不成,将派法国水兵前往万县武力解决。据时任四川督臣吴棠调查结果,所谓美国公泰行,乃渝商魁盛隆字号假冒,与美国并无关系,另案处理;而英商信和行、法商泰昌货船船只及货物全无损坏。但清政府在列强的施压下,被迫发还货物。

夔关事件是西方列强自带洋货侵入重庆的尝试,也是在重庆开埠前对清朝政府的试探。

(二)马嘉理事件

夔关事件末了之时,英国又制造了马嘉理事件。1874年,一支由英军上校柏朗率领的近200人的英国武装"探路队",由缅甸进入云南腾越地区"探查"缅滇陆路交通,遭到当地军民的阻止,击毙英国公使馆翻译官马嘉理。英国借解决马嘉理事件又一次向清朝政府进行敲诈勒索。

1875年3月19日,英国公使威妥玛正式向清政府总理衙门提出解决马嘉里事件的六条要求,其中就包括了与滇案无关的通商要求。随后,威妥玛使用军事、外交、政治手段威逼清政府。由于各国列强在这个问题上具有共同的利益,英国的举动得到了美、俄、法、德等国的支持。

1876年6月2日,威妥玛将英国侵略要求增列为八条,其中第五条是允许英国在云南大理和云南其他地方派驻领事,而且特别注明"四川重庆府亦然"[①],同时还要求中国在沿海、沿江地区开放若干通商口岸。

1876年9月13日,在英国威胁下,清政府派李鸿章和威妥玛正式签署了中英《烟台条约》,9月17日清政府批准该条约。条约中的"通商事务"一节中规定,四川重庆府可由英国派员驻寓,查看川省英商事宜,这为英国领事在重庆开埠埋下了伏笔。

---

① 见《清季外交史料》第6卷,第8页。

(三)英国强迫重庆开埠

自《烟台条约》签署以来十余年,英国屡屡向重庆进行渗透。英国商人立德乐著有《经过扬子江三峡游记》《峨眉山》《远东》等书,为鼓动英国资产阶级侵川热制造舆论,被外国侵略者们誉为"西部中国的英国开路先锋"。[①]

1890年3月31日,中英两国在北京订立了《烟台条约续增专条》,其主要内容是:第一,重庆即准作为通商口岸无异;第二,英商自宜昌至重庆往来运货,或雇佣华船,或自备华式之船,均听其便。至此,英国正式取得了重庆开埠的权利。

(四)重庆海关设立

英国在取得重庆开埠的特权后,立即着手建立在其控制下的重庆海关。1890年11月4日,好博逊带领相关海关官员到达重庆。经过一段时间的勘测选址、制定章程,1891年3月1日,重庆海关正式成立,标志着重庆正式开埠。英国通过重庆开埠,和其他列强一起,把重庆作为侵略四川和西南的据点。他们和重庆地方政府相互勾结,侵夺中国主权,镇压人民革命。重庆海关的建立是重庆正式开埠的标志。

(五)日本对重庆开埠的逼迫

重庆优越的地理位置和日益重要的经济地位,不但为西方列强垂涎,也为东方的日本侵略者觊觎。1894年,日本悍然发动了侵略中国的甲午战争。在给腐败的清政府以极其沉重的军事打击后,日本乘机大肆勒索中国。1895年4月17日,李鸿章及其子李经芳与日本首相伊藤博文、外相陆奥宗光签订了丧权辱国的中日《马关条约》。根据这项条约,日本取得了重庆开埠的特权。

《马关条约》较之《烟台条约续增专条》,扩展了日本侵略重庆的特权。它规定日本轮船可以从湖北宜昌溯长江而上至四川重庆。《马关条约》使日本侵略势力继英、法等老牌资本主义国家之后伸入中国西南地区。

[①] 陈真,姚洛,逄先知.中国近代工业史料(第二辑)(上)[M].北京:生活·读书·新知三联书店,1958:104-107.

(六)外国领事馆在重庆的设立

中英订立《烟台条约续增专条》,英国取得了重庆开埠的条约权利,亦就同时具备了建立领事馆的法律依据。1890年,英国驻重庆领事馆正式建立,以禄福礼为首任领事。领馆起初设在方家什字麦家院,1900年后移至领事巷。英国驻重庆领事馆是西方国家在重庆设立的第一个领事馆。其管辖范围初为四川全省,后扩展到贵州地区。它的主要任务是:按照英国政府指令,管理英国在四川的事务;通过英国在重庆的公司、商行、教堂、学校、医院以及商人等获取情报,由领事加工整理后,定期向英国政府报告。

图3-2 英国领事馆旧址

甲午战争以后,西方列强掀起了瓜分中国的狂潮,处于中国腹地的重庆也不能幸免。1896年,法国、日本、美国纷至沓来,要求在重庆建立领事馆。法国政府于1896年3月设立了重庆领事馆,任命原汉口副领事哈士为驻重庆首任领事,馆址设在城内二仙庵。法国领事馆的控制范围较其他各国都大得多,凡四川、贵州、甘肃、新疆、青海、西藏的事务,皆在其管辖之下。

《马关条约》使日本可在重庆设立领事馆。1896年6月,日本首任驻重庆领事加藤义三到达重庆,并开办了领事馆。馆址设在城内小梁子五公权。1896年7月,日本又通过订立《中日通商行船条约》,强化日本领事的特权。根据条约,中国官员对日本领事必须"相当礼貌接待",不得怠慢无理,必须保证领事职权的完全实施。

1896年12月,美国也在重庆开设了领事馆,首任领事是史密特。馆址在城内的五福宫前。20世纪初年,德国的势力也打入重庆。1904年,德国驻重庆领事馆成立,办理四川一省的交涉事务。

各国领事馆的相继成立,使西方国家在重庆成为一股新的巨大的政治势力。在半殖民地半封建社会的旧中国,这些领事馆不是国家之间平等交往的外交使团,而是根据不平等条约而设立的侵略中国的分支机构。

三、开埠对重庆近代化的影响

重庆开埠使得中国的主权受到严重破坏,重庆传统的自然经济逐渐解体,重庆逐渐被纳入世界资本主义市场体系。

(一)开埠带来的权益损失

重庆开埠以后,英、法、日、美、德等帝国主义列强以重庆为据点,从政治、经济、文化等诸方面对四川以及中国西部展开了全面的侵略和争夺,从而开始了帝国主义对中国侵略的新时期。[①]

重庆开埠使中国主权受到严重侵犯。重庆海关设立后,英国通过税务司架空海关监督,夺取了海关的行政管理权。各国在渝领事馆无孔不入地收集重庆、四川以至西南地区的政治、经济、社会、文化情报,为帝国主义进一步侵略出谋划策。不仅如此,日本还于1901年在重庆南岸王家沱建立了租界,成为在四川取得租界权利的第一个帝国主义国家。其他国家也不甘示弱,在重庆城内强索租界地以加强其侵略势力。清政府专门划出通远门内的一个地区作为外国使馆区,名为领事巷。1903年11月《永租打枪坝条约》的签订,更是一次严重侵犯中国主权的事件。根据此条约,帝国主义各国取得了"永租"重庆打枪坝的权利。

重庆开埠导致了川江航权的丧失,允许外国轮船从宜昌溯长江以至四川重庆,使中国从法律上进一步丧失了川江轮船航行权。

以英国为代表的帝国主义经济侵略不断扩张,在重庆以及四川倾销商品、掠夺原料,开设了诸如洋行、公司、药房、酒店一类的机构。1890—1911年间,各国先后在重庆设立的这类机构多达51家。他们或倾销商品,或掠夺原料,将经济侵略的触须伸至全川,织成了以重庆的洋字号企业为中心的经济侵略网。

重庆开埠后,列强的宗教势力与政治、经济等势力结合,通过开办"慈善机构""学校"等方式,加剧对重庆的文化侵略。

[①] 隗瀛涛,周勇.重庆开埠史[M].重庆:重庆出版社,1983:31.

(二)自然经济破坏与商品经济发展

"外国资本主义对于中国的社会经济起了很大的分解作用,一方面,破坏了中国自给自足的自然经济基础,破坏了城市的手工业和农民的家庭手工业;又一方面则促进了城乡商品经济的发展。"

重庆开埠以后,入川洋货快速增长。同时,出口土货也与日俱增,然其速度终不敌洋货来势之猛,严重破坏了重庆的自然经济,加速其解体过程。洋货进口主要是棉织品、毛织品、煤油、杂货等,占重庆进口贸易比例较大的是洋布和洋纱。重庆开埠后,棉纺织业开始受到破坏,并逐步瓦解。重庆口岸附近织布工厂的兴建,使乡村和城镇纺织业遭到一定程度的破坏。此外,铁丝、染料、洋伞、西药、香烟等杂货的进口,对重庆以及四川的自然经济打击巨大。

重庆开埠后,出口土货值呈稳步上升的趋势,并且为外国洋行所垄断。帝国主义洋行对重庆山货的垄断,加速了西南内地农副产品的商品化过程。重庆开埠后,外国洋行通过买办等中间环节,深入边远产区,黑白猪鬃、水黄牛皮、羊皮、漆蜡、白蜡、鸭毛等都成为洋行收购品种。外国洋行利用自己的垄断地位,或者对某些品种长期压价、杀价,或先抬价收购,后拒绝再收,致使贩运商和农民遭受严重损失,带来了深重灾难。

重庆开埠,一方面使重庆自然经济遭到破坏,并逐渐瓦解;另一方面也促进了重庆城乡商品经济的发展,使重庆乃至中国西部地区与资本主义世界市场建立了密切的关系,被纳入了资本主义世界市场,成为帝国主义的商品市场和原料供给地。

(三)重庆民族资本及其发展

重庆民族资本主义产生于重庆开埠的同时。最先出现在火柴业,随后扩及丝纺、棉织、玻璃、矿业、电灯等行业。

重庆开埠以前,瑞典、德国、日本的火柴已进入重庆市场;开埠之后"洋火"尤盛。以川商卢干臣为代表的一批爱国商人于1891年开办了"森昌字号"等火柴企业。据《重庆商会公报》统计,1905年,重庆共卖出火柴"二万箱之谱,约值银三十二三万两。……能挽回20余万两之利权"[①],反映了重庆民族资本的反帝性质和作用。

---

① 《重庆商会公报》丙午年,第一号,论说五

重庆开埠以后，洋纱代替了土纱，引起了重庆附近资本主义棉织手工工厂的勃兴。重庆在当时已成为四川第一个以资本主义手工工厂为基础的棉织中心。这一时期，重庆兴办的资本主义棉织手工工厂有：1900年创办的吉厚祥布厂、纺织公社；1901年开设的裕源厂；1903年开办的昌华公司（后易名为振华公司）；1904年创办的幼稚染织厂、富川织布厂；1905年开办的复原布厂；1906年创设的重庆实业富川公司；1908年创办的协利等。自重庆开埠到辛亥革命的20年间，重庆棉织业的生产技术、产品品种均取得了巨大的发展。据《中国近代手工业史料》的统计，在初创期的1900—1905年间，重庆的织布厂占同期全国创办的织布厂总数的30%以上。

重庆开埠后，由于外国资本加强了对工业原料的掠夺，生丝出口的需要量有所增加，刺激了民族资本在重庆缫丝业的发展，使其成为民族资本经营的主要行业，不论工厂家数、技术设备、工人人数，还是经营管理和产值产量，在四川缫丝业中都占有明显的优势。重庆的缫丝业成为四川民族资本经营的第一个使用机器的工业行业，带动了四川其他地区缫丝业的资本主义化，为辛亥革命以后四川丝业的发展奠定了基础。在重庆创办的丝厂包括蜀眉丝厂、重庆诚成丝厂、旭东丝厂等。

（四）川江航运业发展

重庆开埠后帝国主义夺取了川江航权，随后试航川江成功。然而，由于川江水险，外国航运业对川江地理特征不熟悉，因此川江商业轮船运输仍由华轮主导。1911年至第一次世界大战期间，是川江航线上民族航运业发展的"黄金时期"。这一时期虽然也有外轮航行于川江，但华轮大量投入，出现了"华轮独营时代"。

第一次世界大战结束后，西方国家的轮船重新闯入川江，而这一时期的四川处于军阀混战状态，这给外轮极好的机会。从1921年起，英商太古公司、怡和公司、白理洋行、亚细亚洋行，美商捷江公司、花旗洋行，日商日清汽船公司、天华公司，德商德太洋行，法商夹江轮船公司、聚福洋行纷纷进入重庆，经营川江轮船运输。1930年，重庆至上海航线上共有轮船24艘，中国船仅1艘，出现了外轮独霸川江的局面。

1926年以后，重庆政局相对稳定，为华轮营运创造了良好条件。民族工商人士卢作孚，决定兴办航运业实现其"实业救国"的主张。1925年10月，卢作孚发起筹建轮船公司。1926年6月,民生公司正式成立,卢作孚任总经理,由卢作孚筹集资金购回了70吨小客轮1艘,始航重庆至合川一线。四川军阀刘湘在控制了夔门之后,通过川江航运加强与长江中下游的联系,因此对民生公司亦大力支持。经报国民政府批准,成立了川江航务管理处,以整理川江航运,扩充华轮,委任卢作孚为处长。1930年9月,民生公司首航重庆至宜宾长途航线,并逐步控制了长江上游的川江航运。1931年2月,民生公司首航重庆至宜昌一线,实现了川江全线通航。1932年6月,民生公司开辟了重庆至上海航线,这是长江最长的直达航线。民生公司的发展,反映了川江航运业发展的整体状况。

国民政府交通部于1931年批准成立了交通部汉口船政局重庆船舶登记所,专门办理中外船舶检仗登记工作。1933年4月1日,由于业务扩大,经交通部批准,更名为重庆办事处,从列强手中收回部分航政权。

(五)重庆近代社会运动

西方列强对重庆的政治、军事、经济侵略,通常伴随着"传教"等文化侵略。重庆开埠以前,重庆人民就率先吹起了四川"反洋教斗争"的号角。1863年发生了第一次重庆教案。1886年,重庆又爆发了第二次教案,造就了"川东各起民团声言打教"的反帝洪流。重庆一开始就成为四川人民反洋教斗争的中心,具有反帝斗争的传统。

重庆开埠以后,帝国主义开始了对四川的全面侵略。当1900年义和团反帝风暴席卷中国北方之时,重庆及四川人民受到了很大的鼓舞,纷纷起来响应。19世纪末20世纪初,重庆人民的反帝反封建斗争虽然为之后的革命斗争准备了条件,但仍然处于自发斗争的阶段。因此,其斗争的结果总是归于失败。

随着重庆产生了民族资本主义,资产阶级的力量开始积聚,资产阶级领导的民主革命运动开始兴起,著名的资产阶级革命家邹容以炙热的革命热情,通俗而犀利的文词,写出了《革命军》。

1911年(清宣统三年)5月,广东、湖南、湖北、四川人民为反对清政府将已归民办的川汉、粤汉铁路筑路权收归"国有",并抵押给英、法、德、美四国银行团,掀起保路运动,四川尤为激烈,参加保路同志会者达数十万人。至8月下旬,运动发展为罢课罢市和抗粮抗捐的群众斗争。9月7日,四川总督赵尔丰屠杀请愿群众,激起四川人民更大的愤怒。同盟会会员遂在各县组织保路同志军,发动武装起义,把保路运动推向高潮、成为武昌起义的前奏(参见《辞海》)。1911年6月,为了响应四川成都的保路斗争,重庆人民成立了重庆保路同志协会,受同盟会重庆支部的领导。1911年10月10日,武昌起义成功,辛亥革命进入高潮,同盟会重庆支部的负责人杨庶堪、张培爵等组织各州县革命党人齐集重庆,分工合作,谋划起义。1911年11月22日,同盟会重庆支部宣布重庆独立,建立了省级革命政权——重庆蜀军政府。

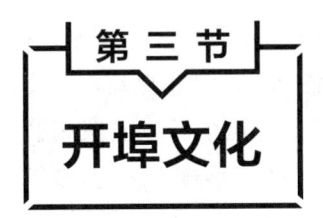

第三节 开埠文化

随着城市开埠,其原有的文化必然受到外来文化的冲击。开埠文化可以被理解为某一城市被开辟为商埠而形成的一种中外融合的文化。它在被动接受外来文化的同时,又与当地文化相融合。李坚诚指出其内涵具体体现在三个层面:一是在制度文化层面上起源于不平等的条约,在开埠城市按照资本主义贸易规则展开经济活动;二是在物质文化层面上表现为中外物质的流通,并在开埠城市布局和建筑风貌上注入了外国的元素和风格;三是在精神文化层面上接受了西方的宗教、科学、艺术、医学等领域的观念,并融合于本土的文化之中。

重庆作为沿河城市、川江航运的枢纽,自古以来即为商业重镇。19世纪末重庆开埠后,被迫接受西方资本主义的文化,从而形成了融合重庆地域特色的开埠文化。

一、开埠对重庆社会生活的影响

重庆开埠后,西方文化的影响不断加深,西方近代思想、生活方式和习俗风尚等逐渐被重庆人认同和接受,人们开始改变衣食住行习惯,生活方式和生产方式逐渐趋向近代化。

开埠后,洋货涌入重庆,推动了城市仿制洋货的新式手工业的产生和近代机器工业的出现。如洋纱替代土纱,用洋纱织布的家庭手工业户出现,其织机由丢梭木机改为扯梭木机,再换用铁轮织机,生产效率提高数倍,并且可以仿制洋货宽布。[①]在此时代特征之下,人们开始偏爱用洋布制衣,衣服样式也开始效仿洋人。进口洋货中价廉物美的日用工业品促使重庆人传统的消费观念悄然改变[②],"在重庆,似乎没有人因为怕火而反对使用煤油,洋伞也正逐渐取代过去流行的草帽,人们对火柴、闹钟、蜡烛、铁皮保险箱以及更多的非日常生活品的奢侈品越来越表示欢迎"[③]。外国的钟、表、照相器材、乐器和缝衣针等用品都在增加买主。科学仪器、医疗器械、光学物品等开埠前还无人知晓的洋货,也开始出现在了重庆海关的统计表栏。

自煤油入重庆以来,因其远比桐油、菜油点灯光亮,故弃桐油、菜油灯而点洋灯者逐渐增多。1908年,重庆绅商刘沛膏等筹资创办了烛川电灯公司,全部机械设备购于英法两国,清朝末年其发电量已可供16W电灯1.6万盏,重庆由此成为四川第一个使用电灯的城市[④]。当时,重庆交通同样大为改观,逐渐有了公路、铁路、汽车、火车、轮船等,重庆人的生活更加便利。

西洋娱乐方式的传入,为开埠后重庆市民的文化娱乐生活增添了新的内容和色彩,丰富了城市社会生活。电影、话剧、西洋音乐、舞蹈、现代体育、夜总会、舞厅、剧院、影院、赛马场、弹子房开始发展起来。报纸杂志、广播电台、图书馆等文化事业也开始壮大。1912年,希腊人赫德希携带电影放映机和影片数盘来到重庆,在桂花街剧场放映,揭开了重庆电影放映事业的帷幕,重庆第一家电影院"涵虚电影场"也随之在城区木匠街诞生;1913年,开明剧社来重庆演出话剧,先后公演了话剧《都督梦》《新茶花女》等戏。[⑤]

[①] 扶小兰.重庆开埠与城市近代化[J].北华大学学报(社会科学版),2013,14(02):61-66.
[②] 扶小兰.重庆开埠与城市近代化[J].北华大学学报(社会科学版),2013,14(02):61-66.
[③] 《英国驻重庆领事禄福礼给索尔斯伯里侯爵的报告》.
[④] 杨大金.近代中国实业通志[M].上海:中华全国道路建设协会,1933:530.
[⑤] 扶小兰.重庆开埠与城市近代化[J].北华大学学报(社会科学版),2013,14(02):61-66.

二、开埠带来的社会新思潮

19世纪末重庆开埠,这一时期西方列强瓜分中国的狂潮愈演愈烈,促使国人认识到必须彻底变革传统固有的思想文化和政治制度。国人对西方的学习也从物质技术层面跃升到思想制度层面,维新思潮迅速兴起并传遍全国。重庆得风气之先,这股思潮很快传来,而民族资本主义在重庆的产生和初步发展又提供了接受和传播改良思想的社会条件,重庆成为四川维新思想和维新活动的中心。

1896年,重庆维新改良运动先驱宋育仁来到重庆,积极兴办实业,提出"保地产,占码头,抵制洋货,挽回权利"的口号,先后创办了洋烛、煤油、煤矿等公司,发展民族资本主义。1897年11月,宋育仁联合一批维新分子,创办了重庆近代史上第一家具有改良倾向的刊物——《渝报》,成为重庆宣传维新改良思想的主要阵地,主张学习西方政治、经济、文化中的先进因素,对现有的政治社会制度进行改良,极大地改变了重庆思想界的面貌,为民主革命的兴起作了初步的舆论准备。《渝报》是一家完全民营的报刊,每月三册,共出版了15期。馆址设在重庆白象街(后迁来龙巷)。1898年4月,因宋育仁被聘为四川尊经书院院长去成都而停刊,改出工商小报《渝州新闻》。之后,重庆报纸逐渐增多。1903年,杨庶堪等人创办了宣传民主革命新思想的《广益丛报》。1904年,卞小吾创办了以倡言反清、男女平等和家庭革命论为主旨的《重庆日报》,是四川第一家日报。民主革命思想的传播,为资产阶级革命政党在重庆地区的建立和资产阶级民主革命运动在重庆的发展创造了条件。

三、开埠历史文化遗迹

随着重庆开埠,日、法、美、德等主要资本主义国家先后在重庆设立领事馆,各国商人也纷纷在重庆设立洋行,大大小小有50多家。这些洋行在重庆设立办事处,开办各种商业贸易或实体企业,例如工厂、码头、货栈和仓库等。外国传教士也进入重庆,以教会的名义建立医院、学校和教堂。[①]由开埠催生而产生和发展起来的重庆民族资本亦开始开办工厂、创办企业。目前,重庆母城仍可见数十处开埠历史文化遗迹。

---

① 王成宇.重庆开埠文化的保护与开发策略[J].作家杂志,2013(06):255-256.

重庆海关办公楼旧址。重庆海关办公楼旧址位于白象街152号,与海关报关行(大清邮局)旧址相邻。旧址原房屋首层设有海关接待室、走私犯关押处、货物储藏室,二层为海关官员办公室,三层为纳税室,四层为外国公司聘用的买办住处。海关办公楼集合了中国传统建筑元素与重庆地区的建筑特征,同时具有浓郁的晚清开埠时期建筑特色,其作为近代重庆城市建设和建筑艺术发展历史的物质遗存,具有重要的艺术价值、文化价值和学术研究价值。

领事巷旧址。中英订立《烟台条约续增专条》后,英国在重庆正式建立了领事馆,领馆设在方家什字麦家院。此后,日、法、美、德等国陆续来渝设立领事馆。清政府在重庆通远门处划出一个区域作为外国使馆区,名为领事巷。1896年,法国、日本、美国先后设领馆于领事巷;1900年,最早设立的英国领事馆迁入了领事巷;1904年,德国也在领事巷设立了领馆。领事巷(今重庆市渝中区七星岗街道)见证了重庆开埠至抗战的历史风云,已成为重庆母城打造的特色老社区。该街区按照古街风貌仿旧改造,由特色街道以及街旁附属的特色建筑构成,外观呈橄榄红基调。

打铜街传统风貌区。打铜街位于重庆渝中区,连接着重庆的上半城和下半城,直通朝天门码头。清代,重庆城的铜匠们带着铸铜工具,三三两两来到这里,打铜街由此叫响。重庆开埠后,各国洋行纷纷进驻重庆,在打铜街及附近街区设立洋行及办事处,集中了交通银行重庆分行、川康银行总部、美丰银行总部、中国银行总部、聚兴诚银行总部、川盐银行、和成银行等。打铜街见证了重庆开埠洋行及商贸的繁荣发展,留存了重庆母城重要的开埠历史遗迹。现在的打铜街被作为传统风貌区打造,以打铜街为主体,沿街14栋建筑由中国银行旧址、美丰银行旧址、川康平民商业银行旧址、交通银行旧址、国民政府经济部旧址等重点文物为组成单位,整体显现的是重庆开埠时期的建筑风貌。

药材公会旧址。重庆开埠后,外来药商越来越多,重庆的中药材发展也十分迅速,帮派林立。重庆药材业兴盛时期有100多家药号在此营商。为了维护药材帮的利益,1926年组建了重庆药材同业公会,规定药材进出重庆,必须由公会出具证明。[①]药材公会旧址位于重庆南纪门街道,药材公会建筑为砖木结构,外观以浮雕工艺为主,融合了中西建筑风格。

---

① 引自微渝中,【珍贵档案】药材公会旧址:重庆药材业发展的见证者。

求精中学。重庆开埠后,美、法等国教会开始在重庆开办学校。求精中学即为美国教会创办于1894年,初名为"重庆求精中学堂",是重庆最早的近代式学校之一。学校位于重庆上清寺街道,为坡屋顶建筑,整体属于封闭式校园。1929年,国民政府教育部颁发《私立学校规程》规定:"凡私人或私法人设立之学校,为私立学校,外国人及宗教团体设立之学校均属之。"学校遂称"私立重庆市求精中学校",也称"重庆市私立求精中学校"。1998年复名为"重庆市求精中学校",1999年学校被确认为重庆直辖市首批重点中学。一百多年来,为重庆培养了众多人才。

四、开埠文化与城市性格

因开埠而来的外来文化,通过社会交往,潜移默化并深入骨髓地影响着重庆城市精神和城市性格的形成。重庆开埠后,开始了兴办新式学堂取代传统教育的过程,一大批新式学堂应运而生,以更加开放、理性的心态,从容地接受外来的新事物。一些有志青年开始出国留学,学习国外新知识,接受新思想。留学日本,撰写《革命军》一书,提出结束中国君主专制制度,建立中华共和国的资产阶级民主革命家邹容就是其中的杰出代表,是在近代中国写下辉煌篇章的重庆人。

1919年后,随着"五四"新文化运动的深入发展,束缚中国社会发展的封建思想桎梏逐渐被打破,越来越多的有志青年聚焦在民主和科学的旗帜之下,迫切希望找到改变国家落后面貌的"药方"。在这期间,重庆形成了出国留学的热潮,一大批有志青年纷纷赴法勤工俭学或留欧、留日。他们学成归国后,带回了新文化、新思想和先进的科学技术,给巴渝大地带来了新的活力。

新事物、新观念、新思想在重庆的传播,推动了志学图强的重庆人在社会、政治、军事、经济、文化等领域进行创新创造,"开拓创新精神"融入了重庆这座城市的性格。

开埠是重庆历史上第一次对外开放。虽然是被动的,但却使重庆在西部地区较早睁眼看世界,从而有了"开放求变"的世界眼光。1904年10月17日成立的重庆总商会,其大厅外楹联为:"合五洲为大舞台,看梯航毕集,中外交通,二十纪际会风云,几辈英雄造时势;仗群材创新世局,踞巴蜀上游,轮流灌注,四百兆富强基础,中原元气在商情。"充分显示了重庆勇于在开放中走向世界的豪气,也反映了重庆放眼看世界的广阔视野。

小结

从1876年的《中英烟台条约》到1890年3月31日的《中英烟台条约续增专条》，英国实力逐渐深入重庆，并正式取得在重庆开埠的侵略特权。1891年3月1日，重庆海关的设立标志着重庆正式开埠。中日甲午战争后，中日签订《马关条约》，日本亦加入了英、法、美等国对重庆的侵略行列。伴随着帝国主义列强的经济侵入，重庆被纳入了世界资本主义市场体系，破坏了重庆乃至四川的自然经济基础。开埠客观上加强了重庆与外部世界的联系，促进了重庆的城市近代化，形成了重庆的开埠文化。

实践建议

考查重庆老码头，参观重庆开埠文化历史遗址，了解重庆航运历史和开埠历史。

参考阅读

马嘉理案始末记

马嘉理案又称"云南事件"或"滇案"。1874年6月，英国以考察云南地区的商贸情况为由，派遣上校柏朗带领一支由193名英国官员、商人、军官、士兵组成的勘探队，途经缅甸自陆路进入中国云南，为通商做前期的准备工作。英国驻华公使威妥玛派遣翻译官马嘉理前往中缅交界处迎候。马嘉理从1874年6月开始动身由上海出发于当年12月到达缅甸新街，与柏朗会合。马嘉理在进入云南后受到当地官员的周到款待和关照，顺利地出境，但马嘉理并未将自己的返程时间和路线预先知会中国官员。1875年1月，马嘉理与先期到达八莫的柏朗探路队会合。1875年2月14日启程，马嘉理以"游历"为名，擅自越过中国边境，进入云南腾越地区的曼允。马嘉理率领"探路队"不但拒绝当地民众劝阻，反而扬言要进攻腾越城（今腾冲），并开枪打死群众数人。云南腾越参将李珍国在绅民的要求下,布置兵勇,于各要隘堵截洋人。1875年2月21日,马嘉理与4名中国随员抵户宋河,遭到当地人民的袭击,5人被杀死。英国借此事件,强迫清政府签订了《烟台条约》。

思考与自测

一、思考题

开埠对重庆近代化有哪些影响?

二、自测题

(一)填空题

1. 1927年以前,重庆城全城有码头(　　)个。

2. 历史上朝天门码头由三部分组成,包括(　　　　　　)。

3. (　　)事件,既是西方列强自带洋货侵入重庆的尝试,也是对清朝政府的试探。

4. 英国通过(　　)取得了"派员驻寓"重庆和宜昌开埠等特权。

5. 1895年4月17日,清政府与日本签定丧权辱国的中日(　　)。

6. 1890年,(　　)的签订,使英国获得了重庆开埠特权。

7. (　　)于1901年在南岸王家沱建立租界,成为在四川取得租界权利的第一个帝国主义国家。

8. 自1911年至第一次世界大战期间,是川江航线上民族航运业发展的"黄金时期"。这一时期虽然也有外轮航行于川江,但华轮的大量投入,出现了"(　　)时代"。

9. 重庆的(　　)业成为四川民族资本经营的第一个使用机器的工业行业,带动了四川其他地区缫丝业的资本主义化,为辛亥革命以后四川丝业的发展奠定了基础。

10. 卢干臣为代表的一批爱国商人为挽回中国利源,于1891年开办了(　　)等火柴企业。

11.1886年,重庆又爆发了第二次教案,造就了(　　)的反帝洪流。

12.著名的资产阶级革命家(　　)以炙热的革命热情,通俗而犀利的文词,写出了《革命军》。

13.就泛义的重庆火锅而已,实难认定它的产生年代。但通常认为,重庆火锅的流行与清末重庆(　　)业的繁盛相关。

14.重庆第一家电影院(　　)在城区木匠街诞生。

15.1897年,宋育仁为了传播维新思想,在重庆创办爱国主义报刊(　　)。

16.(　　)作为一种民间音乐形式,客观上起到了川江水路运输史的活化石的作用。

17.1903年杨沧白等在重庆创办的(　　),后来成为重庆同盟会支部机关报,连续办了9年,是整个西部地区近代报刊出版时间最长的报纸。

(二)选择题

1.1840年英国发动侵略中国的鸦片战争,中国战败签订了《南京条约》,被迫开放了(　　)五个通商口岸。

A.广州、上海、福州、厦门、宁波　　B.广州、天津、福州、南京、宁波

C.广州、营口、福州、汉口、宁波　　D.天津、营口、南京、汉口、宁波

2.(　　)年9月13日,李鸿章和威妥玛正式签署了中英《烟台条约》。

A.1876　　　　B.1884　　　　C.188　　　　D.1887

3.(　　)是重庆正式开埠的标志。

A.《烟台条约续增专条》的签订　　B.《马关条约》的签订

C.马嘉理事件　　　　　　　　　　D.重庆海关的建立

4.1890年(　　)驻重庆领事馆正式建立,这是西方国家在重庆设立的第一个领事馆。

A.法国　　　　B.英国　　　　C.德国　　　　D.美国

5.英国驻重庆领事馆,起初领馆设在(　　),1900年后移至领事巷。

A.方家什字麦家院　　　　　　　　B.二仙庵

C.小梁子五公权　　　　　　　　　D.五福宫前

6.1896年3月( )政府设立了重庆领事馆,其控制范围较其他各国都大得多。

A.美国　　　　B.英国　　　　C.德国　　　　D.法国

7.1901年( )在重庆南岸王家沱建立了租界,成为在四川取得租界权利的第一个帝国主义国家。

A.美国　　　　B.英国　　　　C.德国　　　　D.日本

8.重庆的( )成为四川民族资本经营的第一个使用机器的工业行业。

A.火柴业　　　B.棉纺织业　　C.缫丝业　　　D.电灯

9.民族工商人士卢作孚,为了改变外轮独霸川江的局面决定兴办航运业实现其"实业救国"的主张,( )民生公司正式成立。

A.1926年6月　B.1928年7月　C.1925年9月　D.1931年2月

10.开明剧社于1913年来重庆演出话剧,除《都督梦》,还有( )。

A.《红军》　　B.《红楼梦》　C.《都督梦》　D.《新茶花女》

11.邹容的( )是我国资产阶级民主革命理论的奠基之作,由上海大同书局于1903年印行。

A.《狱中答西狩》　　　　　　B.《驳革命驳议》

C.《绝命词》　　　　　　　　D.《革命军》

12.( )为了响应四川成都的保路斗争,成立了重庆保路同志协会,并得到了同盟会重庆支部的领导。重庆人民在保路运动中迸发出了极大的爱国热情,进行了英勇的斗争。

A.1911年11月　B.1911年10月　C.1911年8月　D.1911年6月

13.1904年,卞小吾创办的( )是四川第一家日报。

A.《渝报》　　B.《重庆日报》　C.《广益丛报》　D.《渝州新闻》

14.以下不属于重庆母城开埠文化历史遗址的是( )。

A.领事巷　　　　　　　　　　B.洪崖洞

C.海关办公楼旧址　　　　　　D.药材公会旧址

15.求精中学是重庆开埠后( )教会创办的学校。

A.德国　　　　B.法国　　　　C.日本　　　　D.美国

16.重庆总商会成立于( )年10月17日。

A.1901　　　　B.1904　　　　C.1905　　　　D.1908

17.1890年3月31日,中英两国在北京订立了《烟台条约续增专条》,其主要内容包含(　　)。

A.重庆即准作为通商口岸无异。

B.英国取得了"派员驻寓"重庆和宜昌开埠等特权。

C.所有添设口岸,均照向开通商海口或向开内地镇市章程一体办理,应得优例及利益等。

D.轮船得驶入湖北至四川省重庆府,上海驶进苏州府、杭州府,附搭行客,装运货物。

18.重庆于(　　)推翻了清政府的统治,取得了胜利,并在同盟会推动下建立了省级革命政权——蜀军政府。

A.1913年11月22日　　　　　　B.1912年11月22日

C.1910年11月22日　　　　　　D.1911年11月22日

参考文献

扶小兰.重庆开埠与城市近代化[J].北华大学学报(社会科学版),2013,14(02):61-66.

雷蕾.谈近代开埠城市的异同[J].南方建筑,2005(06):67-71.

余云华.巴渝民俗风情[M].重庆:重庆出版社,2003.

隗瀛涛,周勇.重庆开埠史[M].重庆:重庆出版社,1983.

李庆.重庆历史文化[M].上海:格致出版社,上海人民出版社,2014.

周勇.重庆通史(第二册)(第2版)[M].重庆:重庆出版社,2014.

王成宇.重庆开埠文化的保护与开发策略[J].作家杂志,2013(06):255-256.

杨孝蓉.开埠对重庆近现代人文精神的影响[J].重庆社会科学,2009(06):89-93.

第四章 抗战活动与抗战精神

◇◇◇◇◇◇

▶ 内容提要

抗战时期，重庆战时首都地位的确立，使得重庆成为当时全国政治、经济、文化和军事中心。重庆为中国人民抗日战争的胜利和世界人民反法西斯战争的胜利，做出了重要贡献。同时，随着国民政府迁都重庆，重庆尤其是重庆母城，其社会政治、经济、文化都发生了深刻的变化。时至今日，重庆母城还保留着大量抗战遗址，从它们身上可以看到重庆人民乃至全中国人民团结一心、共同抵御日本侵略者的壮阔历史。

▶ 学习目标

掌握：重庆迁都的历史过程；战时首都时期重庆母城的发展状况；国共两党以及社会各界的抗战活动；重庆母城的抗战遗址。

理解：重庆成为战时首都的历史背景及原因；重庆母城在战时首都时期的地位；重庆对世界反法西斯战争的贡献；抗战精神的内涵。

了解：战时首都时期市民的生活状况；重庆大轰炸的历史过程；重庆母城抗战遗址的保护状况。

抗战期间，随着当时国民政府迁都重庆，重庆得以成为战时首都。随着战时首都地位的确立，重庆不但为抗战胜利和世界反法西斯战争的胜利做出了巨大贡献，而且自己也一跃成为世界名城，重庆的历史因此而多了一段波澜壮阔的岁月。

第一节 战时首都

1937年中日战争全面爆发后，当时的国民政府在日军的强大攻势下节节败退。战略大撤退被提上了议事日程，成为国民政府摆脱险境的首选，经过一段时间的酝酿、权衡和筹划，最后于1937年11月决定迁往重庆。重庆一跃成为当时全国的政治、经济、文化、军事中心。[①]

一、重庆成为战时首都

随着国民政府迁往重庆，重庆成为中国的战时首都。重庆为中国抗日战争的胜利和世界反法西斯战争的胜利做出了重要贡献，同时其自身社会、经济、政治、文化都因此发生了深刻变化。

（一）迁都的历史背景

重庆成为战时首都，有着其深刻的历史背景。

近代日本同中国的深刻矛盾，根本在于日本自明治维新以后走上了专制的军事帝国主义的道路，在中国长期存有领土野心。日本军国主义企图独霸中国的野心和侵略行动，不仅使中华民族陷入了亡国灭种的危险境地，

---

① 苏智良,毛剑锋,蔡亮,等.中国抗战内迁实录[M].上海：上海人民出版社,2015:2.

也侵犯了其他世界列强在华的既得利益,日本既成为中国人民的头号敌人,也成为远东战争的策源地。

1931年9月18日夜,日本关东军自行炸毁沈阳北郊柳条湖附近的一段路轨,反诬中国军队所为,并以此为借口,进攻东北军驻地北大营和炮轰沈阳城,并于次日占领沈阳。由于国民党政府实行攘外必先安内的方针,对日本的侵略妥协退让,采取不抵抗政策,致使至1932年2月,整个东北迅速沦陷于日军之手。该事变是日本帝国主义精心策划和长期准备的,为其实现独占东北进而灭亡中国所采取的重要步骤。在中国共产党的推动与领导下,东北军民奋起抵抗日本帝国主义的侵略,揭开了中国抗日战争的序幕。(参考自《辞海》)

在外患内急的情景下,国民党政权却坚持进行大规模、连续不断的剿共军事,激起了国内人民的反对,引起不断高涨的抗日救国运动。1935年冬,北平学生的"一二·九"运动和上海进步人士的救国会运动影响波及全国。在国民党军界内部,也先后有十九路军的福建人民革命政府的建立,以及李宗仁、陈济棠两广军队讨伐南京的事件。最后于1936年12月,导致了张学良、杨虎城发动的西安事变。

西安事变的和平解决,推动了抗日统一战线的形成和国共第二次合作的实现。此后经过两党先后在西安、杭州、庐山和南京的多次谈判,国共两党第二次合作便开始。随着正面战场的一再溃败,国民政府决定西迁重庆,将重庆作为中国的战时首都。

(二)选择重庆作为战时首都的原因

当时之所以选择重庆作为战时首都,主要有如下原因。

1.历史渊源

重庆作为兵家战略要地,有着悠久的抗战善战历史。自公元前316年,智谋家张仪在此建城以来,重庆为川蜀之地门户,一直守卫着西南之地。南宋末年,重庆军民凭借着高墙壁垒和不屈不挠的可贵精神抵御蒙古军的侵略,接受战火的洗礼,一直到1279年南宋灭亡,进行了近半个世纪的坚守。

2.地理优势

重庆作为天府之国四川盆地的门户,扼守长江三峡,有海拔高达2000米的大巴山作为天然屏障。全民族抗战期间,即使是装备精良的日军也难以突破重庆深入四川盆地,日本海军更是无法逆流而上。重庆作为山城,四周重峦叠嶂,立体的城市布局有利于防空,凭借这一优势方能抵挡住日军长达5年半的战略轰炸以及空降袭击。重庆有"雾都"之称,常年雾气笼罩,形成一个天然的保护层,可以成功地迷惑敌军的攻击。此外,重庆连接西南、西北各省,北有秦岭,南有云贵高原,靠近青藏高原,形成阶梯式的防御体系,使得日军身陷绵长的纵深之中。

3.资源丰厚

1891年重庆被迫开埠,因坐拥长江、嘉陵江水运之利,工商业迅速发展,奠定了一定的工业基础。战争爆发后,东部沿海工厂和物资沿长江水道向西转移,位于长江上游的重庆正好可以容纳这些宝贵资源。而重庆背靠的四川盆地,自古就是"天府之国",沃野千里,物产丰富,重庆可以利用交通之便为各地补充军需物资。

4.最佳之策

国民政府将重庆作为战时首都,不是情急之下的决定,而是长期规划之后做的决策。1932年,日寇步步紧逼,在上海发起"一·二八事变"。上海距离南京不到几百里,国民政府为防不测,曾在此期间移驻河南洛阳办公,并通过了"以西安为陪都,定名西京;以洛阳为行都"的决议。然而,西安、洛阳虽是千年古都,却不是作为大后方的理想之地。西北地区经济落后,交通几乎全部依靠陆路,运输效率极其低下,无法容纳因躲避战乱而来的庞大人口,再加之缺乏地理优势,无险可守。鉴于此,国民政府便放弃了以西安、洛阳为大后方的想法,选择了重庆。

(三)迁都的历程

南京国民政府历史上曾经有过两段迁都史。一段为1932年国民政府迁都洛阳,定洛阳为"行都",仅仅持续十个月;一段为1937年抗日战争全面爆发后综合考虑迁都重庆。[1]

当时,国民政府将国防中心逐渐由西北移向西南地区,力图把西南建设成为对日战争的后方基地,从而达到支持抗战之目的;还逐渐改革四川的政治,整顿四川的军队,开发四川的交通,统一四川的币制,并设立重庆行营具

---

[1] 苏智良,毛剑锋,蔡亮,等.中国抗战内迁实录[M].上海:上海人民出版社,2015:2.

体负责。这些对国民党中央控制四川进而控制西南,为中央军势力入川和抗战全面爆发后国民政府迁都重庆起到了重要作用。

1.硝烟弥漫中的迁都决定

1937年8月,日军大举进攻上海,淞沪抗战的硝烟迅即弥漫到当时的首都南京,10月下旬,淞沪形势日益紧迫,南京面临的威胁越来越严重,其安全成为人们关注的焦点,迁都提上了议事日程。10月29日,国防最高会议召开,发布的《国府迁渝与抗战前途》中宣布:"为坚持长期抗战,国民政府将迁都重庆,以四川为抗敌大后方。"[1]

10月30日,国民政府举行会议,商议迁都的具体事宜。次日,国民政府发表了迁都重庆的宣言。进入11月后,淞沪抗战即将结束,中国军队从淞沪战场撤出和上海的沦陷已经无可挽回。11月16日,国防最高会议举行,会议议决"为长期抵抗日本侵略,中央党部、国民政府迁至重庆办公",正式做出了迁都重庆的决定。

转移政府,迁移首都,国民政府的官员们思想波动较大,情绪低。为了稳定民众情绪而发布《告全国国民书》,指出:"诚使我全国同胞,不屈不挠,前仆后继,随时随地,皆能发动坚强之抵抗力,敌之武力终有穷时,最后胜利,必属于我[2]。"

2.踏上迁都征程

1937年11月17日凌晨,当时的国民政府主席林森率领国民政府直属的工作人员以及随行者共1000多人匆匆登上军舰,拉开迁都重庆序幕。

20日,国民党中央通讯社发表了移驻重庆宣言:"国民政府兹为适应战况,统筹全局,长期抗战起见,本日移驻重庆。此后将以最广大之规模,从事更持久之战斗。"[3]不久,林森等人抵达汉口。随即正式向世界各国宣布国民政府移驻重庆。随后,林森一行由汉口抵达宜昌。26日,林森率部抵达重庆。30日,国民党中央执行委员会秘书长叶楚伧以及国民党中央执行委员吴稚晖、丁惟汾、钮永建等抵达重庆。

---

[1] 蒋顺兴,孙宅巍.民国大迁都[M].南京:江苏人民出版社,1997:187.

[2] 引自《重庆陪都史书系》编委会,《国民政府重庆陪都史》.西南师范大学出版社1993年版,第7页.

[3] 引自斯夫,王磊,王雨霖,《1937—1938年南京政府大撤退》,团结出版社1998年版,第84页.

3.规划官衙

对于国民政府各部机关的到来,重庆市民和各界团体给予了各种帮助,他们主动让出自己的房屋、土地,以供国民政府使用。国民政府将曾家岩原重庆高级工业职业学校作为办公处所。

当时国民政府各院部会,大多将重庆的公私房屋简单修建后即搬入办公。国民政府各机关大多在重庆新市区的上清寺、曾家岩和大溪沟、罗家湾等处办公。如交通部驻上清寺交通巷、粮食部驻打铜街、农林部驻上清寺、卫生部驻新桥、警备司令部驻中营街。12月8日,蒋介石即率军事委员会部分成员乘飞机抵达重庆,至此,重庆成为中国当时的政治、经济、文化、军事中心。

1938年2月,日军对重庆开始了轰炸。为安全考虑,国民政府被迫决定:政府机关与市区人口疏散到郊区,为保持对外联系,市区仍设有各机关办事处。疏散后,国民政府与国民党中央党部设于上清寺;军事委员会设于储奇门;行政院及国民政府直属的参军处、主计处、文官处等迁到歌乐山;立法院、司法院迁到北碚歇马场;监察院迁到金刚坡;考试院迁到中梁山华岩寺。

(四)迁都的影响

当时的国民政府迁都重庆,无论对中国抗战和世界反法西斯战争,还是对国内政治、经济、文化以及重庆的发展,都有着重要影响。

1.政治经济方面

重庆作为战时首都的消息一经公布,全国民众的抗战精神为之振奋。《新华日报》的社论说:"这一次盛大的示威,应该是中国军民抗战到底的一个大示威,应该是中国军民有决心有勇气斩断一切荆棘奋勇前进的旗帜……"

国民政府迁都重庆后,对西南地区进行变革,开展了各项建设。

(1)公路建设。原来在四川没有与外省相连的公路,迁都后逐渐修筑了川湘、川鄂、川陕等多条通向外省的公路,并与国内到缅甸、印度和苏联的国际公路线相连接。

(2)大办工业。战争时期国防工业很重要,只要与国防相关的工业,国民党中央就逐渐地将其收归麾下。

(3)大力整军。取消四川省内长达18年如同分裂割据的驻军"防区制";缩编军队;加强对川军的训练;将军事学校、军官任免、航空防空和军雷生产权收归军事委员会,加强了中央政府对军队的控制权。

(4)整顿财政。中央银行、中国农民银行等国家银行进驻四川,各县和各军的财权上交中央;成立财政监理处,监督四川的财政收入和支出;统一货币,收销地钞和各式杂币、发行中央法币。

抗战时期,大量军队、文教、工矿企业等迁来重庆,导致重庆的人口急剧增加,外地迁渝人口甚至占重庆总人口的一半以上。人口的增加,极大地带动了工业和其他国民产业的发展,助推了重庆经济的发展。[①]

促进了城区面积的扩展。大量新增市民将旧城区、新市区的旧有空地都建筑成了各种简易的房屋、厂房、工棚。

促进了重庆市政、公用事业的新发展。迁都之后,原有的城市规划与迅速膨胀的城市已经不相适应,市政当局据此做出了相应的调整,决定发展城市道路、交通,从而带动城市发展。

促进了重庆形成工业区。东部地区的200多家工矿企业内迁到重庆,形成了以重庆为中心,东起长寿,西至江津,北到合川,南达綦江的重庆工业区。

促进了重庆成为西南地区水陆交通枢纽。迁都一方面促进了重庆航运的发展;另一方面,国民政府迁都重庆后,通过川黔、川湘、川鄂、川桂、川滇、川汉等公路干线,连接着大后方,形成了大后方公路交通运输网。公路的发展,也带动了当时的汽车运输业的发展与繁荣。

促进了重庆金融业和商业的发展。国民政府迁都重庆后,明令中央银行、中国银行、交通银行、农民银行四家银行的总行迁到重庆,以便政府控制和管理金融,并准许各省地方银行在重庆设立分支机构。同时,大量人口的到来和工商企业的迁来,也让重庆的商业得到发展。

2.文化方面[②]

抗战期间有30多所大学、专科学校、军校、国立中学迁往重庆,打破了大后方教育长期的封闭、落后、停滞状态,大大促进了重庆教育的新发展。高

[①] 引自重庆晨报:抗战时期国民政府迁都重庆对重庆发展的影响,https://www.cqcb.com/wenshi2/bayuzhi/2019-11-19/1987433_pc.html。

[②] 引自重庆晨报:抗战时期国民政府迁都重庆发展的影响,https://www.cqcb.com/wenshi2/bayuzhi/2019-11-19/1987433_pc.html。

校的西迁,也加快了边疆内陆地区的现代化进程,促进了当地经济和文化的发展。

大量的报社、出版社也纷纷迁到重庆。当时主要的大报,如国民党的《中央日报》《大公报》和共产党的《新华日报》都在重庆印行。出版社中规模较大的如中华书局、商务印书馆、三联书店也迁到重庆。

除党政军界外,商人、企业家、医生、工程师、教师、技术工人等也纷纷在战时内迁,为西部的发展注入了强大的力量。

3. 带来的挑战

国民政府迁都重庆,既给当时的重庆带来了机遇,也带来了挑战。一方面,重庆成为当时全国的政治、经济、文化、教育、商业、交通的中心。重庆的工业、金融业、交通业、商业得到了空前的发展。但另一方面,繁荣后面也有忧患。迁都也带来了大量移民与居住问题、战时儿童的保育问题、难民问题、通货膨胀问题等问题。总体上来说,国民政府迁都重庆,给重庆带来的发展是较大的。

二、战时首都时期的重庆母城

随着重庆战时首都地位的确立,社会各界人士陆续汇集到重庆。东部地区大量人口、工厂的内迁以及国民政府在迁往重庆后采取的一系列经济和行政措施,促进了重庆经济和文化的繁荣发展;重庆成为全国的政治、经济、军事和文化中心;重庆人民在艰苦的条件下坚持抗日,始终未屈服于日本侵略者,直至取得最后的胜利。

(一)战时首都时期重庆社会

迁都之后的重庆社会,在政治、经济、文化等方面,都表现出鲜明的战时首都特色。

1. 政治方面

作为战时首都,重庆社会生活的深刻变化,首先表现在政治领域。

(1)社会各方人士汇集重庆

1937年12月1日,国民政府开始在重庆正式办公。

各民主党派中央机关及其主要领导人也纷纷聚集重庆,散居于全国各地的大批知名人士也荟萃于重庆。

世界反法西斯同盟美、英、苏、法等三十余国驻华使馆移驻重庆,英国泰晤士报、苏联塔斯社、美国纽约时报、时代周刊、英国路透社、法国巴黎日报等世界著名通讯社、报社以及几十个反法西斯、反战国际机构、团体也在渝派驻了机构。

(2)国共合作的展开

自1937年2月至9月,国共两党进行了六次谈判。1937年8月22日,国民政府将陕北中国工农红军改编为国民革命军第八路军,将南方八省的红军和游击队改编为国民革命军陆军新编第四军。

1938年10月,中国共产党派出周恩来、董必武、叶剑英等以及八路军办事处和《新华日报》先后移驻重庆。

(3)重庆成为行政院甲种市

国民政府于1939年5月5日发布了改重庆为行政院直属之甲种市的明令,国民政府还改组重庆市政府,同时扩大重庆市区。在此期间,重庆扩大到18个区。

2.经济方面

跟政治领域一样,作为战时首都的重庆,经济领域也发生深刻变化。

(1)城市建设

重庆成为战时首都之初,其公共卫生状况十分糟糕,垃圾、粪便、老鼠随处可见,排水设施陈旧不堪,交通混乱无序,市民素质低下。

因此,国民政府决定进行旧城换新城的建设。蒋介石曾多次发布手令指示市政建设、公共卫生建设与改善、重庆景观规划,敦促重庆城市容貌的改变,城市建设使重庆焕然一新,逐渐展现出首都风范。

(2)工业和商业发展

大量优质国营厂矿、民营工厂来到重庆,带来丰厚的资源和技术,促进了重庆经济高速发展,建成包括军工、钢铁、机械、化工、建材、纺织、造船等门类齐全的工业基地。此外,城市商业也得以发展。

(3)经济发展背后暗藏危机

经济发展是战时首都时期重庆的发展主调,但经济发展背后也隐藏危机。

第一,物价飞涨。当时政府实行统制政策,通过行政手段干预经济活动,造成物价飞涨。

第二,经济垄断。蒋宋孔陈四大家族借此逐步垄断了全国的经济大权,趁机敛财。

第三,打压民族工商业。国民政府上下官员贪污腐败,使得统制政策成为打压民族工商业的工具,从而极大地破坏了当时经济的发展。

第四,后续乏力。战时首都时期,国民政府对重庆的经济进行大力扶持,采取一系列促进经济发展的措施,刺激和保障经济的发展。但是,抗战胜利之后,国民政府还都南京后,对重庆的扶持减弱,导致重庆经济泡沫出现,发展动力严重受损。

3.文化方面[①]

作为战时首都,重庆的文化生活同样有着深刻变化。

(1)饮食文化

从1937年开始,数以万计的来自江苏、上海、浙江等地的人民陆续从各地迁移到重庆,各地风味饮食也随之不断涌入,重庆也打破了以前川菜较为单一的饮食风味。人们广纳各地风味,兼收并蓄,荟萃了各大菜系,形成了重庆别具一格的美食格局。

(2)语言文化的交流

战时首都时期,上海、江浙居民的内迁,带来了吴语,成为当时重庆市区流行的时髦语言,一些西南官话中没有的吴语,也成为了重庆话的一部分。重庆的地名也在不同语言文化的交流、碰撞之下不断推陈出新。当时重庆主城区出现了以外来名词命名的街道,如北京路、广州路、庐山路等。

(3)服饰方面的改变

新的思想观念和文化的传入,使得旧的习俗得到了改良,新风气和习俗逐渐得到了人们的推崇,外来移民带来了新的既美丽又方便的服饰装扮,重庆民众纷纷仿效。

(4)建筑风格的交流融合

随着上海、江浙一带居民的迁入,受其影响,重庆建筑在其原有特点基础上融入了西洋建筑元素,促进了重庆建筑由传统建筑体系向现代建筑体系过渡的转型发展。

---

① 引自余妮彗.论城市文化的发展——抗战时期的重庆.https://wenku.baidu.com/view/59b5500f8762caaedd33d4c2.html。

(5)西方生活方式的影响

重庆成为战时首都,很多国家在重庆设置使领馆等机构,加之国民政府中一些受过西方教育人士的影响,让西方生活方式逐渐影响重庆人的日常生活,出现了很多有着西式文化气息的事物,如国泰戏院、芭莎摄影、馨雅咖啡等。

(6)教育文化事业的发展

抗战爆发后,大批的高等院校、中等学校以及科学文化机构,完成了向以重庆为中心的大西南地区的战时内迁。具有当时国家一流水准的科研学术单位,以及商务印书馆、中正书局、国立中央图书馆等一百多个单位,也相继迁至重庆。重庆因而呈现出学校文化机关云集,文士荟萃,群贤毕至的局面,促使重庆的教育、科学和文化的发展空前繁荣。

(二)重庆母城在抗战时期的地位

随着迁都,中央势力坐镇重庆,国民政府逐渐统一了重庆、四川的军事、行政和财政,四川原本军阀割据的混乱局面逐渐稳定下来,使重庆成为支持抗战的战略后方基地。

抗战爆发后,大量军政、文教、工矿企业以及人口迁渝,使得重庆成为抗战时期著名的国际都市,成为大后方的经济中心和金融中心。商业门类繁多齐全,形成了以重庆为中心,辐射大西南的庞大商业网络,从而确立了重庆在抗战时期大后方商业中心的地位。[①]

1939年1月中共中央南方局在重庆正式成立,开始全面领导四川、贵州、云南、广西、广东、湖南、湖北(江南部分)、江西、江苏、香港、澳门和东南亚等地区中共党组织,以及华南、西南地区的人民抗日武装斗争。南方局的成立是中共中央为了适应抗战相持阶段到来后党在国民党统治区的统一战线工作所面临的新形势,贯彻党在六届六中全会上确立的抗日民族统一战线新策略而做出的重要决定,把抗日民族统一战线推向一个崭新的时期。(参考自周勇《中国共产党抗战大后方历史》第216页)

中国的抗日战场是二战远东战场的重要部分。作为抗战政治中心,重庆在较长时间里承担二战时期盟军司令部远东战区指挥中心的重任,使重庆站在国际政治舞台的焦点,影响世界和平的进程。

[①] 引自重庆晨报:抗战时期国民政府迁都重庆对重庆发展的影响,https://www.cqcb.com/wenshi2/bayuzhi/2019-11-19/1987433_pc.html。

全民族抗战爆发前,重庆境内只有重庆大学和四川省立教育学院两所大学,文化教育相对落后。国民政府迁都重庆后,大批文化机构、科研院所和学校相继迁入,使重庆迅速成为各类优秀人才的荟萃之地,极大地促进了重庆文化教育事业的发展。在北碚夏坝、沙坪坝、江津白沙镇形成了三个学校文化区。此外,还有新闻机构、图书馆、中央广播电台、国际广播电台及国内知名报刊、中华书局、商务印书馆等大型出版社、中国影业公司、中央电影制片厂、中国艺术剧社等也纷纷内迁落户重庆,使重庆成为大后方的文化中心。

综上所述,抗战时期重庆的地位发生了重大变化,从战前的省辖城市跃升为中国的战时首都;从位于四川东陲的地区性的农产品港埠上升为全国的政治、经济、军事和文化中心,并成为国际名城;从一座古老的城市发展成为一座现代的工商业城市。

(三)抗战时期母城普通市民的生活[①]

经过艰苦跋涉,广大民众、政府机关、工厂企业陆续迁移到四川、云南、贵州等地,但对很多普通老百姓来说,重庆等大后方并不是一块绝对安全的乐土。由于急剧膨胀的人口和敌人对物资的封锁,人民生活难达温饱,饿死街头、卖儿鬻女者比比皆是。除此之外,敌机不断的袭扰和轰炸,使民众终日处于紧张恐怖的氛围中,过着跑警报、躲防空洞的生活,时时饱受着失去亲人、无家可归的痛苦,肉体和心灵遭受双重煎熬。

1."衣"的简朴

当时重庆的普通民众的穿着十分简朴。一般而言,男性很少穿西装,通常都是一身洗得发白或者是打了补丁的中山装;女性很少穿华贵和时髦的衣服,一般只能穿陈年旧衣。

2."食"的匮乏

在当时的重庆,粮食显得异常珍贵。米粮供应在这一时期非常紧张,米商为了增加斤两,多赚些钱,便掺进了杂物。好米相对干净,但价格昂贵,普通百姓负担不起。

城市居民因有政府提供的低水平保障,并且城市治安相对较好,避免了

[①] 苏智良,毛剑锋,蔡亮,等.中国抗战内迁实录[M].上海:上海人民出版社,2015:344-369.

抢粮事件的发生;但在广大乡村,游荡着大量饥民,他们常常铤而走险,拦路抢粮。

尽管粮食供应异常紧张,但为了支持抗战,保证前方战士不至于饿肚子打仗,各地农民还是踊跃交粮。1938年10月以后,日军占领了黄河、长江、珠江的产粮区,封锁了沿海各港口,四川(包括重庆)便成为当时前方将士和后方城市居民所需粮食的供应地。

3."住"的简陋

重庆"五三""五四"大轰炸后,为了减少人员伤亡,政府强行疏散,规定凡是没有担任职务的市民,必须撤离重庆。于是从1939年夏天到1940年冬天,重庆市郊修建了许多大大小小的房子,以容纳从城里疏散到乡下的居民,这些房子都很简陋。

4."行"的艰难

重庆的交通条件异常艰苦。车辆驰过,扬起的尘土弥漫至半空。若是遇到雨雪天,路上泥泞不堪,车轮陷进泥坑的情况时有发生。路面也极不平整,在深山峡谷中行驶时,惊险万分。除公路外,航空状况也不容乐观。飞机作为比较高级的交通工具,只有军事要员、高级官员才能乘坐。水路作为比较廉价和安全的交通方式,在战时也是非常重要的交通路线。武汉和广州失守后,全国各地轮船纷纷向川江集中。以重庆港为中心的川江航运顿时繁忙起来,江上往来的船只运输着后方军队、军需品和各城市民用物资,川江成为战时全国运输的大动脉。

5."活"的困苦

重庆的气候比较特殊,春、秋两季较短,夏、冬两季较长。从秋初到春末,浓雾和细雨笼罩全城,阴冷而又潮湿,街道上泥泞不堪。但夏天一到,整个重庆就像一个大火炉,闷热难耐,臭虫、蚊子成群结队地出来。敌机轰炸造成死尸满地,许多尸首来不及处理,腐烂变臭,污染河流,痢疾流行。抗战时期,重庆的人们生活在危险和困苦之中,不仅许多人丧生在敌人炮火之下,因贫困、饥饿、疾病而死去的人也很多。

6."大轰炸"笼罩

日机对重庆进行了前后达五年之久的"重庆大轰炸"。为了应对日军的轰炸,国民政府建立了较完善的警报系统,并开辟了众多防空洞。遇到空袭时,警报齐鸣,响彻山城,一种恐怖、不祥的气氛笼罩在重庆上空。频繁的空袭警报已经把重庆市民训练得"耳聪目明"、非常敏锐。

面对敌人的野蛮轰炸,重庆各界掀起了反空袭斗争。1937年9月1日重庆防空司令部成立,逐渐形成了一个以它为基本队伍,包括广大民众的防护体系。

重庆广大市民积极响应防空当局号召,开展了扩大防空洞运动,四处大力兴建防空洞,防空洞数量与容量成倍增加。

重庆大轰炸期间,政府当局成立"重庆市服务空袭救济联合办事处"。除政府组织的服务团外,市民们也自行组织各种服务团,主要工作有协助空袭前后的交通工作,保证空袭中的茶粥供应,组织宣慰队赴灾区慰问,张贴鼓舞民心的标语、设置难民服务社等。重庆的反空袭斗争,一定程度维护了战时首都的空防安全,保全了抗日物资器材,粉碎了敌人摧毁后方人民抗日力量的企图。

7.苦中作乐

抗战时期,重庆人民时常遭受敌机的骚扰和轰炸,生命财产时刻面临严重威胁,终日生活在极度恐惧与紧张的气氛中,心灵需要慰藉,而此时物质生活极度贫乏,人们对精神生活的要求便大大提高。

"泡茶馆"是大后方生活中最常见、最廉价的娱乐方式。"泡茶馆"既是消愁解闷的一种好方法,也是解除恐惧心理的镇静剂。

自从北平、上海、南京、武汉相继沦陷之后,大批戏剧家、戏剧团体撤退到大后方,重庆成为戏剧都会。山城重庆各种戏剧活动丰富多彩,这些戏剧演出票价不贵,所以经常客满。

此外,还有各种各样支援前线的募款文艺晚会。许多人虽不是专业演员,但希望能为抗战多筹集一些钱款,都会认真表演。舞台上的表演和台下的掌声、笑声,极大地安定了人心,让人们在紧张与恐怖的生活中得到暂时放松与欢娱。

第二节 重要抗战活动与事件

作为战时首都,重庆发生过众多重要的抗战活动和历史事件。

一、"重庆大轰炸"惨案

1938年至1943年,日本陆海军航空部队联合起来,对重庆实施了为期5年半的航空进攻作战,史称重庆大轰炸。据不完全统计,抗日战争期间,因日机轰炸造成重庆市民直接伤亡三万余人,间接伤亡6000余人,社会财产直接损失约50亿元法币,间接损失约33亿元法币,居民财产损失为15亿元法币。重庆大轰炸历时之长、范围之广、所造成的灾难之深重,在二战期间和整个人类历史上都创下了战争史的新纪录"。(数据来源:重庆市抗战调研课题组:《人口伤亡和财产损失调研报告》)。

国际公约对战争中轰炸的规定是,一般只针对军事目标进行轰炸。但是重庆大轰炸是一种从军事轰炸走向政略、战略轰炸,不分军队与平民、前线与后方的无差别轰炸。因此,可以说重庆大轰炸是世界战争史上第一次大规模、长时间的战略和政略轰炸。但是,长达五年半的大轰炸并没有使重庆人民倒下。

1939年5月3日及4日,日机持续轰炸重庆市的中心区域,并且投放大量燃烧弹。炸死3991人,炸伤2323人,炸毁房屋4871间。(数据来源:《中国共产党重庆历史》(第一卷)437页)重庆市中心大火焚烧两日,许多商业街道皆被烧成废墟,很多人无家可归。罗汉寺、长安寺等珍稀古建筑也遭到轰炸,被大火吞噬。同时,一些外国教会及英国、法国等国的驻华使馆也受到轰炸。[①]

[①] 引自360百科:重庆大轰炸,https://baike.so.com/doc/5639816-5852446.html。

1941年6月5日18时,24架日军飞机分三批经湖北宜都、松滋等地突然夜袭重庆。它们在重庆市区的上清寺、中山路、两路口等地投下爆炸弹和燃烧弹,直到23时空袭警报才解除。

在此次轰炸中,日本侵略者的飞机轮番轰炸重庆市。在发布紧急警报后,进城的人和不属于在该洞躲避的人在敌机来临时急不暇择,于是就近躲避。该洞管理人员也没有检查核对凭证,尽量收容市民,致使较场口一带大隧道内人数大量超过了其规定数量。

恰好,因国民党防空司令部尚未办理验收手续,这时该段大隧道的通风和发电设备都没有开动。半小时之后,防空洞内变得呼吸困难,人群开始发生骚乱,油灯先后熄灭,人们大呼小叫,妇孺哭泣。此时的重庆上空,日本飞机一批、二批、三批先后在空中盘旋,因此防护团奉命不准人们在紧急警报没有解除之前出洞。当时众多市民没有得到有序的疏散,造成大量市民拥向公共防空洞(十八梯大隧道)。管理隧道的宪兵及防护人员紧锁栅门,不准隧道内的市民在敌机空袭期间出入隧道,使得躲避空袭的民众因通风不畅和长期高温被活活闷死,最终造成了防空大隧道窒息大惨案,这就是著名的"六五"惨案。"六五"惨案发生后,国民党当局实行了新闻封锁,导致关于重庆"六五"惨案中的死亡人数,社会传言各说不一,有"死亡近万人""死亡近千人""死亡万余人"等说法。

二、中共的重要抗战活动

在战时首都时期,中国共产党在重庆进行了很多重要的抗战活动。

(一)重庆救国会的成立

1936年2月,从中央苏区脱险后与党失去联系的共产党员漆鲁鱼辗转来到重庆,以报刊为阵地,积极开展抗日救亡宣传,团结了一批失掉关系的党员和积极分子,于当年6月成立了"重庆各界救国联合会"(简称重庆救国会)。重庆救国会开展的活动,引起了中共党组织的重视,并与救国会负责人漆鲁鱼取得了联系。此后,重庆救国会在党的领导下,活动及影响迅速扩大,先后成立了重庆职业青年救国联合会、重庆学生界救国联合会、重庆文化界救国联合会等组织,广泛宣传中共的抗日主张,极大地推动了重庆抗日救亡运动的蓬勃发展。

(二)八路军驻重庆办事处的成立

1939年1月,八路军驻重庆办事处成立,钱之光任处长。八路军驻重庆办事处兼新四军驻重庆办事处,一套班子两块牌子。八路军驻重庆办事处的任务是负责八路军、新四军与国民党政府军事当局之间的军事联络,办理八路军、新四军的后勤供给事务以及动员大后方民众抗战。

(三)中共中央南方局的成立

1937年11月,国民政府迁都重庆,为进一步加强党对国统区工作的领导,巩固和发展国共合作为基础的抗日民族统一战线。1938年9月,中共六届六中全会决定撤销中共中央长江局,成立中共中央南方局。1939年1月,中共中央批准了以周恩来为书记,博古、凯丰、吴克坚、叶剑英、董必武等为常委的中共中央南方局成员名单,南方局在重庆正式成立。南方局是中共中央派驻国民党统治区的秘密领导机关,八路军驻重庆办事处是经国民党当局允许设立的公开合法机关,南方局以办事处为依托开展各项工作。南方局驻重庆的八年时间里,在抗日战争和解放战争初期,以全方位、多层次的卓越工作,为国民党统治区党组织的巩固发展,坚持抗日民族统一战线,提供了重要组织保障。为夺取抗战胜利和推动解放战争作出了重要贡献。

(四)《新华日报》和《群众》周刊入驻重庆

《新华日报》和《群众》周刊是中国共产党在国统区唯一公开发行的报纸和杂志,分别于1937年底和1938年初在武汉创刊。1938年10月,相继在重庆复刊出版。《新华日报》和《群众》周刊由中共中央南方局领导。《新华日报》和《群众》周刊通过发表大量文章和资料,批判国民党的封建法西斯理论,揭露国民党特务和顽固派反共、反人民、反民主、反抗战的行径,宣传党的抗日民族统一战线政策,鼓动全民族抗战。此外,还在指导国统区党组织建设、进步青年秘密据点开展工作、揭露汪伪集团叛国投敌罪行和汉奸理论等方面做了大量的工作。

(五)巩固和发展抗日民族统一战线

抗日战争时期,中共中央南方局认真贯彻中共中央关于巩固和发展抗日民族统一战线的指示,通过各种途径与各阶层民主人士和政治团体密切合作,支持和帮助他们组织起来,坚持团结抗战,反对妥协投降,把党的统一战线推向空前的广度和深度。1941年至1946年,在中共中央南方局指导和支持下,三民主义同志联合会(中国国民党革命委员会前身)、中国民主同盟、中国民主建国会、九三学社先后在重庆成立。他们在抗日民族统一战线的旗帜下与中共团结携手,为夺取抗战胜利作出了重要贡献。

(六)发展抗战进步文化

为加强文化界统一战线工作,中共中央南方局成立了文化工作委员会(简称"文委")。1940年后,"文委"改称文化组,周恩来任组长。南方局根据中共中央关于发展国统区抗日文化运动的要求,紧紧依靠文化界中的共产党员和进步力量,团结爱国知识分子,在国统区开展了轰轰烈烈的抗日文化运动,以举办讲座、演讲会、报告会,开展文艺创作、艺术演出等形式,宣传抗战,呼唤民主,促进了抗战进步文化的繁荣发展。1941年"皖南事变"后,为冲破国统区政治阴霾,中共中央南方局以戏剧为突破口,利用"雾季公演"等形式开展政治斗争。从1941年到1944年,共演出《屈原》《天国春秋》《棠棣之花》等进步话剧110多台,开创了中国文化戏剧的黄金时代,使以"抗战、团结、民主"为旗帜的抗战进步文化成为大后方文化的主流,大大增强了党在知识分子中的向心力和凝聚力,造就和扩大了爱国进步文化大军,为新中国的文化事业储备了大量优秀人才。

三、社会各界的抗战活动

在全国团结抗日的气氛下,社会各界在重庆进行了很多抗战活动。

(一)宋庆龄领导的抗日民主运动

抗日战争时期,宋庆龄曾两次来到重庆,在重庆生活、工作四年多。宋庆龄第一次到重庆,目的是重建"保卫中国同盟"。她住进了两路口新村3

号,不停地写信发往国外,邀请原"保盟"中央委员会成员史沫特莱、斯诺、艾黎等国际友人速来重庆,重建"保盟"。

(二)重庆人民声讨汪精卫叛党叛国

面对汪精卫集团的叛国投敌活动,重庆各界人士通过开大会、作讲演、印特刊、发通电、写文章、演戏剧、提议案、铸跪像、散传单、贴标语、呼口号等各种方式,开展了一场声势浩大的声讨汪精卫集团投敌卖国的群众性运动。重庆各界人士还以实际行动组织了一场建造"抗战无名英雄墓及铸造汪逆夫妇长跪像"运动。

(三)文化界的抗日民主运动

重庆作为战时首都时期,文化界人士、机构,同样积极投身抗日活动中。

1.中华全国文艺界抗敌协会

简称"文协"。抗日战争时期中国文艺运动的领导机构,1938年3月27日成立于湖北汉口,老舍为总务部主任并实际主持会务。出版机关刊物《抗战文艺》;号召"文章下乡、文章入伍";组织作家的战地服务团、访问团,进行抗战宣传,提倡文艺为抗日战争服务,并编辑出版《作家战地访问团丛书》。在抗日民主运动中起了积极作用。

2.国民精神总动员运动

抗战初期,在对待抗日的态度上,国民党高层内部出现以汪精卫为首的主和派,陈公博等紧随其后,散布失败主义情绪,主张与日本言和。在汪精卫投敌叛国后,国民政府决定发动"国民精神总动员运动",其目的在于鼓舞和激励全国人民的抗战信心,号召全国同胞为抗击日本侵略者而不懈努力。国民精神总动员运动在全国各地广泛展开。运动开展的方式:除召开国民月会之外,同时大力开展戏剧演出、电影放映等多种形式的文化艺术宣传活动,具体内容包括反汉奸投降、鼓励城乡青壮年参军参战,欢送川军及远征军出川抗战、努力生产支援前线、捐款献力、慰问伤员及军人家属等。

(四)商界的抗日活动

商业界的广大爱国人士,以高度的爱国热情投入抗日活动中。抗战时期,重庆总商会作为商界代表,发挥其作用支援抗战。当时,为缓解财政危机,国民政府发行国债。1941年4月16日,重庆总商会成立劝募公债大会,根据各业财力资产的多少分摊公债,缓解了政府的财政赤字。重庆总商会还主动出资60万元,积极支持川军出川抗日。

战时首都时期,商业界广泛开展义卖捐献活动,从重庆等大城市到中小城镇,从卖日用百货到卖蔬菜水果,从大商行到小商贩,普遍掀起了义卖日和义卖竞赛的热潮。商业界爱国人士开展的义卖活动,对全国人民的献金、捐款、捐物等运动,起了良好的促进作用。[①]

四、国际社会对中国抗战的支持

中国的抗日活动得到国际社会的广泛支持。国际社会对中国抗战的支持,其联络、沟通工作,大多发生在重庆。

(一)苏联对中国的援助

1937年8月21日,中苏两国签署《中苏互不侵犯条约》,苏联向中国提供了大量贷款和坦克、火炮、飞机、机枪等军用物资。

苏联政府派出空军飞行员,于1937年11月组成志愿队直接到中国参战。苏联空军志愿人员来华后负担了两项任务,一是直接参加对日空战,二是培训中国飞行员和航空技师。苏联首批志愿飞行员刚抵达中国南京,就立即与中国空军并肩作战,展开了同日本空军的激战。苏联空军志愿人员在华期间共参加25次战役,击毁日机100余架,炸沉日舰艇70余艘。

(二)美国对中国的援助

1941年8月1日,以陈纳德为首的美国空军志愿队成立。"飞虎队"在中国租用的缅甸空军训练基地训练5个月后,投入战斗,为中国抗战做出了重大贡献。美国还帮助中国开辟了"驼峰航线",用于运输盟国对中国的援助物资,对打破日寇对中国物资的封锁起了积极作用。

[①] 关捷.中国人民奋起抗战[M].北京:社会科学出版社,2006:339-341.

(三)其他援助

世界各国共产党、共产国际、各阶层进步人士和劳动人民对中国人民的抗战给予了深深同情和大力支援。共产国际执行委员会主席团号召全世界无产阶级和各阶层人士支援中国的抗战,从政治上、道义上和物质上提供援助。

各国共产党积极响应共产国际的号召,纷纷发表声明和宣言,抗议日本对中国的侵略。国际工会联合会、国际运输总工会等国际组织也纷纷召开会议、通过决议,并动员各国会员以一系列方式有效地援助中国的抗战。

许多国家的群众纷纷举行声援中国抗战的集会和示威游行,开展援华的宣传及捐献活动。

五、重庆对世界反法西斯战争的贡献

作为抗战时期中国的战时首都、中共中央南方局所在地、抗日民族统一战线的伟大政治舞台以及世界反法西斯战争远东指挥中心,重庆在中国人民抗日战争和世界反法西斯战争中具有重要的历史地位,做出了巨大的贡献。

重庆作为中国抗战大后方的政治中心,团结起各族人民,在抗日民族统一战线伟大旗帜下,坚持抗战到底,直至取得了最后的胜利。在抗日战争中,重庆没有被日军攻占,重庆人民的意志与决心没有被日军的轰炸所摧毁,以重庆为主要舞台的抗日民族统一战线没有被分裂,坚持抗战,直到胜利,这是抗日民族统一战线的胜利,是国共合作的胜利,是全民族的胜利,也是重庆人民的胜利。

作为抗战时期中国大后方的经济中心,重庆承接了中国战时生产力布局的重大调整,构筑了战时中国的经济基础,支撑了抗战危局。

作为抗战时期中国大后方的文化中心,重庆创造了一系列举世瞩目的成就。

第三节 重要的抗战遗址

作为抗战时期中国的战时首都,重庆在抗战中付出了很大的代价,留下了十分丰富的文物和遗址。

一、重庆母城抗战遗址概况

重庆抗战遗址数量全国最多,共有395处(2020年8月4日重庆市人民政府网数据),其中有100余处位于重庆母城渝中区,占到全市抗战遗址的近三分之一。

渝中区抗战遗址在空间上相对集中,涉及重大史实或重要人物活动,是功能属性相对统一的抗战遗址片区。抗战遗址依托山水的布局,形成了"一城三带九片"的整体结构。"三带"的第一条带,是从红岩村至上清寺沿嘉陵江分布的嘉陵江抗战遗址带;第二条带是南纪门至朝天门一线沿长江北岸分布的长江滨江抗战遗址带;最后一条带,是鹅岭至解放碑一线相对高海拔地区分布的半岛之脊抗战遗址带。九片是包括红岩村、李子坝、鹅岭、两路口、上清寺、解放碑、七星岗、储奇门、望龙门等在内的渝中区九大特色抗战遗址片区。[①]

这些抗战遗址,有的已成为纪念馆或纪念地,成为闻名国内外的旅游参观景点和爱国主义教育基地。

二、重庆母城的抗战遗址

抗战遗址见证了中国人民为世界反法西斯战争胜利所做出的卓越贡

[①] 引自人民网:一城三线九片区,渝中区抗战遗址将搞整体保护,http://cq.people.com.cn/n/2015/0504/c365402-24721775.html。

献,以及国共合作共赴国难的历史,反映了大后方人民在抗战中创造的抗战历史文化,体现了重庆母城作为中国战时首都、中共中央南方局所在地、同盟国中国战区最高统帅部所在地的历史地位。

(一)红岩村片区

红岩村位于重庆市郊嘉陵江畔化龙桥龙隐路,20世纪30年代初,爱国人士饶国模购下此地,并建成大有农场。

红岩村是中共中央南方局暨八路军重庆办事处的所在地,也是中国共产党在国民党统治区的指挥中心。中共中央南方局就是在这里领导整个南方中共地下党的组织,推动国共合作,坚持抗战。

分布在红岩村的主要的抗战遗址有宪兵楼、饶国模故居、八路军驻重庆办事处大楼、樱花园、红岩水井、毛泽东《沁园春·雪》词牌等等。

中共中央南方局和八路军驻重庆办事处大楼

位于红岩村的中共中央南方局和八路军驻重庆办事处大楼,其一楼为公开机关八路军驻重庆办事处,"皖南事变"以前,这里也是新四军驻重庆办事处。办事处下属的经理科、文书科、总务科、交通运输科和警卫班等机构都设在这里。

二楼是秘密的南方局机关和南方局负责人以及中共代表的办公室兼卧室。周恩来、董必武、叶剑英、邓颖超、秦邦宪、何凯丰、王若飞、吴玉章、林伯渠、林彪等人均曾先后在此办公和住宿。

1955年,重庆市人民政府在此筹建纪念馆。1958年5月1日,以此楼为主要革命遗址的红岩革命纪念馆建成并对外开放。1961年3月,国务院公布该楼为第一批全国重点文物保护单位。

饶国模故居

1939年初,中共中央南方局和八路军驻重庆办事处在重庆成立,最初将办公地设在城内的机房街70号。但是,由于城内住房不够使用,加上日机轰炸,很不安全。周恩来指示在城区近郊另觅新址,在中共地下党的帮助下选中了距市区不远,又利于隐蔽防空的饶国模红岩嘴的大有农场,饶国模"欣然延纳"。

解放后的1950年6月,饶国模将红岩大有农场土地连同场内房屋全部无偿捐献给了党和人民政府。

(二)李子坝片区

李子坝公园

李子坝公园是重庆首个抗战遗址建筑群公园,也是重庆抗战文化遗址长廊的重要组成部分。其占地面积12万平方米,是渝中区近年来实施拆危建绿、拆危兴文的最大项目,也是国内首个以主题公园为载体展示历史文化保护成果的项目。

园内有许多抗战历史文物建筑,如高公馆、李根固旧居、刘湘公馆、国民参议院旧址、交通银行学校旧址等,这些抗战遗址集中展示了重庆抗战时期的政治、经济、文化、军事、外交等各个方面的历史风貌。而今,公园年平均接待国内外游客30万人次,成为重庆向全世界诠释抗战文化、二战文化的历史之窗和记忆之门。

图4-2 李子坝抗战遗址公园

刘湘公馆

刘湘公馆原位于李子坝186号,因存在安全隐患而被拆除,随后在李子坝抗战遗址公园进行了复建。刘湘是民国时期四川军阀,国民革命军陆军一级上将,四川省主席。1937年10月15日,刘湘被任命为第七战区司令长官,兼任集团军总司令,带病率领川军奔赴抗日前线。于1938年1月20日在汉口吐血身亡。

(三)鹅岭片区

鹅岭公园位于重庆市渝中区鹅岭正街176号,鹅岭公园抗战遗址群包括飞阁、重庆苏军烈士墓、澳大利亚使馆、丹麦使馆、土耳其使馆等旧址。

飞阁

飞阁因翘阁欲飞而得名,前瞰嘉陵江,背倚佛图关。抗战期间,蒋介石夫妇曾在此居住半年,后来搬到南岸黄山风景区的"松厅"。蒋氏夫妇离开后,当时的英国大使卡尔在此居住5年。1949年重庆解放后,"飞阁"成为西南军区司令部驻地。重新开放的"飞阁"里,陈列有蒋介石与宋美龄当时的生活照,蒋介石与毛泽东会晤照,以及重庆抗战照等史料照片。

重庆苏军烈士墓

苏联援华飞行员卡特诺夫上校和司托尔夫上校因在对日空战中受重伤,分别于1940年11月15日和1941年5月11日牺牲在重庆,他们的遗体曾先后葬于袁家岗、江北杨家坟花园。1959年9月,重庆市政府将两烈士迁葬鹅岭公园。卡特诺夫与司托尔夫之墓,市民常称作重庆苏军烈士墓。(参考自周勇《重庆抗战图史》第88页)

(四)两路口片区

战时首都时期,各国领事馆云集两路口片区,区域内入驻了除柬埔寨领事馆之外的所有驻渝领事馆。宋庆龄、郭沫若等众多历史名人也在此居住过。

宋庆龄旧居为抗日战争时期宋庆龄的寓所和"保卫中国同盟"中央委员会旧址。位于渝中区两路口,是重庆市重要的抗战文物遗址,全国重点文物保护单位,重庆市爱国主义教育基地,国家AA级旅游区(点)。

(五)上清寺片区

该片区主要的抗战遗址有国民政府行政院旧址、德安里蒋介石官邸、桂园、国民政府军事委员会委员长侍从室(尧庐)旧址、曾家岩50号周公馆、特园(康庄)、德安里特别警卫组织旧址等。

国民政府行政院旧址

国民政府行政院旧址位于渝中区中山四路。该建筑于19世纪末由德国人修建,最初为法国天主教教堂,后作为教会学校——明诚中学的办公室兼医务室。抗战期间,国民政府内迁重庆后,借用此地作为国民政府行政院的办公楼。

德安里蒋介石官邸

德安里蒋介石官邸位于渝中区中山四路,重庆市级文物保护单位。1936年,由富商丁次鹤委托华西兴业公司建筑部设计建造,次年让给蒋介石、宋美龄使用。

周公馆

周公馆位于渝中区中山四路曾家岩50号,是全国重点文物保护单位。1939年初,为方便开展工作,邓颖超以时任国民政府军事委员会政治部副部长周恩来同志的名义,租用了曾家岩50号的大部分房屋,对外称作"周公馆",实则为中共中央南方局和八路军驻重庆办事处设在城内的办公地点。南方局的军事组、文化组和外事组均设于此。

图4-3　周公馆

(六)解放碑片区

解放碑片区的抗战遗址主要有打铜街(金融机构遗址群)、人民解放纪念碑、国民参政会旧址、重庆大轰炸遗址等。

打铜街

在解放碑小什字附近有一条非常出名的街,叫打铜街。短短几百米的打铜街,曾是连接重庆上下半城的要道,战时首都时期,众多金融机构汇聚于此,有"中国的华尔街"之称。

抗战时期,打铜街及附近街区,集中了交通银行重庆分行、川康银行总部、美丰银行总部、中国银行总部、聚兴诚银行总部、川盐银行、和成银行等，鼎盛之时这一带钱庄、银行达到150余家。

人民解放纪念碑

人民解放纪念碑原名为抗战精神堡垒，又名"抗战胜利纪功碑"，全国解放后改为现名。该碑位于重庆市渝中区，是重庆标志性建筑之一，是抗战胜利和重庆解放的历史见证。

1940年3月12日，在孙中山逝世纪念日这天，国民政府开始筹建纪念碑。1941年12月30日，纪念碑正式建成，国民政府将其命名为"精神堡垒"，旨在激励国内外中华儿女奋力抗争以取得抗战的胜利。1945年10月，为纪念重庆在抗战中的重要地位并确保这种地位能在战后继续延续下去，国民政府决定在"精神堡垒"的基础上，建立"抗战胜利纪功碑"。1947年8月，抗战胜利纪功碑主体完工，同年10月10日总体竣工。

1950年3月2日，重庆市人民政府请示当时的西南军政委员会，要求批准"纪功碑"的更名。同年9月18日，经西南军政委员会核准，"抗战胜利纪功碑"正式改名为"人民解放纪念碑"。同年10月1日，时任西南军政委员会主席刘伯承为"人民解放纪念碑"题写了碑名。

国民参政会旧址

国民参政会旧址在渝中区中华路，是一栋二楼一底的中西式砖木建筑，随着城市的发展，它已隐匿于林立的高楼内。

重庆大轰炸遗址

紧邻解放碑的较场口方向，如今是重庆最繁华商业地段之一；但在抗战时期，这里却是"六五"惨案发生地。1987年1月较场口建立"重庆大轰炸惨案遗址"纪念地。

(七)七星岗片区

七星岗片区内有着众多历史建筑，其中属于抗战遗址的主要有《新华日报》营业部旧址和大韩民国临时政府旧址。

《新华日报》营业部旧址

《新华日报》营业部旧址位于渝中区民生路240号，为全国重点文物保护单位。楼内陈列着珍贵的报纸、历史资料、文献等。《新华日报》营业部是抗战时期负责《新华日报》及《群众》周刊全部发行和销售的机构所在地,《新华日报》是中国共产党在国民党统治区唯一公开发行的大型机关报,为宣传、动员民众抗战做出了重要贡献。

大韩民国临时政府旧址

大韩民国临时政府旧址陈列馆位于重庆市渝中区七星岗莲花池38号,是研究、展示韩国独立运动史的专题型博物馆。大韩民国临时政府是一个在中国长期坚持反日独立运动的流亡政府。1919年4月成立于上海,1939年3月迁来重庆,1945年初迁往七星岗莲花池38号办公,直到临时政府离开重庆。

大韩民国临时政府旧址,于1995年抗战胜利50周年、韩国光复50周年之际被辟为这段历史的陈列馆,2000年9月成为重庆市级文物保护单位。

(八)储奇门片区

"国民政府军事委员会委员长重庆行营"旧址是储奇门片区比较重要的抗战遗址,它建于1935年底,当时国民政府颁定"军事委员会委员长重庆行营",辖区包括当时的川、康、黔、藏在内的整个大西南。卢沟桥事变数月之后,国民政府迁都重庆,国民政府军事委员会即设在此处,蒋介石也曾在此设置官邸。

(九)望龙门片区

望龙门片区比较有名的抗战遗址是胡子昂旧居。胡子昂是重庆著名实业家和社会活动家,曾任重庆市参议会议长,国民参政会参政员,国民政府立法院立法委员;中华人民共和国成立后,曾任政协全国委员会副主席。胡子昂旧居位于重庆市渝中区解放东路太华楼一巷6号,是一座具有百年历史的三层青砖小楼。

第四节 抗战精神与重庆

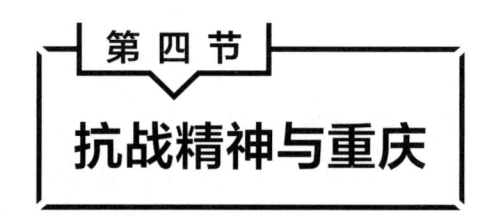

中国人民在抗日战争的壮阔进程中孕育出伟大的抗战精神，向世界展示了天下兴亡、匹夫有责的爱国情怀，视死如归、宁死不屈的民族气节，不畏强暴、血战到底的英雄气概，百折不挠、坚韧不拔的必胜信念。伟大的抗战精神，是中国人民弥足珍贵的精神财富。将永远激励中国人民克服一切艰难险阻，为实现中华民族伟大复兴而奋斗。

重庆作为抗战期间的战时首都，为抗日战争的胜利和抗战精神的孕育，做出了巨大贡献。重庆要大力弘扬伟大抗战精神，保护利用好重庆抗战文化遗产，教育引导干部群众特别是广大青少年坚定理想信念、厚植爱国情怀，进一步凝聚起推动新时代重庆发展的强大力量，为实现中华民族伟大复兴而奋斗。

小结

本章从国民政府迁都重庆的历史背景着手，对重庆成为抗日战争时期战时首都的过程进行了详细的介绍，讲述了重庆成为战时首都的优势条件。详尽地梳理了重庆大轰炸的经过，国共两党、社会各界人士及团体的抗战活动，以及国际社会对中国的援助等，包括国共第二次合作的实现、抗日民族统一战线的形成、国内商界和文化界所开展的抗战活动、苏联航空大队和美国"飞虎队"对中国的援助等。最后，介绍了重庆的抗战遗址九大片区，讲述了抗战精神的内涵。

实践建议

参观重庆母城重要抗战历史遗迹,梳理国民政府迁都重庆的历史脉络,准确、熟练地列出国民政府迁都重庆以及国共两党和社会各界人士、团体的抗战活动,以及国际社会对中国的援助等事件发生的时间轴;参观重庆大轰炸遗址,了解重庆大轰炸的历史过程。

参考阅读

中华文明生生不息5000多年,中国人民以非凡的创造力为人类文明进步作出了不可磨灭的贡献。但是,1840年以后,由于列强的侵略和封建统治的腐朽,中国饱经沧桑磨难,中国人民遭受深重苦难。日本对华持续侵略是近代以来中国历史上最黑暗的一页,日本反动统治者一次次侵略中国,1894年挑起甲午战争,1895年侵占台湾和澎湖列岛,1900年伙同其他帝国主义列强侵入北京,1904年发动日俄战争、侵犯中国东北领土和主权,1914年侵占青岛,1915年提出"二十一条",1931年策动九一八事变、侵占中国东北全境,1935年制造华北事变,1937年7月7日以炮轰宛平县城和进攻卢沟桥为标志发动全面侵华战争,妄图变中国为其独占的殖民地,进而吞并亚洲、称霸世界。日本军国主义的野蛮侵略给中国人民造成空前巨大的灾难,激起了中国人民的顽强反抗。

九一八事变后,中国人民就在白山黑水间奋起抵抗,成为中国人民抗日战争的起点,同时揭开了世界反法西斯战争的序幕。七七事变后,抗击侵略、救亡图存成为中国各党派、各民族、各阶级、各阶层、各团体以及海外华侨华人的共同意志和行动,中国由此进入全民族抗战阶段,并开辟了世界反法西斯战争的东方主战场。

在艰苦卓绝的抗日战争中,全体中华儿女为国家生存而战、为民族复兴而战、为人类正义而战,社会动员之广泛,民族觉醒之深刻,战斗意志之顽强,必胜信念之坚定,都达到了空前的高度。杨靖宇、赵尚志、左权、彭雪枫、佟麟阁、赵登禹、张自忠、戴安澜等殉国将领,八路军"狼牙山五壮士"、新四军"刘老庄连"、东北抗联八位女战士、国民党军"八百壮士"等众多英雄群体,就是千千万万抗日将士的杰出代表。中国人民以铮铮铁骨战强敌、以血肉之躯筑长城、以前仆后继赴国难,谱写了惊天地、泣鬼神的雄壮史诗。

——节选自2020年9月3日习近平在纪念中国人民抗日战争暨世界反法西斯战争胜利75周年座谈会上的讲话。

思考与自测

一、思考题

国民政府迁都重庆为重庆带来了哪些影响?

二、自测题

(一)填空题

1.战时首都时期,国民政府将曾家岩(　　)学校作为办公处所。

2.1939年5、6月间,日军对重庆开始了轰炸,国民政府被迫决定疏散到郊区,为保持对外联系,国民政府与国民党中央党部设于(　　)。

3.四川原来没有与外省相连的公路,(　　)时期逐渐修筑了川湘、川鄂、川陕等多条通向外省的公路。

4.战时首都时期,取消四川省内长达18年如同分裂割据的驻军"(　　)"。

5.1937年,(　　)被任命为第七战区司令长官,兼任集团军总司令,带病率领川军奔赴抗日前线。

6.国民政府于1939年发布了改重庆为行政院直属之(　　)市的命令。

7.战时首都时期,东部地区的200多家工矿企业内迁到重庆,形成了以重庆为中心,东起(　　),西至(　　),北到(　　),南达(　　)的重庆工业区。

8.1938年至1943年,日本陆海军航空部队联合起来,对重庆实施了为期5年半的航空进攻作战,史称(　　)。

9.1937年8月22日,国民政府将陕北中国工农红军改编为国民革命军第八路军,将南方八省的红军和游击队改编为(　　)。

10.重庆的地名也在不同语言文化的交流、碰撞之下不断推陈出新。当时重庆主城区出现了以外来名词命名的街道,如(　　)、广州路、庐山路等。

11.西方生活方式逐渐影响重庆人的日常生活,出现了很多有着西式文化气息的事物,如(　　)、芭莎摄影、馨雅咖啡等。

12.抗战遗址依托山水的布局,形成了(　　)的整体结构。

13.人民解放纪念碑,又名"(　　)",位于重庆市渝中区,是重庆标志性建筑之一。

14.重庆母城抗战遗址九大片区分别是:(　　)、李子坝、鹅岭、两路口、上清寺、解放碑、七星岗、储奇门、望龙门。

15.(　　)是重庆首个抗战遗址建筑群公园,也是重庆抗战文化遗址长廊的重要组成部分,前后连接曾家岩、红岩村,处于长廊的中心位置。

16.中国民主同盟和三民主义同志联合会的诞生地是(　　)。

17.鹅岭公园抗战遗址群包括飞阁、(　　)、澳大利亚使馆、丹麦使馆、土耳其使馆的旧址。

18.战时首都时期,众多金融机构汇聚于此,有"中国的华尔街"之称的街道是(　　)。

(二)选择题

1.国民政府迁都重庆后,明令四家银行的总行迁到重庆,不包括(　　)。

A.中央银行　　　　　　　　B.中国银行

C.交通银行　　　　　　　　D.中国建设银行

2.选择重庆作为战时首都,不包括如下原因(　　)。

A.有着悠久的抗战善战历史。

B.扼守长江三峡,有海拔高达2000米的大巴山作为天然屏障。

C.沃野千里,物产丰富,可以利用交通之便为各地补充军需物资。

D.自古金融业发达。

3.抗战时期,大量出版社也纷纷迁到重庆,不包括(　　)。

A.中华书局　　　　　　　　B.商务印书馆

C.三联书店　　　　　　　　D.上海文艺出版社

4.国民政府于1937年迁都(　　)。

A.重庆　　　　B.洛阳　　　　C.西安　　　　D.成都

5.迁都后逐渐修筑了川湘、川鄂、川陕等多条通向外省的公路,并与国内到周边国家的国际公路线相连接。这些周边国家不包括(   )。

A.缅甸　　　　B.印度　　　　C.苏联　　　　D.越南

6.1939年5、6月间,日军轰炸期间,为保持对外联系,将办事处迁到储奇门的是(   )。

A.军事委员会　B.考试院　　　C.司法院　　　D.行政院

7.中国共产党在重庆进行了很多重要的抗战活动,不包括(   )。

A.设立八路军办事处

B.《新华日报》入驻重庆

C.在重庆组织中华全国文艺界抗敌协会

D.建立游击队

8.(   )年成立了重庆防空司令部。

A.1936　　　　B.1937　　　　C.1938　　　　D.1939

9.国民政府迁都重庆后,对西南地区进行变革,开展了各项建设,不包括(   )。

A.公路建设　　　　　　　　B.大办工业

C.大力整军　　　　　　　　D.推进乡村建设

10.1938—1943年期间,我国遭受日机轰炸最严重的城市是(   )。

A.成都　　　　B.上海　　　　C.重庆　　　　D.南京

11.战时首都时期,重庆在经济不断发展的背后,隐藏的诸多危机不包括(   )。

A.物价飞涨　　　　　　　　B.经济垄断

C.助力民族工商业　　　　　D.后续乏力

12.重庆哪条道路不是由于语言文化碰撞而得名(   )?

A.北京路　　　B.广州路　　　C.庐山路　　　D.中山路

13.抗战时期,重庆普通市民最常见、最廉价的娱乐方式是(   )。

A.打麻将　　　B."泡茶馆"　　C.下象棋　　　D.斗鸡

14.国民政府迁都重庆后,在重庆进行的重要抗战活动不包括(   )。

A.建立南京临时政府　　　　B.召开国民参政会

C.设立重庆为行政院甲种市　D.建设防空体系

15.1950年10月1日,( )为"人民解放纪念碑"题写了碑名。

A.刘伯承　　　　B.毛泽东　　　　C.周恩来　　　　D.董必武

16.以下不属于重庆母城抗战遗址九大片区的是( )。

A.红岩村　　　　B.两路口　　　　C.上清寺　　　　D.四公里

17.以下重庆抗战遗址不属于红岩村片区的是( )。

A.饶国模故居　　　　　　　　B.八路军办事处旧址

C.国民政府参议院旧址　　　　D.樱花园

18.人民解放纪念碑位于( )片区内。

A.解放碑　　　　B.红岩村　　　　C.李子坝　　　　D.储奇门

19.解放碑片区的抗战遗址不包括( )。

A.人民解放纪念碑　　　　　　B.重庆大轰炸遗址

C.打铜街　　　　　　　　　　D.特园

参考文献

民革中央孙中山研究学会重庆分会.重庆抗战文化史[M].北京:团结出版社,2005.

关捷.中国人民奋起抗战[M].北京:社会科学文献出版社,2006.

苏智良,毛剑峰,蔡亮,等.中国抗战内迁实录[M].上海:上海人民出版社,2015.

姜延玉.解读抗日战争[M].北京:解放军出版社,2016.

王启明.援华抗日盟军将领陈纳德——鲨鱼头·飞虎队[M].北京:军事谊文出版社,2005.

潘洵,等.抗日战争时期重庆大轰炸研究[M].北京:商务印书馆出版,2013.

上海市科学社会主义学会,中共闵行区委党校,中共华东师范大学委员会宣传部.历史的壮丽回响——纪念中国人民抗日战争暨世界反法西斯战争胜利60周年论文集[M].上海:华东师范大学出版社,2005.

冯开文.重庆抗战遗址概况.[J]抗日战争研究,1996(02):246-248.

王兴星.重庆市渝中区抗战遗址保护与利用研究.[J]城市建设理论研究(电子版),2015,5(20):8382-8383.

第五章 革命文化与红岩精神

内容提要

革命运动孕育了重庆和重庆母城的革命文化,并留下众多的历史遗迹和文物。中共中央南方局在国统区领导人民展开艰苦卓绝的斗争,产生了伟大的红岩精神;红岩精神作为中国革命精神的重要组成部分,是中国革命精神系统中不可或缺的一环。

学习目标

掌握:各个时期的重庆革命文化、国共合作与统一战线的建立过程。

理解:重庆辛亥革命的失败原因;红岩精神的锤炼过程和内涵。

了解:中共与民主党派关系的发展历程。

重庆是一座有着伟大革命传统的城市。近代以来，无论是资产阶级民主主义革命（旧民主主义革命），还是人民民主主义革命（新民主主义革命），重庆和重庆母城都走在时代前列，掀起波澜壮阔的革命运动。

第一节 辛亥革命与重庆母城

重庆自古以来就是川东地区的商贸中心；近代以来，随着中国社会逐渐成为半殖民地半封建社会，重庆也被迫开埠，卷入世界资本主义市场体系。帝国主义把重庆尤其重庆母城，作为其侵略四川乃至西南地区的基地。随着半殖民地半封建统治的加剧，重庆人民发起了反帝反封建的斗争，其高潮就是重庆辛亥革命。重庆辛亥革命是全国辛亥革命的重要组成部分。

一、辛亥革命前的重庆社会

辛亥革命之前，重庆社会与中国其他地方一样，承受着帝国主义势力和封建主义势力的统治。

（一）半殖民地半封建统治加剧

帝国主义对重庆进行政治、经济、宗教文化等全方位的侵略；而封建主义势力则对外妥协，对内与帝国主义勾结在一起欺压人民。

1.西方列强的侵略

政治侵略：1896年，日本领事馆在重庆设立。1901年9月，日本又通过《重庆日本商民专界约书》这一不平等条约，在重庆南岸王家沱设立了租界。1904年1月，英国强租了七星岗打枪坝地区。

经济侵略:1891年3月1日,重庆成立海关,意味着重庆正式开埠。英国人霍伯森首任重庆海关税务司,并把持开关征税之权,不仅使重庆海关成为外国势力入侵中国西部的桥头堡,也成为重庆社会半殖民地半封建化的标志。(参考自重庆市委党史研究室《中国共产党重庆历史(第1卷)》

宗教文化侵略。伴随政治、军事、经济侵略的是宗教文化侵略的加强。西方各国纷纷来重庆建立教堂和教会学校,通过"传教""教育"等形式,进行文化渗透和侵略,培植为其殖民统治服务的势力。

2.封建主义与帝国主义的勾结

在政治上,随着《辛丑条约》的签订,清政府完全成为了"洋人的朝廷"。清朝重庆政府更加奉行对外投降卖国的政策,对内加紧对人民的剥削压迫,镇压人民的反抗斗争。1900年,当义和团运动在重庆兴起的时候,重庆作为川东道的所在地,其道台在外国领事势力的支持下,准备用武力镇压[①]。随着英、日、法、美、德等国相继在重庆建立领事馆,帝国主义更是与清政府重庆当局相互勾结,共同压迫剥削人民,使得当时重庆人民的生活更是苦不堪言。1896年,法国驻渝领事哈士出面,伙同法商雷达利、矿师蒲武,勾结不法川商钟毓灵等人,开了掠夺四川矿产的先例。

(二)重庆民族资产阶级的产生及其维新运动

随着重庆成为半殖民地半封建社会,重庆产生了民族资产阶级,并发生了资产阶级维新运动。

1.重庆民族资产阶级的产生

半殖民地半封建社会形态的确立,对近代重庆社会产生了重大影响,深刻地影响了重庆发展的历史进程,从而形成了新的生产关系和生产方式,催生了民族资产阶级的形成。

西方商品和资本的涌入,在导致重庆自然经济解体的同时,也推动着商品经济的传播。重庆资产阶级的产生是以火柴业为开端,并逐渐在矿业、丝、棉等行业产生。到1911年为止,重庆已经出现了40多家民族资本经营的企业。这些企业在一定程度上为重庆、四川以至西南地区的经济发展准备了条件,它们的出现标志着近代重庆民族工业的诞生,为资产阶级政治运动在重庆的发生提供了物质基础。

[①]周勇.重庆辛亥革命史[M].重庆:重庆出版社,2011:5—7.

2.重庆民族资产阶级的维新思潮

随着帝国主义掀起瓜分中国的狂潮,以及民族危机的日益加重,以康有为、梁启超为首的资产阶级改良派掀起了声势浩大的维新运动,全国维新运动同样影响着重庆。

四川富顺人宋育任,是中国早期资产阶级改良主义思想家,被誉为四川历史上"睁眼看世界"第一人,重庆维新运动的倡导者。宋育仁早年在欧洲考察西方风俗、政治体制,回国后积极参加维新运动,其作为重庆维新运动的倡导者,为闭塞的重庆带来了维新思想。宋育仁等维新分子在重庆母城的白象街,创办了重庆近代史第一家具有维新改良倾向的刊物《渝报》,它直接启迪了一代先进的重庆青年。《渝报》创刊后,当即成为宣传维新改良思想的主要阵地。以宋育仁为代表的维新分子在《渝报》上积极发表文章,介绍国内外的政治形势,宣传资产阶级改良思想,在社会上引起了强烈反响。《渝报》的创立,成为了四川近代史上的重要事件,表明四川民族资产阶级首先在重庆崭露头角。

3.留日热潮与西学传播

清政府为挽救其统治,在20世纪初宣布实行"新政",由此在全国范围内掀起了兴办学校和出洋留学的高潮。到1901年,重庆开办重庆府中学堂等中学4所,创办丰盛、正蒙公塾等小学24所,创办巴县师范、川东师范、实业学堂、体育学校等各类学校45所。除了兴办学校外,清政府还派遣留学生出国学习,其中以留学日本为主。当时,四川省也已风气大开,一些重庆籍的留学生汲取了新的思想,积极探索救国救民之道。

二、辛亥革命与重庆民族资产阶级革命

帝国主义的侵略和封建主义的压迫,对重庆造成了极大的伤害,但同时又促进了重庆民族资本主义的发展,逐渐形成了资产阶级民主革命派。重庆的民主资产阶级革命派积极投身到孙中山领导的辛亥革命运动中,成为全国辛亥革命的组成部分。

(一)邹容:革命军中马前卒

邹容(1885—1905年),原名桂文,别名绍陶,字蔚丹,出生于四川巴县(今重庆渝中区),是中国近代著名资产阶级革命宣传家。在留学日本期间,他大量接触西方资产阶级民主思想与文化,积极参加留日学生的爱国活动,实现了由爱国的热血青年到资产阶级民主革命派的转变。

回到中国后,为了宣传革命、唤醒民众的觉悟,邹容以"革命军中马前卒"自励,写出了影响深远的《革命军》一书。书中深刻揭示了中国封建制度的黑暗和进行资产阶级民主革命的必要性,积极宣传用革命推翻清王朝封建统治,对资产阶级民主革命思想在中国传播起了重要的作用。

《革命军》出版之后,得到当时开办在上海租界的著名的革命派报纸《苏报》的推荐,引起全国关注。此后,《苏报》因为宣传革命主张被帝国主义势力和清政府封建主义势力联合镇压,邹容因此入狱,并病亡于监狱。辛亥革命成功以后,邹容被追赠为"陆军大将军"。

(二)同盟会重庆支部

中国同盟会是清朝末年由孙中山领导和组织的一个统一的全国性资产阶级民主革命政党。同盟会重庆支部是中国同盟会的重要组成部分;而同盟会重庆支部则是在重庆革命团体公强会的基础上改组而成。

1.公强会

公强会是杨庶堪等人在重庆建立的革命团体。杨庶堪(1881—1942),字沧白,晚号邠斋,四川巴县(今重庆巴南区)人,中国近代民主革命家、辛亥革命元勋、孙中山先生的忠实追随者,孙中山革命事业最重要的助手之一。杨庶堪自幼通读经史子集百家著作,博学强记,少年时代就文笔出众,被誉为"奇才"。他受到资产阶级民主革命思想的影响,联合重庆的有志之士与革命青年,秘密地成立了重庆也是四川历史上第一个资产阶级小团体——公强会,会址设在重庆母城的五福宫桂香阁。公强会向青年学生灌输革命思想,推动着资产阶级民主革命运动在四川的开展,为日后同盟会重庆支部的成立奠定了组织基础。

2.同盟会重庆支部

1905年,在孙中山的领导之下,中国同盟会在日本成立。孙中山曾指出:"扬子江流域将成为中国革命必争之地,而四川位居长江上游,更应及早图之。"

同盟会章程规定:将重庆作为同盟会中国国内东、西、南、北、中5个支部中的西支部的所在地。1906年,在公强会的基础上改组成立同盟会重庆支部。

同盟会重庆支部成立后,积极进行着反对清王朝封建主义与反对帝国主义的革命宣传,号召青年知识分子推翻清朝政府,驱除帝国主义。同盟会重庆支部培养了大批进步青年,积极进行着反对清政府的武装起义准备工作。

同盟会重庆支部的成立,促进了重庆资产阶级民主革命力量的发展,推动着重庆地区资产阶级民主革命运动进入到新阶段。

三、重庆辛亥革命

辛亥革命是一场声势浩大的全国性革命,重庆辛亥革命是全国辛亥革命的重要组成部分。

(一)重庆保路运动

随着帝国主义对中国侵略的加剧,西方列强将争夺在中国的铁路修筑权作为侵略手段,以便进一步掠夺资源和进行资本输出。

1911年5月9日,清政府宣布"铁路干线国有"政策,剥夺了各省自办铁路的权力,随后却又将川汉铁路出卖给帝国主义,此举严重损害了中国利益和主权,引发了声势浩大的保路运动。

1911年6月17日,四川保路同志会成立,进一步推动了四川的保路运动。在其影响下,重庆也展开了声势浩大的保路运动。6月28日,成立重庆保路同志协会。7月,重庆保路同志协会连续在禹王宫等处召开大会,宣传保路主张。在同盟会重庆支部的领导之下,重庆的保路运动突破了"文明争路"的框框,向着反帝反封建的民主革命发展。

保路运动如火如荼的开展,引起了清政府和帝国主义的严重不安,两者相互勾结,责令川督赵尔丰对参加保路运动的民众进行镇压,并造成了骇人听闻的"成都血案"。"成都血案"发生更加激化了矛盾,导致在川的武装起义此起彼伏,重庆保路运动也将革命推向了高潮。1911年的重庆保路运动,成为了四川保路运动的重要组成部分,为辛亥革命的发生积蓄了巨大能量。

(二)重庆独立和蜀军政府成立

1911年10月10日,武昌起义的成功使得辛亥革命步入了高潮。此时,以杨庶堪为首的同盟会重庆支部,已经掌握了具有相当力量的武装;而同盟会会员夏之时率领起义军的到来,则直接促成了重庆独立。当时,同盟会重庆支部派朱之洪等人联络起义军,朱之洪与夏之时经过周密策划,商定了夏军入城后即宣布重庆独立的计划。

朱之洪回城以后,向杨庶堪报告了与夏军联系的经过。同盟会重庆支部立即召开紧急会议,决定重庆独立。根据同盟会章程和武昌起义的成例,将新政府定名为"蜀军政府"。11月22日,起义军兼程进抵佛图关,朱之洪等人前来迎接;同时召集全城官绅商学各界代表300余人在朝天观开会。下午,夏之时引起义军入城后,立即通电全国,宣布重庆独立和蜀军政府成立,推举张培爵为蜀军政府都督。

重庆独立和蜀军政府成立,标志着清王朝政府在重庆封建专制统治的覆灭,重庆和重庆母城的历史也由此揭开新的一页。

(三)重庆辛亥革命的失败

1911年11月,袁世凯在西方列强和国内立宪派的支持下,挟反革命武力北洋军向南方革命党人诱降,迫使革命党人妥协,举行"南北和谈"。在同盟会内部也发生了分裂,"革命军起,革命党消"的妥协气氛甚嚣尘上[①]。

在全国大妥协的背景下,重庆除了少数对革命事业具有坚定信念的人士外,大多数人都主张向袁世凯交权,逐渐使得重庆的辛亥革命的成果付之东流。首先是当时的重庆同盟会人士,并未完全看清四川军政府中严重存在旧军人和立宪派势力,盲目促成"川渝合并",将蜀军政府的权力交予了四川军政府。随后,由袁世凯的下属胡景伊统治重庆,胡景伊迫使四川军政府交出政权,窃取了四川人民革命的成果,导致四川、重庆辛亥革命的失败。

四、辛亥革命的历史遗迹和文物

重庆辛亥革命是重庆和重庆母城历史上的重要历史事件。重庆辛亥革命在重庆母城留下众多革命遗迹和文物。

[①]周勇.重庆辛亥革命史[M].重庆:重庆出版社,2011:157.

(一)邹容烈士纪念碑

邹容烈士纪念碑坐落于重庆市渝中区南区公园内。碑为八角形塔式，碑的东、南、西、北四面镌有"邹容烈士纪念碑"七个大字。碑文是根据章太炎所撰写的《赠大将军邹君墓表》加以修改而成，记述了邹容烈士的一生。1982年，为纪念辛亥革命七十周年，重庆市人大常委会决定对邹容烈士纪念碑进行维修。2000年9月7日，该纪念碑被列为重庆市第一批市级文物保护单位。

图5-1　邹容烈士纪念碑

(二)张培爵烈士纪念碑

位于重庆市渝中区沧白路。张培爵(1876—1915)，重庆荣昌人，中国民主革命先驱、辛亥革命元勋。张培爵1906年加入同盟会，蜀军政府成立后被推举为都督；成渝合并后，任四川都督府副都督、民政长。1915年2月20日，张培爵遭袁世凯诱捕，当年被害，就义时年仅39岁。

第二节 重庆母城的中共革命活动

随着马克思主义在中国的传播,重庆同样受到先进思潮的影响。中国共产党在重庆领导了一系列革命活动,带领重庆人民取得了反对帝国主义、反对封建主义、反对官僚资本主义的伟大胜利。

一、抗战前的中共革命活动

20世纪早期,中共就在重庆和重庆母城开始了革命活动。

(一)川东学生择师运动

由邓中夏领导的川东学生择师运动,是重庆最早的反对封建教育的学生运动之一。

邓中夏(1894—1933年),湖南宜章人,中国共产党早期领导人之一。1921年夏天,北京共产主义小组成员、少年中国学会会员邓中夏等人,应邀到重庆举办"暑期讲演会",宣传新思想、新文化和马克思主义。持续近一个月的"暑期讲演会",在重庆青年中激起了强烈的反响。之后邓中夏留在重庆并领导了重庆的"川东学生择师运动"。

川东学生择师运动主要发生在省立第二女子师范学校,得到了全体川东进步学生的支持,成为当时重庆学生运动的高潮和主要标志。当时,省立第二女子师范学校因为不满封建教育,到川东道尹公署请愿,要求撤换不称职的校长。在邓中夏的领导与全体进步学生的热情支持下,学生罢课长达1个月之久,迫使当局撤换了不受学生欢迎的校长和学监,斗争取得了胜利。

(二)"三三一"惨案与中共革命活动

1927年3月24日,北伐军攻占南京。英帝国主义却以"护侨"为名,悍然用军舰炮轰南京,造成中国军民死伤2000余人。3月28日,中共重庆地委和国民党莲花池左派省党部决定,于3月31日在打枪坝召开市民大会,示威抗议英美的罪行,重庆各界纷纷响应。当时,被蒋介石任命为国民革命军军长之职的刘湘派人对活动的领导者杨闇公、李筱亭等人进行威胁,企图阻止市民大会的召开,并密谋策划镇压这场革命运动,图谋打击重庆的共产党和国民党左派。

3月31日,重庆各界反对英帝炮击南京市民大会,在通远门附近的打枪坝召开。正当大会宣布开始举行之际,场内的便衣武装封锁了出入口和周围的交通要道,用手枪、机枪、大刀、铁棒,一齐杀向手无寸铁的工农群众和男女学生,一时间血流成河,惨不忍睹。大会执行主席国民党左派漆南薰、陈达三,中共重庆地委负责组织工作的冉钧先后牺牲。这次屠杀从上午11时起,至下午2时结束,死者300余人,重伤者700人至800人,轻伤者不计其数。这就是震惊中外的"三三一"惨案。"三三一"惨案之后,白色恐怖弥漫全川,中共党组织遭到严重破坏。

二、抗日战争时期至解放战争时期中共在重庆母城的重要活动

随着国共合作抗日局面的形成,中共在重庆和重庆母城领导的革命活动进入了新的阶段。

(一)中共中央南方局

全民族抗战爆发后,国共两党第二次合作和形成抗日民族统一战线的政治局面已在全国范围内形成。中共中央派以周恩来为首的中央代表团常驻国民政府所在地重庆。

1938年,中共中央在延安召开六届六中全会,决定撤销早期在武汉设立的中共中央长江局,成立中共中央南方局。1939年1月,以周恩来为书记的中共中央南方局在重庆秘密成立,南方局机关最初设立在城区机房街70号和棉花街30号,在1939年的"五三""五四"大轰炸中被炸毁,之后便迁到了红岩村。国民党不允许中共在其统治区内建立和发展组织,因此南方局的成立和存在对外并不公开,它以十八集团军驻重庆办事处、新华日报馆等国

民党允许存在的公开机关作掩护,其主要负责人也都以中共代表或国民参政员的身份与国民党中央当局打交道①。

重庆八年,中共中央南方局在恶劣艰险的政治环境中进行了艰苦卓绝的斗争,为巩固抗日民族统一战线,争取抗日战争的最后胜利,争取中华民族的独立和中国人民的解放做出了重大的历史贡献。

(二)曾家岩50号

曾家岩50号即周公馆,坐落在重庆市渝中区中山四路的东端尽头。1939年初,周恩来以国民政府军事委员会政治部副部长名义租赁这幢房子,对外称作"周公馆",但它实际上是中共中央南方局部分机构所在地,同时也是中国共产党在重庆市中心的战斗堡垒。

在周恩来的带领下,中共中央南方局在这里进行了卓有成效的革命工作和统战工作,为国统区党组织的巩固和发展,抗日民族统一战线的发展壮大做出了重要贡献,促进了中外各界朋友对中国共产党的了解和支持,为中国共产党赢得了国统区广大人民的民心。

(三)《新华日报》社

《新华日报》是抗日战争时期中国共产党在国民党统治区创办的公开出版的报纸。自1938年1月11日创刊,直到1947年2月28日被国民党封,共持续了9年多,总计出版3231期。

1938年10月武汉沦陷后,《新华日报》社总馆随十八集团军办事处一起迁到重庆,《新华日报》的报社总馆初设于重庆苍坪街69号,营业部设在西三街12号。

总馆和营业部被日军飞机炸毁后,开始筹备搬迁。1939年5月初,总馆搬到化龙桥虎头岩村62号,总馆由5幢建筑组成,于8月13日复刊。西三街营业部的一部分迁民生路208号;一部分迁化龙桥正街184号,8月28日迁入营业。

《新华日报》在重庆出版发行的八年多时间里,高举党的抗日民族统一战线的旗帜,同国民党顽固派进行了斗争,宣传中共抗日主张,传播革命理论,揭露国民党的黑暗统治,发挥了党报的宣传作用和党同人民群众联系的

---

①周勇.重庆通史(第二册)(第2版)[M].重庆:重庆出版社,2014:186.

纽带作用,积极推动国统区民主运动的高涨,在反独裁、反内战、争民主的斗争中起了重要作用。因此毛泽东曾赞誉《新华日报》为中国共产党的"一个方面军"。

(四)胡世合运动

抗日战争时期,重庆的电力供应十分紧张,加上偷电严重,因而电荒不断。1945年1月24日,安装在大梁子(今天新华路)的变压器,由于中韩文化协会私自将电源线移接到都邮街的变压器上强行用电,导致因负荷过重被烧,激起了电力工人和广大市民的公愤。

1945年2月20日,重庆电力公司派胡世合等工人前去处理中韩文化协会私自用电一事,遭重庆警察局侦缉队员、特务田凯阻挠,并开枪致胡世合小腹中弹惨死,制造了"胡世合事件"。

胡世合的惨死,成了广大人民反特斗争的导火线,鹅公岩、化龙桥、弹子石等电厂工人纷纷停工,并强烈要求国民党严惩凶手。南方局根据周恩来指示,立即开展了群众运动。1945年2月26日,凶犯田凯被押赴菜园坝刑场,执行枪决。在取得阶段性胜利的基础上,南方局又领导群众掀起了以"公祭"和"出丧"为中心的新的斗争,成了全市人民反对国民党独裁统治的大示威。

(五)《挺进报》事件

1948年初,根据上级指示,川康地下党组织要加强统一战线工作,开展对敌攻心斗争。为了有效地开展此项斗争,《挺进报》改变发行方针,大量地寄给敌方人员。

这些大胆的邮寄行为也引起了敌人对《挺进报》的注意。国民党从侦破《挺进报》入手,在以重庆为中心,遍及川东20多个县的范围内,展开了对重庆和川东地下党的疯狂破坏活动,终于酿成大批地下党员被逮捕、川东及重庆地下党组织遭受严重破坏的"挺进报事件"。

"挺进报事件"中,大批同志被捕,大量组织被破坏,但大多数共产党人和革命志士面对死亡,临危不惧,宁死不屈,表现了共产主义者的坚定信念,显示了无产阶级的浩然正气。

(六)狱中八条意见

1948年春,由于《挺进报》事件,重庆和川东党组织遭受重大破坏,造成133人被捕,大多关押在歌乐山下的渣滓洞、白公馆监狱。被捕的共产党员在狱中秘密成立了党支部,在中共川东特委的领导下,继续坚持斗争。狱中同志认为,大破坏的教训是相当惨痛的,十分有必要从失败的教训中总结经验,为此他们进行了理性的思索和深层次的探讨。在生命的最后时刻,这些共产党员对党的建设和发展提出了希望和建议。这些建议,经狱中党支部讨论后,最终形成一致意见,并嘱托罗广斌作集中整理,争取出狱后向党组织报告。1949年11月27日,罗广斌在大屠杀中脱险后,把狱中同志对党组织的临终寄语汇集成《关于重庆组织破坏的经过和狱中情形的报告》交给了党组织。该报告的第七部分,即狱中意见,被归纳成八条:"防止领导成员腐化;加强党内教育和实际斗争的锻炼;不要理想主义,对上级也不要迷信;注意路线问题,不要从右跳到"左";切勿轻视敌人;重视党员特别是领导干部的经济、恋爱和生活作风问题;严格进行整党整风;惩办叛徒特务。"这些意见直到今天仍然具有非常重要的现实意义。

(七)重庆"四·二一"学生运动

1949年春节前后,国民党政权呈现全国性溃败局面,重庆的物价开始猛烈上涨。到1949年2月时,重庆物价比1948年8月改法币为金圆券时平均上涨1000多倍。面对物价飞涨的局面,国民党当局宣布对公教人员进行薪给调整。根据调整办法,京沪区按75倍调整,而重庆只按35倍调整,重庆的公教人员的生活实已陷入绝境。

在此情况下,重庆各校师生掀起了声势浩大的"争温饱、争生存"运动[1]。1949年2月22日至3月中旬,中央工校、女师学院、重庆大学、川东师范、渝女师等大中院校师生,纷纷举行罢教、罢课。3月11日,全市公立小学全体教师也举行罢教,在中共党组织的指导下,各院校纷纷成立教授联合会、争温饱委员会、尊师互助会等组织,将这场争取生存的斗争,发展成为反对国民党腐败统治的政治斗争。4月1日,南京爆发了镇压学术运动的"四一惨案"。消息传到重庆,全市学生更是义愤填膺,中共重庆地下党组织根据时局特点

---

[1]《母城渝中》编辑委员会.母城渝中[M].重庆:重庆出版社,2013:101-102.

和重庆的具体情况，决定发动全市总罢课3天，并在4月21日举行全市学生争生存的请愿大游行。后因国民党的阻挠和破坏，游行改为分区和校内进行。4月21日当天，活动达到高潮，国民党当局如临大敌，实施特别戒严，断绝水陆交通，致使停市歇业，全城瘫痪。"四·二一"运动是重庆在新民主主义革命时期的规模最大的一次学生运动，提高了广大学生和市民的政治觉悟，为迎接重庆解放做好了思想准备。

图5-2　风雨同舟共商国是

三、重庆解放及解放后

随着国民党政权在大陆大溃败，重庆和重庆母城迎来了解放。重庆的历史翻开了新的一页，开始了崭新的时代。

辽沈、淮海、平津三大战役后，国民党的军队主力已基本被我人民解放军消灭殆尽，其统治也摇摇欲坠。

1949年8月29日，蒋介石在重庆西南长官公署召开军事会议，提出了"确保大西南"的方针，妄想重温其抗战时期以重庆作"战时首都"、以西南为"复兴"基地的旧梦。

为了解放重庆在内的大西南地区，中央军委和毛泽东主席提出要采取"大迂回、大包围"的作战方针来歼灭敌人，即先截断敌人退路，完成包围，再回过头来歼灭敌人。

遵照党的指示，刘伯承、邓小平于1949年7月中旬在南京召开第二野战军高级干部会议，制定进军西南的作战方针。1949年8月19日，刘伯承、邓小平下达《第二野战军向川黔进军作战的基本命令》，命令军队挺进贵州，直出川南，并于11月20日以前攻克酉阳、秀山、黔江、彭水等地，以便进击江津地带的敌人。11月24日，南川解放。

摧毁国民党在南川的防线后，1949年11月26日，刘伯承、邓小平根据人民解放军进军西南战局的发展态势，向所属各部发出了"速歼长江南岸之敌相机占领重庆"的命令。随后11月27日、28日攻占了江津、顺江场、渔洞镇等据点，逐渐向重庆城区逼近。蒋介石见国民党在重庆的大势已去，于11月30日凌晨从重庆逃往了成都。1949年11月30日下午，中国人民解放军进入重庆市区，重庆获得解放。

重庆的解放，粉碎了蒋介石集团企图建都重庆、割据西南的图谋；标志着近一个世纪以来，重庆人民为推翻帝国主义、封建主义、官僚资本主义三座大山的压迫，争取民族独立、人民解放，前赴后继的英勇斗争，最终在中国共产党的领导下取得完全的胜利。

(一)中共中央西南局

中华人民共和国成立前后一段时期，在中央和地方之间，沿用革命年代的大区制度。1949年7月16日，中共中央决定成立西南局。8月1日，中共中央确定邓小平、刘伯承、贺龙分别任中共中央西南局第一、第二、第三书记。11月23日，中共中央宣布西南局正式成立。

重庆解放后，西南局便进驻重庆办公，一边指挥着解放西南地区的战斗，一边接管和建设已经解放的城市。西南局在坚决贯彻党中央的方针与政策的同时，还根据西南地区的实际发展情况，制定与颁布了一系列的法规法令、政策措施等，全面领导着西南地区的各项重大运动及和平解放西藏的工作，对我国大西南地区的解放、人民民主政权的建立、社会经济秩序的有序发展等方面发挥了重要的积极作用。

1954年4月，中共中央政治局召开扩大会议，决定撤销大区一级行政机构，以加强中央的集中统一领导。

(二)邓小平、刘伯承、贺龙在重庆

重庆解放后，邓小平、刘伯承、贺龙作为当时西南大区的主要领导人，为城市的稳定和发展做出了重要贡献。

1.邓小平在重庆

1919年8月,15岁的邓小平考入重庆留法勤工俭学预备学校,学习期间,参加重庆学生抵制日货的斗争。第二年,邓小平随获准赴法的留学生们登上吉庆轮,从重庆母城的太平门出发,远渡法国,踏上了革命征程。

重庆解放后,邓小平任中共中央西南局第一书记、西南军政委员会副主席。他切实加强了党的建设,为主政大西南提供了坚强的组织保证。同时根据党制定的各项基本方针,平息土匪暴乱,巩固了新生人民政权;在农村,加速农村土地改革;在城市,果断采取稳定金融秩序、平抑物价措施,恢复和发展经济生产,并提出兴建铁路,建成了新中国成立后的第一条铁路——成渝铁路。

在1949年12月至1952年7月,邓小平领导中共中央西南局进行的大量开创性工作为重庆乃至西南地区开展大规模、有计划的经济建设奠定了坚实基础。

2.刘伯承在重庆

1949年12月2日,中央批准任命刘伯承为西南军政委员会主席。在重庆庆祝西南解放大会上,刘伯承开宗明义地提出了以建立革命新秩序、恢复和发展经济为主要内容的建设新西南的目标。他根据中共中央的指示和西南局的决定,对西南区的各级政权建设,采取"分区包干"的办法开展城市接管和农村工作;为了肃清匪特、巩固治安和解决急不可待的征粮工作,号召各部队紧紧抓住征粮剿匪这个任务,采取灵活机动的战术,积极发动群众、依靠群众,完成了这些任务;为了有计划、有步骤地开展改造国民党起义、投诚和被俘部队的工作,刘伯承和邓小平从部队中抽调数千名干部组成若干工作团,对前述人员进行整治、组织上的改造;当减租退押运动遇到西南封建地主阶级的严重抵抗时,刘伯承始终坚持共产党的原则立场,与反对者进行坚决斗争;在生产方面,在抓好城市生产的同时,抽出足够的力量逐步把工作重点放到农村。除要求所有驻军起到工作队的作用外,还抽调了许多干部,动员了大批革命工人、学生,到农村去开展工作。

虽然在重庆工作不到一年的时间,但刘伯承从重庆的实际情况出发,坚决执行贯彻中央的路线方针政策,成功领导西南人民进行了政权建设、社会改造、经济恢复、民族团结、党的建设等方面的伟大实践,为西南地区建立和巩固新生的人民民主政权,实现新民主主义向社会主义的过渡奠定了良好的基础,发挥了重要作用。

3.贺龙在重庆

1949年11月贺龙率第18兵团及第7军一部入四川作战,协同第二野战军发起成都战役,解放西南广大地区。1950年2月任西南军区司令员。在西南局统一部署下,领导对国民党军起义、投诚部队和被俘人员共约90万人的整编及改造工作,指挥部队肃清国民党残余武装力量和土匪85万人,稳定了西南的局势。(来源:中国大百科全书数据库,https://h.bkzx.cn/item/207628? q=%E8%B4%BA%E9%BE%99)

邓小平和刘伯承先后调中央工作后,贺龙在重庆全面负责西南党政军工作,为推动党的建设和西南地区经济恢复与发展做出了重要贡献。为发展西南地区体育运动,他领导成立了西南区体工队和西南军区"战斗"体工队,领导修建了重庆大田湾体育场和重庆市体育馆。相继组织召开了西南区首届人民体育运动大会、重庆市第一届人民体育检阅大会,有力地推动了重庆和西南地区群众体育和专业体育运动的发展。

四、中共在渝中的革命活动历史遗迹和文物

中国共产党在重庆领导的革命活动,留下了众多历史遗迹和文物;其中的很多历史遗迹和文物分布在重庆母城。

(一)中共重庆地方执行委员会旧址

中共重庆地方执行委员会(简称中共重庆地委)旧址位于重庆市渝中区二府衙街,原为中共早期革命家杨闇公同志旧居。1926年2月,杨闇公等人在此召开会议,正式成立中共重庆地委。当时,中共重庆地委不仅领导重庆地区党的工作,还受中共中央委托,统一领导全川党组织,是全川革命运动的核心。[①]2009年12月,旧址被列为第二批重庆市文物保护单位。

---

①重庆历史名人馆.中共重庆地方执行委员会旧址:全川革命运动的核心地[EB/OL].[2017-3-21].http://www.cqlsmrw.com/lsmr/shownews.php? lang=cn&id=442.

(二)中共中央南方局及八路军驻重庆办事处旧址

中共中央南方局及八路军驻重庆办事处旧址位于渝中区红岩村13号。1939年5月3日至4日,日军轰炸重庆,原有办公地点被毁,再加上工作人员日益增多以及办公用房紧张等问题,南方局办事处的绝大部分同志迁往红岩村。红岩村成为了公开的八路军驻重庆办事处和秘密的南方局机关办公驻地,是抗日战争时期重庆重要的政治活动中心之一,周恩来等领导同志或以中共代表,或以国民参政会参政员的身份进行活动,与国民党当局谈判,进行统一战线工作,为中国抗日战争的胜利做出了卓越的贡献。

(三)周公馆

周公馆坐落在重庆市渝中区中山四路的东端尽头处,是当时中共中央南方局和八路军驻重庆办事处设在城区的办公地点。在周公馆右侧是国民党戴笠的公馆,左侧是国民党警察局的派出所。重庆谈判期间,毛泽东曾在此接见众多中外各界人士。周公馆既是重要的抗战遗迹,同时也是重要的革命遗迹。1961年3月,周公馆被列为第一批全国重点文物保护单位。

(四)《新华日报》营业部旧址

《新华日报》营业部旧址位于重庆市渝中区民生路240号,是抗日战争时期和解放战争初期中国共产党在国民党统治区公开发行的机关报《新华日报》及《群众》周刊营业处,同时也是中共中央南方局的周恩来、董必武等领导人与地下党同志、进步青年联系和部署任务,并接待各界人士,团结开展统一战线工作的重要联络点及阵地。

(五)中国共产党代表团驻地旧址

中国共产党代表团驻地旧址位于重庆市渝中区中山三路151号。1945年,周恩来等人赴重庆出席旧政治协商会议时,国民政府将该楼拨给中共代表团使用。该建筑是一幢中西式砖木结构建筑,由4个单元组成。中共代表团的周恩来、董必武、王若飞、叶剑英、陆定一、邓颖超、李维汉等同志都曾在此工作。2001年被列为第五批全国重点文物保护单位。

2001年6月,国务院将《新华日报》营业部旧址列为"全国重点文物保护单位"。

第三节 重庆母城的国共合作与统一战线

在中国近代以来的政治历程中,中国共产党和中国国民党既因为代表的根本利益不同而进行激烈斗争,也有过面对共同敌人时的合作。

中国共产党历来重视统一战线工作的重要作用,统一战线与武装斗争、党的建设一道被毛泽东同志誉为中国革命取得胜利的三大法宝。中共和民主党派、民主人士以及其他进步人士紧密合作,谱写了荣辱与共,肝胆相照的光辉历史。

一、国共合作与重庆母城

国共的两次合作分别是国民革命时期的合作和抗日战争时期的合作,这两次合作在重庆和重庆母城的发展历史中同样体现。

(一)国民革命时期的国共合作

1924年1月国民党一大召开,确立了联俄、联共、扶助农工三大革命政策,标志着国共第一次合作正式形成。会后,国民党内部左、右两派围绕支持还是反对孙中山的三大政策展开了激烈的斗争。1925年11月,国民党右派形成了"西山会议派",公开反对国共合作。

1925年,国民党右派石青阳假借中央党部名义(实则为"西山会议派"所指使),联合其他国民党右派人物,在重庆组建了国民党右派党人俱乐部,排斥杨闇公等中共党员,暗中活动,拉拢腐败官僚政客、劣绅市侩加入国民党。

鉴于四川国民党组织的混乱局面,广州国民党中央特派吴玉章回川整顿党务,改组四川国民党组织。1925年8月,吴玉章抵达重庆后,主持会议改组了国民党四川省临时执行委员会。此外,他提出了整顿国民党四川组织的计划,并在杨闇公等人的帮助下筹办起了重庆中法学校(渝中),为革命培养了不少干部。

1926年11月25日—12月4日,国民党四川省第一次代表大会在重庆召开,正式成立国民党四川省执行委员会。大会以后,革命形势迅速发展,川中主要军阀被迫先后易帜,国民党左派党部在一部分军阀部队中和省内很多地方建立起来,过去被右派势力所迷惑的群众也大都转而支持左派,同情革命,使左派力量得到进一步发展壮大。

中共重庆地委以国共合作的方式,借助国民党四川省党部这个合法机构,以省党部工作人员为公开身份,运用各种公开和秘密的方式,发动和组织反帝反封建斗争,在以重庆为中心的四川大革命运动中,形成了以中共重庆地委为核心的广泛的革命联合阵线。

(二)抗战时期的国共合作与斗争

1936年12月12日,西安事变发生,蒋介石被迫接受"停止内战、联共抗日"等六项主张,为"西安事变"的和平解决奠定了基础。"西安事变的和平解决为抗日民族统一战线的建立准备了必要的前提,成为由国内战争走向抗日民族战争的转折点。1937年7月7日,日军向卢沟桥发动进攻,制造了震惊中外的"七七事变"。次日,中共中央发布通电号召全中国军民团结起来,抵抗日本的侵略。10月间,在南方多个地区的红军游击队改编为国民革命军新编第四军(简称新四军),任命叶挺为军长,由其率领军队开赴华中对日作战。9月23日,蒋介石发表了对中国共产党宣言的谈话,实际上承认了共产党的合法地位。至此,第二次国共合作开始。国共合作期间,蒋介石始终不忘消灭中国共产党和中国共产党领导的人民武装,多次挑起国共摩擦,甚至在1941年制造皖南事变。

皖南事变发生后,周恩来领导中共中央南方局积极展开斗争。周恩来代表中共中央向国民党当局提出严重抗议,并于1月18日在重庆《新华日报》上将皖南事变的消息公之于众。迫于国际国内压力,蒋介石不得不采取一些措施,以缓和紧张的国际关系。1942年8月14日,蒋介石约见周恩来,提出想与毛泽东会谈。周恩来认为毛见蒋的时机还未到,建议中央派林彪到重庆与蒋介石会谈。9月14日林彪从延安出发,10月7日抵达重庆,开始与国民党谈判。前后历时共8个月之久。由于国民党对谈判缺乏诚意,1943年6月28日谈判团返回延安,谈判最终没有结果。

1943年3月,蒋介石发表了《中国之命运》一书,为发动新的反共高潮做充分的舆论准备。在国际国内舆论都反对中国打内战的情况下,国民党的第三次反共高潮被阻止了。1944年1月26日,毛泽东约见国民党驻延安联络参谋,告以中共拟派周恩来、林伯渠、朱德等人到重庆会见蒋介石,并同国民党重开谈判。但最终因双方的谈判条件差距甚远,此次谈判未能解决任何问题。1944年9月15日,三届三次国民参政会在重庆召开,会议报告了国共两党谈判的经过。

抗战胜利前后,建立民主联合政府是国共两党谈判和斗争的中心问题。建立联合政府的主张是中共首先提出来的,得到了全国人民和民主党派的积极支持;但蒋介石顽固坚持国民党一党专政,不接受成立联合政府的主张。

(三)重庆谈判

重庆谈判是中国历史上的重大事件。作为此次国共谈判的发生地,重庆是这段历史的重要见证者,在重庆和重庆母城留下很多相关历史遗迹和文物。

1. 重庆谈判始末

1945年4月23日至6月11日,中共七大在延安召开。毛泽东在会上做《论联合政府》的政治报告,提出只有成立联合政府才是目前中国时局的出路。

1945年5月5日至21日,国民党六大在重庆佛图关中央青年干部学校召开,会议坚持国民党一党专政,抵制联合政府,准备内战。

抗日战争胜利后,民意强烈呼吁和平民主;中国共产党领导的人民武装力量得到壮大。国民党精锐军队远在大后方,尚未完成立即发动内战的军事准备。此外,以美苏为主导的国际新政治格局也不利于蒋介石发动内战。因此,国民党在积极调遣军队准备内战的同时,又表现出愿与中共就解决战后中国政治前途问题进行和平谈判的姿态。

1945年8月14日、20日、23日,蒋介石接连发出三封电报,邀请中共中央主席毛泽东到重庆进行和平谈判,共同商讨"国际国内各种重要问题",8月23日,中共中央政治局召开扩大会议,认为同国民党进行谈判以争取和平是有必要的。8月25日,中共中央发表《对目前时局的宣言》,明确提出"实现全国的统一,建立独立自由与富强的新中国"的主张,要求国民党政府立即实施避免内战和实现民主政治等为主要内容的六项紧急措施。当晚,中共中央政治局决定由毛泽东、周恩来、王若飞赴重庆谈判。

谈判从8月29日开始,重大问题是由毛泽东与蒋介石直接洽谈,具体问题则是由中共谈判代表周恩来、王若飞与国民党代表张群、张治中等人进行商谈。

中共对谈判表现出了极大的诚意,表示拥护蒋介石在全国的领导地位,承认国民党的第一大党地位,没有提联合政府,只提参加政府。但蒋介石在谈判中对解放区政权作为合法地方政府这一方面坚决不同意,关于军队问题的改编也成为了谈判中争论的中心问题。中共方面为了显示谈判的诚意,在解放区政权的问题上做了多次让步,但蒋介石和国民党仍然不满意,谈判陷入僵局。

为能够使谈判顺利进行,毛泽东在重庆拜访了政治界、经济界、文化界等各界的代表人士,听取他们的意见,向他们反复说明了中共的主张。毛泽东积极和民主人士交往。8月30日,在特园向张澜等民主人士介绍了解放区的开创和建设情况,争取民主人士的支持。

在谈判当中,国民党军队在山西上党地区发动了对人民军队的进攻,企图通过军事来迫使中共在谈判中做更大让步。但是,共产党领导的人民武装获得军事斗争的胜利,加强了中共在重庆谈判中的地位,这使得国民党感到如继续施压则会导致谈判破裂;再加上国际国内舆论都倾向共产党,因此10月10日国共双方代表在桂园共同签署《国民政府与中共代表会谈纪要》,又称"双十协定"。

2.重庆谈判的历史遗迹和文物

重庆谈判在重庆母城留下众多遗迹。

桂园。桂园是一座砖楼小院,因院内有两株桂花树而得名。原为国民党谈判代表之一张治中将军的公馆。在重庆谈判期间,张治中特地将此处让予毛泽东作为其办公会客的场所。1945年10月10日,国共双方代表在桂园签署了《国民政府与中共代表会谈纪要》,它见证了两党会谈的结果。1977年桂园正式对外开放,供游客参观游览。1980年被定为省级重点文物保护单位,2001年被列为第五批全国重点文物保护单位。

重庆谈判旧址群。重庆谈判旧址群包括蒋介石官邸、国民政府军事委员会委员长侍从室旧址、吴铁城官邸和宋子文官邸,2013年被列为第七批全国重点文物保护单位。

二、重庆母城与统一战线工作

全民族抗战爆发后,国民党和各中间党派的关系也发生了重大变化。为共赴国难,长期在国外从事抗日反蒋活动的李济深、陈铭枢、黄琪翔、章伯钧等知名人士,陆续回国参加抗战救国。

1937年国民政府迁都重庆。随着国民政府西迁,各党派的活动中心也逐步由南京经武汉转移到重庆。随着抗日战争的全面展开和国共合作局面的形成,各中间党派也纷纷聚集重庆,和国共两党共同组成抗日民族统一战线。抗战胜利后,中国共产党与各民主党派继续紧密合作,共同推进反对国民党独裁统治的斗争。

(一)民主党派在重庆的成立

国民政府迁都重庆后,随着政治形势的发展,一些民主党派在重庆成立和发展起来。

1.中国民主同盟

1941年3月19日,在中共中央南方局的支持下,黄炎培、张澜等13人在重庆上清寺特园秘密开会,正式成立了中国民主政团同盟(简称民盟),会议选举了中央执行委员和中央常务委员,推举黄炎培为主席(黄炎培辞职后张澜继任主席)。1944年9月19日,中国民主政团同盟在特园召开全国代表会议,会议决定将中国民主政团同盟改为中国民主同盟。

2.三民主义同志联合会(简称民联)

民联由谭平山等人发起组织,是国民党内一部分爱国民主人士为反对蒋介石独裁统治而建立。1945年10月28日,三民主义同志联合会在重庆上清寺特园举行第一次全体会员大会,宣告正式成立。后来,民联参与发起组织中国国民党革命委员会。

3.中国民主建国会(简称民建)

民建由章乃器、黄炎培、胡厥文等人发起组建,是主要代表民族工商界的民主党派。1945年12月16日,中国民主建国会在重庆白象街实业大厦召开成立大会,通过了章程、宣言和政纲,选举了中央领导机构,宣告民建正式成立。

4.中国人民救国会(简称救国会)

中国人民救国会是由沈钧儒等人领导抗战时期的救国会改建。抗战胜利后,原救国会为适应新的斗争形势和任务的需要,决定改组,建立中国人民救国会。1945年12月,中国人民救国会在重庆召开成立大会,宣告其正式成立。1949年12月,救国会宣告解散。

5.九三学社

九三学社由许德珩、褚辅成等人发起组建,是以文教界、科技界知识分子为主的一个民主党派。1945年9月3日,日本投降后,民主科学座谈会成员举行集会,决定把座谈会改名为九三座谈会,并组织了筹备会。经过半年多的筹备工作,1946年5月4日,九三学社在重庆召开成立大会,宣告其成立。

(二)中国共产党与民主党派的精诚合作

在长期的革命斗争中,中国共产党与各民主党派精诚团结,展开了紧密合作。

1.在国民参政会议中的携手合作

全民族抗战爆发后,为了发动全国各族人民抗战,在中国共产党和其他民主党派及无党派爱国人士的强烈要求下,国民政府于1938年7月,在武汉成立了象征各党派团结抗战的国民参政会。

抗日战争胜利后,在讨论国家发展的问题时,国民党控制了参政会,污蔑共产党,侮辱中间党派。中共参政员在参政会上先后采用联合提案、参加部署、支持中间党派提案、摆事实讲道理等方法团结中间党派,使中间党派充分了解共产党及其政治主张,从而放弃了对蒋介石假民主假"宪政"的幻想,与共产党"肝胆相照,荣辱与共",为共建新中国奠定了坚实的政治基础。

2. 团结合作开展爱国民主运动

重庆谈判后，为加强与民盟负责人的沟通，周恩来、董必武等南方局领导人，不时前往特园或沈钧儒、黄炎培等人住宅，与他们交换对时局及国内前途的看法，并就中共中央拟将采取的政策措施征求他们的意见。南方局主动帮助一些有政治诉求的中间党派组织起来，正是在周恩来等南方局领导人的支持下，一些民主党派陆续在重庆建立。随着中国政治进程的发展，各民主党派与中国共产党站在了一起，最终成为了与共产党风雨同舟的友党。

3. 政治协商会议的合作

1946年，政治协商会议在重庆国民政府礼堂开幕，为了与1949年后召开的中国人民政治协商会议相区别，此次政治协商会议称为"旧政协"，1949年后的政协称为"新政协"。

政协会议从开幕到闭幕的22天里，在中共代表团和各民主党派、无党派人士及国民党内的民主分子的共同努力下，最终迫使国民党在相关协议上签了字，通过了《和平建国纲领》。

4. 抗议"较场口血案"的斗争

1946年1月31日，政治协商会议闭幕。为庆祝会议成功，2月10日各界人士在重庆母城的较场口举行大会。大会还未正式开始，国民党派遣的特务、暴徒就对会场进行捣乱破坏。特务暴徒打伤李公朴、郭沫若、马寅初等，以及与会群众60余人被打伤，制造了"较场口血案"。直到周恩来、冯玉祥等赶到，暴徒、特务才停止继续行凶。血案发生后，在中国共产党的领导和支持下，重庆各界爱国人士通过进步报刊发表文章，举行中外记者招待会和开展法庭斗争等方式，揭露国民党反动势力制造流血事件的阴谋。全国各地民主党派、各界人士、各群众团体，纷纷集会、致函、致电，对国民党制造血腥暴行进行抗议，要求惩凶，对受伤人员表示慰问，支持他们反对国民党黑暗统治的斗争。

5. 在重庆谈判期间的交往

重庆谈判期间，毛泽东、周恩来、王若飞与各方人士进行了广泛的接触和交流，其中包括国民党民主进步人士宋庆龄、冯玉祥等，以及各党派、工商界、文化界、妇女界代表人士，社会贤达和外国友人，如张澜、黄炎培、沈钧儒、左舜生、章伯钧、郭沫若、史良、赫尔利等,向他们宣传、解释中共关于实现和平、民主、团结的基本方针,表明中共争取和平、民主、团结的诚意,争取了社会各界对中共的同情和支持,形成了反内战、反独裁的强大舆论,进一步扩大了统一战线。

(三)统战工作的历史遗迹和文物

统一战线工作在重庆母城同样留下众多历史遗迹和文物。

1.中国民主革命同盟旧址

中国民主革命同盟旧址位于渝中区领事巷(周勇《重庆抗战图史(上)》第157页),最早为康心之公馆,后为中国民主革命同盟使用。

2.中国民主建国会成立纪念碑

在重庆市渝中区较场口城市阳台,屹立着一座历史的丰碑——中国民主建国会成立纪念碑。纪念碑碑体为红色花岗岩石材,基座绿色,红绿映衬,意喻中国共产党与中国民主建国会"肝胆相照、荣辱与共"。纪念碑上五根环绕的立柱,象征着民建成立宣言的五项主张。纪念碑高1945毫米寓意民建1945年成立,碑长2005毫米寓意2005年建碑,碑厚60厘米寓意建碑时民建成立60周年。纪念碑以不对称的图形和似塔吊的结构,体现了民主和建设。侧看端面的立槽,似如两大板块,象征着民建高举爱国主义和社会主义的两面旗帜。纪念碑后的碑文节录了民建成立宣言五个方面的政治主张:世界要和平、政治要民主、经济要发展、社会要公平、文化要繁荣和教育要普及。(参见民建中央网站,https://www.cndca.org.cn/mjzy/lsgc/shgc/1610852/index.html)

3.三民主义同志联合会成立纪念碑

三民主义同志联合会成立纪念碑位于重庆渝中区上清寺特园中国民主党派历史陈列馆旁边。纪念碑采用汉白玉材质;碑高3米,碑体为三块三角形石材,由小到大重叠,称3面、3段式,第一段三面镌刻孙中山画像,第二段三面分别刻有民族、民权、民生,寓意孙中山先生所倡导的民主革命纲领,即民族主义、民权主义、民生主义;第三段碑一面刻孙中山先生亲笔题词:"世界潮流,浩浩荡荡。顺之则昌,逆之则亡",一面刻"三民主义同志联合会成立纪念碑",落款"中国国民党革命委员会中央委员会敬立","二零零六年十二月",一面刻碑记,寓意三民主义同志联合会将长期坚持孙中山先生倡导的"爱国、革命和不断进步"的精神。整个纪念碑典雅大度精致。(参见特园中国民主党派历史陈列馆网站,http://www.teyuan.org/Html/News/2011/0104/115_3.htm)

4. 九三学社成立旧址纪念碑

九三学社成立旧址纪念碑位于重庆市渝中区新华路人民公园,整个纪念碑采用红色花岗岩为材料,碑体由九块石料拼接组成,侧面三层,三块,正面纵三横三,一共九块,正好寓意九三。碑长为9尺3寸,高5尺4寸,寓意九三学社和五四运动、5月4日成立。碑身正面为九三学社中央委员会主席韩启德题字"九三学社成立旧址纪念碑",碑身背面镌刻有《九三学社成立宣言》,碑侧刻有重庆青年大厦门楼遗图。

第四节 红岩精神

2002年5月,江泽民视察重庆时指出:"红岩精神充分体现了老一辈无产阶级革命家、共产党人和革命志士的崇高思想境界、坚定理想信念、巨大人格力量和浩然革命正气。红岩精神同井冈山精神、长征精神、延安精神一样,都是中国共产党人和中华民族的宝贵精神财富。在新的历史条件下,全党全社会要大力弘扬红岩精神,使之成为我们在新世纪继续推进建设有中国特色社会主义事业的强大精神力量。"[①]

2002年10月,胡锦涛视察重庆时指出:"要继承和发扬伟大的'红岩'精神,牢固树立正确的权力观、地位观、利益观,自觉抵制拜金主义、享乐主义、

[①] 中共中央文献研究室.江泽民论有中国特色社会主义(专题摘编)[M].北京:中央文献出版社,2002:401.

极端个人主义,真正做到一身正气、一尘不染,以共产党人的高风亮节和人格力量影响和带动群众。"

2010年12月,习近平同志在重庆市党政干部座谈会上讲话时指出,重庆的光荣革命传统,熔铸了崇高的红岩精神,是激发和凝聚全市干部群众团结奋进的强大精神力量。2016年1月,习近平更是指出,"理想信念是精神层面的东西,也是实打实、能感知、可衡量的。大家熟知的《红岩》,虽然是小说,但主要人物有原型,主要事件有史实。我读《红岩》是40多年前的事了,至今还记得江姐的难友们赞颂她的话:'你,暴风雨中的海燕,迎接着黎明前的黑暗。飞翔吧!战斗吧!永远朝着东方,永远朝着党!'这里面最重要的是什么,就是坚如磐石的理想信念。"[①]2018年3月,习近平总书记参加全国人大会议重庆代表团审议,专门提到"红岩精神",深刻指出:"我们要经常想一想红岩先烈们的凛然斗志、英雄气概,时刻用坚定理想信念补精神之钙。"

重庆是一块英雄的土地,有着光荣的革命传统。毛泽东同志在这里进行了决定中国前途命运的重庆谈判,周恩来同志领导中共中央南方局在这里同反动势力展开了坚决斗争,邓小平同志在这里领导中共中央西南局进行了大量开创性工作。重庆涌现了大批大义凛然、高风亮节的共产党人,如信仰坚定、不怕牺牲的赵世炎等人,英勇善战、屡建功绩的王良等人,坚贞不屈、永不叛党的江竹筠、王朴、陈然等人,严守纪律、勇于牺牲的战斗英雄邱少云,等等。解放战争时期,众多被关押在渣滓洞、白公馆的中国共产党人,经受住种种酷刑折磨,不折不挠、宁死不屈,为中国人民解放事业献出了宝贵生命,凝结成"红岩精神"。(2019年4月17日习近平在重庆考察工作结束时的讲话)

红岩精神形成于抗日战争和解放战争时期的国民党反动统治中心重庆。在风雨飘摇的岁月里,一大批中国共产党员和革命志士,为了实现民族的独立和解放,力促抗日民族统一战线的巩固和发展,在以周恩来为首的中共中央南方局的领导下,坚持抗战、团结、进步,反对投降、倒退、分裂,与国民党顽固派展开了有理、有利、有节的斗争。他们在极其险恶的斗争环境中,在特殊的战场上,深怀民族大义,高举爱国主义伟大旗帜,不顾个人安危,不怕流血牺牲、出生入死,以实际行动捍卫业已形成的抗日民族统一战线。(参考2011年《党的历史知识简明读本》)

[①] 丁英顺.红岩精神与中国革命精神[J].学理论,2017(01):153-155.

小结

革命文化是重庆文化史上重要的组成部分。本章对重庆革命文化做了系统的论述,介绍了重庆各时期革命文化,对不同时代背景下革命文化形成的原因、过程以及最后的结果都做了系统性的论述,便于师生更加清楚地了解重庆革命文化的发展历程。统一战线被毛泽东同志誉为中国革命胜利的三大法宝之一,本章以专门篇幅讲述了发生在重庆母城的统一战线工作,同时讲述了国共之间既合作又斗争的历史。本章最后讲述了红岩精神的内涵。

实践建议

参观重庆母城的革命历史遗迹和文物,了解重庆革命文化的发展历程。

参考阅读

特殊战场上培育了伟大的红岩精神

红岩精神是中国共产党人精神谱系的重要组成部分,2021年经党中央批准,中宣部公布了第一批中国共产党人精神谱系,红岩精神作为共产党人的伟大精神,被纳入其中。

1985年10月14日,原南方局领导成员邓颖超同志重返红岩村,写下"红岩精神永放光芒"8个大字。

"红岩精神是在抗日战争时期和解放战争时期,在中共中央领导下,以毛泽东、周恩来同志为代表的中国共产党人在国民党政权统治下的重庆,为争取民族独立和人民解放的革命斗争实践中,锤炼、培育和形成的崇高革命精神,充分体现了老一辈无产阶级革命家、共产党人和革命志士的崇高思想境界、坚定理想信念、巨大人格力量和浩然革命正气。"

"红岩精神反映了党领导的中国革命中一个重要方面——国统区特殊

环境下的革命斗争的精神风貌。这就是红岩精神所处的特殊的历史方位。"黎余谈道。

崇高的思想境界,是红岩精神的本质属性,体现了共产党人坚忍不拔的革命意志、坚守不移的民族大义、海纳百川的宽广胸怀。皖南事变后,国共合作面临破裂,中央数次发电报要求周恩来、董必武等同志返回延安。为了把国民党拉回团结抗战的统一战线,周恩来等同志分析形势后决定继续留在重庆战斗。他们在复杂困难的国统区斗争中,置生死于度外,展现出崇高的思想境界。

坚定的理想信念,体现在坚守立场、矢志不渝、百折不挠,对中国共产党领导的共产主义革命事业无限忠诚中。当年八路军驻重庆办事处条件极其艰苦。吃水,去两公里外的嘉陵江边挑;蔬菜,全靠自己种。物质匮乏、特务监视,战斗在重庆的共产党人却一直保持坚定的理想信念。周恩来同志在一封信中这样写道:"我们大家并不以此为烦恼……同志都团结得像一个人一样……不要急,伟大的时代长得很……"

巨大的人格力量,体现在严于律己的党性修养、同舟共济的团结精神上。1941年,中共地下党员肖林同志奉周恩来同志指示,与夫人王敏卿开办公司,为党筹措活动经费。1949年完成使命时,他们一次性向党组织上交的资金约合黄金12万两,固定资产达1000多万美元。夫妇二人与金钱打了一辈子交道,却一介不取,最后还将留作纪念的3块银元捐给博物馆。

——节选自《人民日报》2021年10月21日《传承红岩精神 走好新的征程》一文(http://politics.people.com.cn/n1/2021/1021/c1001-32259510.html)

思考与自测

一、思考题

红岩精神的深刻内涵包括哪些方面?

二、自测题

(一)填空题

1.(　　)标志着清王朝政府在重庆封建专制统治的覆灭,重庆和重庆母城的历史也由此揭开新的一页。

2.1897年11月,宋育仁等维新分子在白象街创办了重庆近代史第一家具有改良倾向的爱国刊物(　　),它直接启迪了一代先进的重庆青年。

3.为了宣传革命、唤醒民众的觉悟,邹容以(　　)署名发表了"宣布革命之旨于天下"的战斗檄文——(　　)。

4.1903年,由杨庶堪、梅际郇提倡,联合重庆的有志之士与革命青年,秘密地成立了重庆也是四川历史上第一个资产阶级革命团体(　　)。

5.1911年5月9日,清政府宣布(　　)政策,剥夺了各省自办铁路的权利,随后又将川汉铁路出卖给帝国主义,严重损害了国民利益并侵犯了国家主权,各地立即掀起了声势浩大的保路运动。

6.由(　　)领导的川东学生择师运动,是中共早期在重庆举行的重要革命活动。

7.1927年3月28日,中共重庆地委和国民党莲花池省左派党支部决定在(　　)召开市民大会,示威抗议英美的罪行,重庆各界纷纷响应。

8.(　　)年1月,以周恩来为书记的中共中央南方局在重庆正式成立。

9.(　　)运动是重庆在新民主主义革命时期的规模最大的一次学生运动。

10.1949年8月29日,蒋介石在重庆西南长官公署召开军事会议,提出了(　　)的方针,妄想重温其抗战时期以重庆作"战时首都"、以西南为"复兴"基地的旧梦。

11.为了解放重庆在内的大西南地区,中央军委和毛泽东主席提出要采取"(　　)"的作战方针来歼灭敌人。

12.(　　)位于重庆市渝中区中山四路,原为国民政府军事委员会政治部部长张治中将军的公馆,因院内两棵碗口粗的桂花树而得名。

13.1949年11月26日,刘伯承、(　　)根据人民解放军进军西南战局的发展态势,向所属各部发出了"速歼长江南岸之敌相机占领重庆"的命令。

14.(　　)下午,中国人民解放军进入重庆市区,重庆获得解放。

15.1949年11月23日,经中共中央批准,中共中央西南局成立,(　　)为第一书记,刘伯承为第二书记,贺龙为第三书记。

16.1926年杨闇公等人成立的(　　)不仅领导重庆地区党的工作,还受中共中央委托,统一领导全川党组织,是全川革命运动的核心。

(二)选择题

1.不属于渝中区革命历史遗迹的是(　　)。

 A.渣滓洞　　　　　　　　B.邹容烈士纪念碑

 C.特园　　　　　　　　　D.周公馆

2.同盟会章程规定:将重庆作为同盟会中国国内东、西、南、北、中5个支部中的(　　)支部的所在地。

 A.西　　　　B.南　　　　C.北　　　　D.中

3.1911年6月28日,成立(　　)保路同志协会。

 A.重庆　　　B.四川　　　C.武汉　　　D.湖北

4.1945年8月25日,中共中央发表《对目前时局的宣言》,当晚,中共中央政治局决定由三人赴重庆谈判。这三人不包括(　　)。

 A.毛泽东　　B.周恩来　　C.王若飞　　D.董必武

5.全民族抗战爆发后,国共两党第二次合作和抗日民族统一战线的政治局面已在全国范围内形成。中共中央派以周恩来为首的中央代表团常驻国民政府所在地(　　)。

 A.武汉　　　B.南京　　　C.成都　　　D.重庆

6.重庆解放后,(　　)任西南军政委员会主席。

 A.邓小平　　B.刘伯承　　C.贺龙　　　D.周恩来

7.(　　)坐落在重庆市渝中区中山四路的东端尽头处,是当时中共中央南方局和八路军驻重庆办事处设在城区的办公地点。

 A.周公馆　　B.桂园　　　C.特园　　　D.怡园

8.1944年9月19日,中国民主政团同盟会全国代表会议在重庆上清寺(　　)召开,会议讨论了同盟的改组问题。

 A.周公馆　　B.桂园　　　C.特园　　　D.怡园

9.(　　)是由许德珩、褚辅成等人发起组建的,是以我国文教界、科技界知识分子为主的一个民主党派。

 A.民联　　　B.民盟　　　C.九三学社　D.救国会

10.重庆谈判旧址群不包括( )。

A.蒋介石官邸　　B.吴铁城官邸　　C.宋子文官邸　　D.周公馆

11.1946年1月,共产党代表周恩来与国民党代表张群在( )签订了国共双方第一次"停止军事冲突协定"

A.周公馆　　　　B.怡园　　　　　C.特园　　　　　D.桂园

12.1945年10月28日,三民主义同志联合会在重庆上清寺( )举行第一次全体会员大会,宣告正式成立。

A.周公馆　　　　B.怡园　　　　　C.特园　　　　　D.桂园

13.( )下午,中国人民解放军进入重庆市区,重庆获得解放。

A.1949年11月30日　　　　　　B.1949年11月23日
C.1949年11月26日　　　　　　D.1949年12月1日

14.国共双方代表于( )10月10日在桂园共同签署《国民政府与中共代表会谈纪要》,又称"双十协定"。它的签订,表明国民党方面承认了中共的地位,推动了全国和平民主运动的发展。

A.1943年　　　　B.1944年　　　　C.1945年　　　　D.1946年

15.中国民主建国会成立纪念碑位于重庆渝中区( )。

A.上清寺　　　　　　　　　　　B.储奇门
C.怡园　　　　　　　　　　　　D.较场口城市阳台

16.重庆谈判期间,毛泽东曾"三顾( )",与张澜、沈钧儒、鲜英等民主人士共商国是,它也因此被誉为"民主之家"。

A.周公馆　　　　B.桂园　　　　　C.特园　　　　　D.怡园

17.重庆谈判后,为加强与民盟负责人的沟通,周恩来、( )等南方局领导人,不时前往特园或沈钧儒、黄炎培等人住宅,与他们交换对时局及国内前途的看法。

A.王若飞　　　　B.毛泽东　　　　C.董必武　　　　D.邓小平

18.1949年11月23日,经中共中央批准,中共中央西南局成立,( )为第一书记。

A.毛泽东　　　　B.周恩来　　　　C.邓小平　　　　D.刘伯承

19.2018年3月,习近平总书记参加全国人大会议重庆代表团审议,专门提到( )。

A.井冈山精神　　B.长征精神　　　C.延安精神　　　D.红岩精神

周勇.重庆辛亥革命史[M].重庆:重庆出版社,2011.

周勇.答"重庆文化之问"——对重庆历史文化体系的探讨[N].重庆日报,2018-08-10(07).

周勇.红岩精神研究[M].北京:中共党史出版社,2009.

周勇.重庆通史(第二册)(第2版)[M].重庆:重庆出版社,2014.

《母城渝中》编辑委员会.母城渝中[M].重庆:重庆出版社,2013.

胡大牛.中共中央南方局统战史论[M].北京:人民出版社,2008.

王福琨,邓群.中共中央南方局的统一战线工作[M].北京:中共党史出版社,2009.

丁英顺.红岩精神与中国革命精神[J].学理论,2017(01):153-155.

孙德魁.统战视角下红岩精神的生成逻辑、鲜明特质与时代启示[J].重庆理工大学学报(社会科学),2021,35(02):138-147.

毛泽东选集(第4卷)[M].北京:人民出版社,1991.

中共中央文献研究室.江泽民论有中国特色社会主义(专题摘编)[M].北京:中央文献出版社,2002.

中共中央文献研究室.周恩来年谱(1898—1949)[M].北京:中央文献出版社,1998.

《重庆名人故居》编辑委员会.重庆名人故居(上)[M].重庆:重庆大学出版社,2013.

重庆统一战线.中国民主党派历史陈列馆简介[EB/OL].[2018-7-25].https://www.cqtzb.gov.cn/portal/page/index/id/11.html.

重庆历史名人馆.中共重庆地方执行委员会旧址:全川革命运动的核心地[EB/OL].[2017-3-21].http://www.cqlsmrw.com/lsmr/shownews.php?lang=cn&id=442.

第六章 商贸文化与旅游文化

◇◇◇◇◇

▶ 内容提要

重庆母城从巴国时期,就有了商业活动;重庆母城古代的商贸业,在宋代之后得到较大发展;近代以来特别是抗战时期重庆成为战时首都以来,重庆母城的商贸业得到快速发展;解放之后尤其是改革开放和重庆直辖之后,重庆母城的商贸业更是得到长足发展。在商贸业发展的过程中,孕育了重庆母城独特的商贸文化。伴随着商贸行业的发展,有着丰富旅游资源的重庆母城,旅游文化产业也日益发展。

▶ 学习目标

掌握:重庆母城商贸发展的历史沿革。

理解:母城商贸发展规律形成的历史背景。

了解:重庆母城知名品牌、店铺,母城的都市旅游资源。

重庆母城是重庆的中心,地处两江交汇之要地,其商贸发展对周边地区具有辐射带动作用,母城的商贸实际上更是老重庆商贸的缩影:到抗日战争结束,重庆城区仍以两路口、上清寺为界线,主要的商铺、银行、酒店及文化娱乐场所都在母城范围内。全国解放之后,特别是改革开放和重庆直辖之后,重庆母城的商贸行业得到长足发展,而现代都市商务则是典型体现。

对一个城市来说,商贸行业的发展,往往伴随着旅游行业的繁荣,重庆母城也是如此。重庆母城有着丰富的旅游资源,正成为闻名中外的重要旅游城市。

第一节 商贸文化

重庆母城的商贸行业,最早可追溯至远古的巴国时期。到南宋时期,随着中国经济中心向南移动,重庆的政治、军事地位提升,重庆人口开始明显集中,进而商业市场开始密集出现,商贸行业得到较大发展。明代以后,很多古城门成了母城与外界贸易的重要场所,其中以朝天门、千厮门、东水门贸易市场为主。近代以来,随着重庆被迫开埠,以及抗战时期重庆成为战时首都,重庆母城出现大量银行,工商业快速发展。

一、重庆母城古代商贸

关于巴国商业与商贸的资料虽然不多,但是仍可得知在农业、手工业的发展与推动下,巴国的商品交换有了发展,已然出现了集市。

民国《巴县志》卷十三"商业篇"开篇就是"昔巴寡妇清,擅丹穴之利,富至不訾……马、班特传于《货殖》尚已。"意思是说,秦朝时就有巴国的寡妇清独占朱砂(可入药)开采权利,财富无法计算,巴寡妇清的丹砂业以及其他如制漆业、煮盐业等证明当时以重庆为中心的巴国区域已出现了商业。秦朝时重庆的工商业(手工业和商业)颇具规模,甚至有商人达到富可敌国的程度。

秦至北宋期间,关于重庆母城的商贸发展的记述较少,但是北宋熙宁十年(1077年)时,重庆的商税都在昌州、涪州、合州之上,而主城的商税高达整个重庆商税的百分之九十,可见当时主城商业发展之繁盛。南宋时期因其政治地位的提高以及人口数量的增多,发展繁荣态势更盛。

元朝时期,因为战乱,重庆母城经济日渐萧条。至明洪武四年(1371年)戴鼎筑城,因明朝社会安定水运复苏,重庆母城经济又开始繁荣起来。到清朝中后期,重庆母城的商贸发展最是发达,一是因为各路商人高涨的经商热情,二是因为以往商业的发展经历为清中后期商业组织的有序运转提供了基础,在清嘉庆年间,重庆已有240余条街巷、25个商业行帮、150多家各业牙行,仅下半城的商铺就达到1500余家规模。

二、近代重庆母城商贸业

清末民国时期,重庆母城被迫开埠,外国资本进入重庆,外国列强将重庆作为商品倾销地,重庆的出入境商品量大幅上涨。以出入境总值为例,1892年从国外进口到重庆的洋货价值大约白银580万海关两,从重庆出口的土货总价值大约为260万海关两,入超320万海关两;1911年,重庆进口洋货总值已达1900万海关两,出口土货总值已达1000万海关两,入超高达900万海关两,数量巨大的过境交易和资本输入,大大地推动了重庆当地的商业及贸易的发展。

(一)下半城的早期商贸

重庆渝中区沿长江北岸的一段老城区,被称为下半城,包括从朝天门到东水门、望龙门、太平门、金紫门、储奇门至南纪门一线。重庆城早期的许多主要建筑以及官府的重要部门、机构也设置在这一区域,如川东道署、重庆府署、巴县署、重庆镇署、左营都司署、县学署、左营游击署、左营守备署、厘金局、邮政局和海关等。至今,在下半城还留存有一些当时的商号、银行、外国洋行、仓库、大户人家和旧官吏的遗址。

重庆下半城面临长江,古代的贸易往来主要依靠航运。因此,下半城便成为重庆商贸最早、最集中之地,朝天门便是当时主要的商贸场所。

翠微门也曾是重要的商贸场所。翠微门曾是古重庆17座城门中的8座闭门之一,城门现已不存。翠微门码头曾是丝绸、绢帛的出入港口,城门附近是全川最大的丝绸交易市场。

白象街是又一个重要的商贸场所。白象街与储奇门、打铜街、陕西路相接,与两府衙和巴县衙门临近,大量商贾之士为疏通关系,经常在此云集,因此白象街也成为闹市街区。

储奇门旧时为山货、药材集散地,附近经营药材生意的店铺鼎盛时达到100家。

(二)川东劝业会

1910年,为迎接南洋劝业博览会(又称为南洋劝业会、江宁赛会,中国最早的全国性博览会),重庆及川东地区举办了第一次劝业会。当时,随着中国社会逐渐半殖民地半封建化,晚清政府为改变传统小农经济模式,"振兴实业,开通民智"、发展商品经济,模仿西方和日本的"博览会"形式而推进劝业会。据1910年3月10日出版的重庆《广益丛报》第八卷第一期记载:"宣统纪元之二年春正月既望,为渝埠遵办南洋劝业会之出品协会即推广为川东劝业会开会之期,列肆鳞次,群珍骈集,郡县以下靡不奉二大府命令,搜其土地之产品官私之……"当时,在开阔的菜园坝上,"百业荟集,珍奇杂陈",各类商品排列整齐。川东地区所属各县都有参加这次赛会,各县所出物品纷繁多样,主要有巴县的罗汉果、傲冬海椒、花生,大足的香谷、茯苓、瓜子、酒,奉节的杉木板、楠木板、山茧、各色布匹等。这次劝业会成功举办,其销售货物总额达28万余两,这是重庆历史上的第一次商品展销会,它也成为近代重庆商业贸易发展的先声和重庆展会的序曲。

劝业会不但推进了重庆母城的商贸业发展,而且促进了市民生活的发展:诞生了重庆第一家既能听川戏又能喝茶的戏园——同乐茶园,它也是重庆最早的戏园;诞生了第一家让客人进店围坐餐桌叫菜吃饭的餐馆,就是后来大名鼎鼎的留春幄。同时,黄包车也是在劝业会举办期间第一次被引入重庆。

三、抗战时期重庆母城商贸业

抗战爆发后,因为国民政府迁往重庆,沿海的工商企业也往重庆聚集,其中有相当数量的企业便落户在重庆主城。1942年统计数据为,"设在城区的工厂有84家,占内迁厂的38.3%。抗战时期,"重庆是川省重要商业中心,所有殷商大贾的总部都设在这里",而主城是聚集地。抗战时期,重庆主城是全国金融与外贸中心。"抗战前夕,除中央、农民银行重庆分行外,重庆市共有银行13家",至1945年8月抗战结束时,"全国国统区共有总行416家,重庆约占15%,它代表了中国官僚资本主义和民族资本主义的主体,是中国金融业的核心"。而金融机构中最为重要的几乎都在过去的老城中:中央银行(小什字)、中国银行(小梁子)、交通银行(打铜街)、美丰银行(新街口)、川康平民商业银行(打铜街)、聚兴诚银行(新丰街)、四川建设银行(陕西街)、四川省银行(下陕西街)、盐业银行(陕西街)[①]等,均聚于此。

四、当代重庆母城商贸业

1949年11月30日,重庆解放。随着国营商业和合作商业在国民经济恢复时期不断壮大,重庆的工商业及手工业终于回到人民手中,在党的领导下昂首前进。解放初期,重庆的商业得到了明显的恢复,形成了高度集中的商品流通体制。重庆百货大楼股份有限公司于1950年成立,它是西南地区第一家大型国有商业企业。1949年至1960年重庆商业累计实现社会消费品零售额108.39亿元,年均增长11.7%。

解放后重庆的商业得到了发展。不过,随着经济社会的发展,计划经济体制的弊端在商业中逐渐暴露,尤其是国家两次调低重庆的行政级别,重庆市的国民经济计划职能在四川省的计划内进行安排,重庆的商业发展受到影响,从1961—1978年期间,重庆社会消费品零售额年均增长仅有2.6%[②]。

1978年确定把全党工作重点转移到社会主义现代化建设和实行改革开放上来,重庆的经济实力与人民生活水准都得到了明显提高。1978到1991

[①] 邓晓,何瑛.重庆主城的商贸发展历程初探——从远古到1949年[J].长江文明,2014(01):68-74.

[②] 何丽娜.1949—2019:雾都重庆的商业风云史[EB/OL].https://www.iyiou.com/analysis/20191107117012.

年,重庆母城的商业进入逐步发展时期。在此期间,重庆母城出现一批知名商贸企业和商贸市场。1988年,第一批中外合资、独资企业入驻重庆,其中有重庆大酒店、扬子江饭店等知名饭店企业。经过此次合资与外资企业的进入,重庆的餐饮业逐步从弱变强,奠定了重庆餐饮业发展的基础。

改革开放以来,重庆渝中区商业气象万千、发展蓬勃,除旧有的部分市场、商街继续繁荣和发挥作用外,又增添了许多相对集中的市场,如群林市场、朝天门市场、重庆中药材市场、菜园坝水果市场、储奇门药品医疗器械市场、重庆书刊交易市场等等。

1997年6月18日,重庆直辖,为母城的商贸业发展带来了更多机会。在1997年至2002年之间这段时期,渝中区政府投资3000万元打造改建了在重庆市商圈占主体地位的"解放碑中心购物广场";在同一时期,重庆首个购物中心大都会广场也迅速建成,在当时拥有近9万㎡的购物商场,和超5.4万㎡写字楼。重庆直辖以后,商贸行业呈现多元化发展。

1. 朝天门批发市场的发展

说到重庆母城商贸业的发展,便不能不提到朝天门。朝天门在古代便是重庆母城的重要货运码头;1891年重庆开埠之后,朝天门更是商贾云集。到改革开放之后,朝天门已经成为西南地区商品、物资集散的重要地点、批发市场,位列全国十大批发市场。

2. 母城特色商贸街

随着母城商贸发展,也形成了一批富有特色的街市,其中著名的有洪崖洞巴渝民俗风貌街区、慢生活休闲街"较场口30°街吧"、"中国西部第一街"解放碑。

图6-1 解放碑商圈街景

洪崖洞民俗风貌区2001年开工建设,2006年9月开市,每年接待海内外游客超过1000万人次。洪崖洞的设计理念是建造"悬崖上的吊脚楼、记忆中的老重庆",风貌区的建筑主要以巴渝传统特色的"吊脚楼"为主体,运用了分层筑台、吊脚、错叠、临崖等山地建筑手法,打造了一个"世界独有、重庆一绝"的洪崖洞民俗风貌区。

慢生活休闲街"较场口30°"街吧,是指石灰街市和勉励街商业用房、玻璃房以及街内公共区域,富有商业价值和口岸价值。"较场口30°"街吧定位为慢生活休闲街区。目前"较场口30°"街吧已经成为解放碑商圈慢生活休闲的标志之地。

有"中国十大新地标商务区""中国著名商业街""中国西部第一街""中国首批示范步行街"之称的解放碑商圈,得名于商圈内的中心地带的历史丰碑——解放碑。商圈以解放碑为圆心,周边一公里的街区就是解放碑商圈及步行街。解放碑商圈内高楼鳞次栉比,具有明显的商贸功能。解放碑商圈聚集了一系列国际知名品牌,如LV、GUGGI、劳力士等;商圈更是重庆的金融中心,全市百分之六十以上的金融机构都驻于此地。

五、重庆母城的商贸文化

重庆母城商贸文化,是指经过长期商业贸易活动,反映、传导的社会观念与重庆母城物质文明和精神文明的综合体。重庆母城商贸文化具体体现为:知名的商贸组织与行帮、著名店铺与"百年老店"、在商贸发展中起领导作用的知名人士、商业习俗等。

(一)知名商贸组织与行帮

从历史上看,重庆工商业的组织名称复杂多样,其中主要有行、帮、会、公所、会馆、社、堂、铺等名称。根据有关资料整理出的重庆商业组织名称有216个。

重庆的行帮,最早建立在清代康熙年间(1662—1722年)。至清乾隆年间(1736—1796年),商业行帮已有25个,而更多的行帮是在清嘉庆以后才兴起,当时的各业行帮大都有固定的会址,具有一定的组织形式,采取"帮董制"或"会首制",并制定相应的规章条例。

母城古代至近代的知名商贸组织有重庆总商会、旧重庆饮食行业同业公会、渝中区工商联、渝中区"商联会"、渝中区餐饮行业协会、渝中商贸行业协会等。其中,影响力最大的当数重庆总商会。

重庆总商会成立于1904年10月,会众公推当时西南首富"天顺祥"票号老板李耀庭为商会总理,商会会址在三忠祠。重庆总商会是全国最早成立的商会之一,也是四川省的第一个商会组织。《重庆市商会章程》规定,重庆市商会的宗旨是"为图谋工商业及对外贸易之发展,增进工商业公共福利"。重庆商务总会的成立,标志着重庆商界同仁新的觉醒和地位的提高。在中国半殖民地半封建的时代,以李耀庭商会会长为代表的商会为挽回民族权益,振兴重庆实业,维护和发展民族经济起了积极的促进作用。

(二)知名店铺、栈号与"老字号"

由于母城商贸繁荣发展,诞生了一批知名的品牌店铺,其中著名的有桐君阁、冠生园、丘二馆、九园包子、和平药房、黄花园酱油、精益高登眼镜店、重百超市等。

桐君阁大药房的前身是创建于清光绪三十四年(1908年)的桐君阁药厂。近代以来,重庆作为药材输出重要地区,主要将药材输出到东南亚地区,但重庆的药材出口权却逐渐被江西帮和广东帮掌握。清朝重庆府巴县人许建安在重庆设立"香中魁""寄中华"等香室售卖"戒烟丸",成为重庆富翁。许建安下定决心要改变重庆的药材出口现状。许建安以药祖桐君之名冠之,使其店铺有源可溯且意蕴悠远。"桐君"初见于春秋《世本》:传说上古时期,富春江畔,桐君山中,有一老者,识草木金石性味,广施灵药,普济众生,著有《桐君采药录》,世人尊称其为桐君,奉为药祖。桐君阁自创建以来,迄今已有100多年的历史,它是重庆药业的名牌。

冠生园为中国驰名商标。1903年,年仅16岁的冼柄生从广东漂泊到上海,以靠给零食、干果店叫卖为生,后渐渐起家开零食店。经过开业、停业七次以后,他终于开起了一家名叫陶陶居的小店,并将自己的名字改成了冼冠生。后来,冼冠生将店铺转移到上海南路,并更名为冠生园,到20世纪20年代已经成为当时中国著名的糖果、糕点行业品牌。全民族抗战爆发后,冼冠生于1938年将冠生园搬迁至重庆,在当时重庆最繁华的都邮街开张营业。

上海冠生园以其优质独特的商品、精致豪华的店铺装潢和优良的服务,在山城获得一片好评。冼冠生坚持前店后厂的生产经营模式,以重庆为中心向外辐射发展,先后在重庆铜罐驿、石桥铺、民族路等建立罐头食品厂和糖果糕点厂,后又在贵阳、昆明、泸州、成都、香港等地开设冠生园分店。

(三)著名集市及其演变

重庆母城因濒临两江而形成众多水码头。在古代,码头是各种商品及货物的卸载地、集散地,同时也是货物的直接交易场所。重庆的老码头各司其职,有水码头、炭码头、当归码头、纸码头、盐码头、水果码头、石灰码头、铜元码头、汽车码头、粪码头、茄子码头、柴码头、飞机码头、竹木码头等。其中,铜元码头因民国时期改用纸币,铜元局停产,铜元码头后改客运,更名为太平门码头。

清末民初时,母城上半城形成了以街道为市的菜市场,大阳沟是当时比较集中的菜市场之一。它汇集了各地的山珍海味、干菜副食、鸡鸭鱼肉、蔬菜禽蛋等各种食品,很快便成为市民买菜的首选之地。但是由于当时处于战乱时代,市场的管理机制非常欠缺,几乎无人专门管理市场秩序,加上当地环境糟糕,市场内到处破破烂烂、又脏又臭,雨天到处是污水和稀泥,所以大阳沟还有一个别称叫"臭阳沟"。解放后大阳沟市场管理经过两次改革,大阳沟市场更名为大阳沟副食品商场,市场经营的范围包括蔬菜、肉食品、副食、日杂、水产、豆制品、饮食、乳品、切面、糕点、花木、禽蛋、修理等13个行业,大阳沟副食品商场日吞吐量达到10万吨,为居民带来了生活便利。改革开放以后,大阳沟成为重庆个体经济的起源之地,重庆的水产品市场最先就诞生于此。2010年3月,随着时代发展,大阳沟副食品商场关停。

"学田湾菜市场"原名烂泥沟菜市场,原本是属于上清寺蔬菜供应合作社的一个分社,如今"学田湾菜市场"更名为"重庆学田湾市场"。"重庆学田湾市场"是重庆市人民政府的"菜篮子工程"的重要载体,是在原"学田湾菜市场"旧址上兴建起来的一座设施完善、功能齐全的大型农副产品交易市场,多次荣获"全国文明市场",省、市、区"文明市场"和"文明单位"称号。

(四)著名街市

在重庆母城,因手工业、行业、作坊、商号以及商业而兴的街巷很多,其中有陕西街、打铜街、米亭子等街市。从这些店名中和招牌中可以看出其售卖产品及特点。

陕西街:位于重庆母城下半城,因此处居住的多为陕西人而得名,这一带是银号、票号、钱庄、当铺的集中地段,陕西街是当时重庆最繁华的街道之一。

打铜街:是过去母城铜作业集中的地方,整条街有很多铜作坊,也有不少铜器店,所以名为打铜街。

米亭子:是城内最大的米市,米帮会所也设置在这里,无论天晴下雨,两边商户均搭起竹席棚盖,"米亭子"也是因此而得名,"米亭子"之名反映出重庆大米交易之繁荣。

(五)知名商贸人士

近代以来,随着重庆商贸业发展壮大,产生了一批商贸名人,其中著名的有胡子昂、卢作孚、李耀庭、汪云松、温少鹤、刘鸿生、吴蕴初、鲜伯良、吴羹梅等。

胡子昂是重庆知名实业家。他于清光绪二十三年(1897年)出生于巴县,他在中学读书时就受辛亥革命影响,积极参加游行和宣传活动。1925年英国军舰炮轰万县(现在的重庆市万州区),制造了"万县"惨案,胡子昂写文章、拍照片揭露帝国主义暴行。随后,胡子昂走上实业救国之路。这期间,胡子昂主持了重庆自来水改建工程,成立了西部最早的水泥厂,创办了华西机器厂、华联炼钢厂、四川水泥厂、华泰木厂等等大多以"华"命名的企业,以示振兴中华。

卢作孚也是重庆近现代著名实业家。卢作孚因家庭贫困被迫在小学时便辍学。少年时经过自学,从事教师工作。1925年,卢作孚创办民生实业公司,希望结合教育与实业促进社会改革,以达到救国之目的。卢作孚领导下的民生公司制造了"民用""民望"两艘轮船,总吨位230吨,航线从嘉陵江渝—合线扩大到长江渝—涪、渝—沪线,为抗战时期的军需民运做出了重大贡献。1937年抗日战争前夕,民生公司已经拥有46艘轮船,卢作孚已被誉为

"中国船王",1938年武汉失守后,国民政府和其他企事业机构向重庆后撤的物资达到10万吨,囤积在宜昌无法撤退。在卢作孚的指挥下,将滞留宜昌的人员和物资撤退至四川,完成"宜昌大撤退",为取得抗日战争胜利保存了有生力量。

(六)重庆母城的商贸习俗

随着重庆母城的商贸业发展,也产生了很多商贸习俗,暗语即是其中之一。解放前,重庆老城区的生意人讨价还价不采取明说的方式,而是采用特殊的暗语。使用暗语是为了不让下一位买家知道上一位买家的成交价格,避免引起纠纷。

那时的生意人都穿长袍大褂,买卖双方各以一只手置于对方袍服内,互用手指触摸示意,小指拇作一、无名指作二、中指为三、食指为四、全手指尖合拢是五,大拇指代表六、拇、食二指尖互搓代表七、拇、食二指岔开作八,用食指关节屈成钩表示九,握成拳头表示十。

除了用手外,也有用口语的,比如用"天、地、光、时、音、律、政、宝、畿、重"10个字,分别代表一、二、三、四、五、六、七、八、九、十。

(七)母城商贸文化历史遗迹

母城商贸发展对母城建筑的影响也有迹可循。重庆母城中商贸历史遗迹最多的要数白象街。

白象街地处老重庆下半城,东北面接解放东路,西南面接四方街,其得名原因有二。一说清初时候此地建有白象池,二说此地白色石象与南岸狮子山相对,"青狮白象锁大江"是流行的吉利语,所以得名为白象街。

白象街142号是一座中西合璧风格的4层小楼,由法国传教士江全泰修建。在抗战时期,该建筑由美国大来公司租赁使用。

海关报关行遗址位于白象街154号。1891年重庆开埠后,海关被英国人控制,各种文件票据皆用英文,一般客商需要通过中介机构以交流,于是海关报关行就诞生了。

第二节 现代都市商务区

新中国成立后,重庆城市空间迅速扩展,其主城范围逐步超出原有的渝中半岛区域,但商贸业的主体仍在很长一段时期保留在重庆母城范围内。

1997年6月18日,重庆正式升格为直辖市。不久,中央又作出了西部大开发的决策,在政治和经济战略上为重庆的快速繁荣奠定了基础。经过二十多年的发展,解放碑商圈已经发展成为西部商业第一街,它集购物、休闲、旅游、商务、餐饮、娱乐、金融等综合功能于一体;大坪商圈和化龙桥商圈在近年异军突起,使得渝中区形成了"解放碑—大坪—化龙桥"三大商圈为支撑的现代都市商务区格局。

重庆母城的现代都市商务区主要包括三大板块:解放碑商业圈、大坪商业圈、化龙桥商业圈。

一、解放碑商圈

解放碑商圈以解放碑为中心,东起小什字,北临沧白路、临江路、民生路,西至金汤街,南到和平路、新华路等[1]。解放碑商业圈拥有"中国十大新地标商务区""中国著名商业街""最具投资价值CBD""全国特色文化广场""中国西部第一街"等称号,并被中国总部经济研究中心确定为"中国总部经济研究发展实践基地"[2]。

解放碑商圈有中国西部最大的零售商——重庆百货大楼股份有限公司。公司建于1950年,主要从事百货、超市、电器和汽车贸易等业务经营,现已成为西南地区百货零售龙头企业,连续多年跻身"全国零售100强",2019

---

[1] 何丽娜.1949-2019:雾都重庆的商业风云史[EB/OL].[2021-9-1].https://www.iyiou.com/analysis/20191107117012.

[2]《商贸渝中》编辑委员会.商贸渝中[M].重庆:重庆出版社,2013:83.

年荣列财富中国500强第259位[①]。公司拥有重庆百货、新世纪百货、商社电器和商社汽贸等商业品牌,经营网点分布重庆各区县和四川、贵州、湖北等地。

解放碑商圈有最大的批发商——重庆商社。重庆商社成立于1996年,以零售、批发为主营业务,致力于形成百货、超市、电器、汽贸、化工、进出口、农资和商业地产等多业态开发的经营格局。重庆商社是中国西部最大的商贸流通集团,国家重点培育的大型流通企业,连续11年跻身中国企业500强,曾荣获"中国商业名牌企业""重庆市最佳诚信企业"等荣誉称号[②]。

解放碑商圈有西部最大的书店——重庆书城。重庆书城位于渝中区邹容路121号,成立于2003年,营业面积1.4万平方米,主要经营国内外700余家出版社出版的30万余种图书、音像制品、电子出版物和期刊杂志,同时经营文化用品、数码产品、高档饰品、运动服饰、家居用品,是重庆市著名文化地标。

解放碑商圈有全国医药行业最大的零售连锁企业——和平药房总部。和平药房,创办于1945年,店称"和平",寓指抗战时民众对和平的祈盼。现有连锁门店2217家,年销售额达11.83亿元,在四川、贵州、广东等省市,都有连锁门店。

二、大坪商圈

大坪商圈主要由龙湖时代天街、英利国际广场和万科万锦汇三大商业旗舰组成。

大坪商圈内的龙湖时代天街是亚洲较大的购物中心,拥有60万平方米的超大商业面积,8000个地下停车位,集居住、购物、休闲、娱乐、商务办公、文化等为一体。项目建筑业态涵盖购物中心、商务楼宇、豪华住宅、城市广场等,完美融合休闲购物、行政办公、星级酒店、城市豪宅、交通换乘、餐饮娱乐、创意产业、城市广场、文化艺术九大城市功能。

英利国际广场雄踞大坪商圈核心地带,涵盖五大复合功能形态,集地标商业、精致住宅、酒店式公寓、旗舰SOHO、5A甲级写字楼于一体。广场融购

[①]引自重庆百货大楼股份有限公司,http://www.e-cbest.com/。
[②]引自百度百科"重庆商社(集团)有限公司",https://baike.so.com/doc/355864-376937.html。

物、休闲、娱乐、美食、观光于一体,200米高的重庆天际线建筑傲视两江四岸,城市景观尽收眼底。

万科万锦汇与时代天街一街之隔,万锦汇底层为家庭生活区,主要为大品牌生活超市和配套门店;一二层主要以零售为主,并兼有便餐及服务类门店,主要是家居卖场、连锁餐饮及商务服务;三四层则以餐饮、娱乐等消费性业态为主,主要以特色餐饮、影院、休闲娱乐门店为主。万锦汇周边3大居住区——万科锦程、恒大名都、华宇渝州新都,有着约5万住户构成的潜在消费群。此外,项目周边华宇渝州新都、恒大名都、金银苑等大型住区的存在,为商业运作提供了庞大的潜在消费群[1]。

三、化龙桥商圈

化龙桥商圈是以重庆天地为主的涉外商务中心,它东起嘉华大桥,西至红岩革命博物馆,北邻嘉陵江,背靠鹅岭,占地约1900亩,为重庆唯一获得授牌的"重庆国际商务区(IBD)"。化龙桥商圈经过10余年发展,正成为集高档商务中心、时尚休闲、生态景观、商业集群、高端住宅于一体的现代都市商务区。

化龙桥商圈内的重庆天地占地32000平方米,总建筑面积约为84000平方米,由高低村落、文化剧场、吊脚楼、商业主楼及精品酒店五个精致建筑群落组成,实现购物与休闲的极致融合,集丰富的餐饮文化和异域风情于一体。

---

[1]《母城渝中》编辑委员会.母城渝中[M].重庆:重庆出版社,2013:330.

第三节 旅游文化

旅游文化不是抽象的、形而上学的,而是包括旅游者、旅游资源、旅游主题功能区、旅游体验在内的物质和精神的总和。

图6-2 都市旅游文化

一、重庆母城的旅游发展概况

重庆是国家历史文化名城,拥有3000多年悠久历史。渝中区是重庆的母城和政治、商贸、金融、文化、信息中心,水陆客运交通枢纽,也是长江三峡旅游的最佳起始点和西部旅游重要目的地、集散地,有着独特的都市旅游文化资源。

重庆母城旅游基础设施和配套服务体系完善。区域内有西南铁路客运交通枢纽重庆火车站、长江上游最大的天然良港朝天门码头、城市轻轨、过江索道等立体交通网络。在住宿方面,重庆母城具有核心优势,各种类型的饭店、宾馆、旅店齐备。截至2019年底,拥有国际旅行社196家,4A级旅游景区9个,两江游船8艘,可为游客提供吃、住、行、游、购、娱等方面的优质综合服务。

重庆母城是购物、美食和娱乐的天堂,琳琅满目的商品、形形色色的美食和时尚新潮的娱乐令众多游客流连忘返。

二、重庆母城的都市旅游文化资源

重庆母城都市旅游文化资源丰富,主要体现在以下方面。

(一)抗战文化主题的旅游资源

母城渝中抗战旅游资源高度集中。在城市旅游发展中,结合抗战文化资源形成了多方面的抗战主题旅游文化资源,如:红岩村、曾家岩50号周公馆旧址、苏联大使馆旧址、大韩民国临时政府旧址、宋庆龄旧居、特园(鲜英旧居)、李子坝抗战遗址公园、鹅岭公园等。

(二)巴渝文化主题的旅游资源

重庆母城作为重庆城市最具历史记忆和地域底蕴的场所,有着众多巴文化主题的旅游资源,如:湖广会馆、"九开八闭"古城门、十八梯老街、白象街等。

(三)山水都市文化主题的旅游资源

重庆是典型的山城、江城。长江与嘉陵江在市区内蜿蜒穿过,重庆城区建造在山丘纵横、沟壑交错的两江台地上,其滨江历史地段也融入到周边自然山水环境之中,形成"山中有城,城中有山","城中有江,江边建城"的景观格局。"山""水"是重庆城市的构成要素,是城市空间塑造的主要载体,也是城市文化景观的有机组成部分。重庆母城作为长江与嘉陵江交汇之地,滨水空间层次丰富,独具代表性,其立体交通、垂直布局以及时尚商业,成为富有特色的山水都市旅游资源[1]。

---

[1] 张邹.基于文化旅游的旧城文旅空间发展研究——以渝中区为例[J].住宅科技,2016,36(11):27-32.

三、重庆母城的都市旅游主题体验

旅游体验是旅游文化的重要组成部分，重庆母城的旅游体验大致可以分为以下体系。

(一)景观文化体验

在地理风貌、城市风情、历史文化的多重作用下，重庆母城拥有众多富有鲜明特色的城市景观。

1.湖广会馆：巴文化与移民文化体验

湖广会馆建筑群始建于清康熙年间，从乾隆到光绪历经上百年，不断进行扩建、新建和改建，是我国城市中现今已知的最大移民会馆建筑群。湖广会馆建筑群依山而建，结构气势宏伟，现为国家级文物保护单位。参观区域主要分为四部分。

一是禹王宫。禹王宫是湖广会馆建筑群里最大的一处建筑，其面积约占全馆三分之一。禹王宫始建于康熙年间，道光二十六年(1846年)又加以扩建，现在总占地面积达8561平方米。据史料记载，整体建筑依山而建，分大辕门(庙门)、大殿廊房和戏楼庭院三部分。

二是广东公所。始建于清乾隆年间，由广东移民和商人修建，嘉庆年间又进行了改建。入口大门为牌楼式，大门上方广东会所石碑用整石镂空雕刻，周边围绕云龙，显示了高超的石雕工艺。

三是齐安公所。它是湖北黄州府移民修建的一个府会馆，始建于清嘉庆年间，目前保留下来的建筑为清光绪重建。整个建筑布局依中辅线排列，由下往上是戏楼、天井、看厅、抱厅、大殿，两侧为附属建筑[1]。

四是"湖广填四川移民博物馆"。建筑面积200平方米，是我国第一个以历史移民为主题的博物馆。博物馆充分利用实物、图片与现代高科技手段，建成一个集收藏、展示、保护、研究和体验于一体的移民文化博物馆。

2.重庆人民大礼堂：革命文化体验

重庆人民大礼堂建成于1954年，是老一辈革命家邓小平、刘伯承、贺龙留给重庆市的宝贵财富，是山城重庆的象征和标志性建筑。

整座建筑由中心大礼堂，南、北、东配楼四大部分组成。1954年重庆市

---

[1]《母城渝中》编辑委员会.母城渝中[M].重庆：重庆出版社，2013：168.

人民大礼堂落成时,定名"西南行政委员会大礼堂",1956年西南大区撤销更现名。1987年,英国出版的世界建筑经典著作《比较建筑史》收录我国当代43项建筑工程,将该建筑排列为第二位,仅次于北京天安门。作为国家AAAA级旅游景点,人民大礼堂已经成为重庆城市名片。

3.朝天门广场:巴文化与商贸文化体验

朝天门原是老重庆九开八闭17座城门中规模最大的一座,称"古渝雄关",因为这座门坐西向东,是古代地方官吏迎接皇帝圣旨的地方,故名"朝天门"。如今的朝天门广场占地8万平方米,由观景广场、护岸梯道、交通广场和周边配套环境四大部分组成,集水、陆交通枢纽和旅游观光、市民休闲等功能于一体,是新重庆极具特色的一处标志建筑。现在,朝天门广场是中、外游人观赏两江交汇的最佳观景平台。

观景广场是朝天门广场核心部分,面积1.7万平方米,取两江环抱、自然地形之势,护岸梯道是朝天门观景广场的基础部分,呈圆弧形状,濒临长江、嘉陵江,由4万块梯道板砌筑而成,是目前国内最壮观的江岸大梯道。

朝天门广场还有另外两大看点。第一大看点是位于广场中央的重庆"公路零公里"标志。标志呈正方形,面积25平方米,由内向外以不同材质形成四环放射形状。中央为重庆市行政区划地图,上面有长江和嘉陵江等河流,而"零公里"点位于图案正中心,为一个仅1.5厘米大的铸铜圆点。第二环为直径1.8米、宽30厘米的玻璃圆环,双层15厘米的钢化玻璃,用黑体汉字及英文说明标注"重庆公路零公里起点",玻璃下面设置有LED发光灯带;第三环为灰麻色花岗石,在直径4米的圆环上共有8组放射灯,既象征四通八达的交通网络,又代表重庆38个区县;最外面是25平方米的铸铜山水纹浮雕,以抽象的纹样表现重庆山水城市的山脉、丘陵、田园、江河等,以传统纹样的衍变来体现巴渝文化和人文精神[①]。另一大看点则是名为"朝天扬帆"的大型激光音乐灯饰演示。它由彩灯"空中大地""空中利剑"、频闪灯、空中玫瑰灯等灯光景观和背景音响组成。背景音乐主旋律"长江之歌"分为"西部热土"、"巴渝古风"、"三峡神韵"、"世纪宏图"和尾声"朝天扬帆"五大部分。每当夜幕临空之时,洪亮的钟声之后,川江号子响起,灯光次第点亮,五彩缤纷光束在城市上空交相辉映,随着音乐声的高低错落和灯光亮度及造型的转换,"动感之都"的城市魅力被演绎得淋漓尽致。

---

① 《母城渝中》编辑委员会.母城渝中[M].重庆:重庆出版社,2013:144-146.

4.三峡博物馆:巴文化体验

重庆中国三峡博物馆简称三峡博物馆,于2000年9月由中华人民共和国国务院办公厅正式批准命名,是重庆城市文化的象征、城市文明的窗口和城市精神的名片。三峡博物馆主体建筑气势宏伟,内涵深邃,其正面与人民广场、人民大礼堂保持三位一体,其余部分均依地势地貌而建,并与山体融为一体。三峡博物馆是保护、研究、展示重庆和三峡地区历史文化遗产与人类环境物证的公益性文化教育机构[1]。

"三峡博物馆"的前身是"重庆市博物馆",而重庆市博物馆的前身是1951年成立的西南博物院。三峡博物馆目前拥有各类文物18万件,各类珍贵图书、资料十万余件。该馆展览由4个基本陈列、6个专题陈列、1个360度全周电影、1个半景画陈列、1个观众实践中心和3个临时展览构成。基本陈列有"壮丽三峡""远古巴渝""城市之路""抗战岁月"板块;另有李初梨捐献文物厅、汉代雕塑艺术厅、西南民族民俗风情厅、历代钱币厅及书画厅、瓷器厅。

2008年,三峡博物馆被评为国家一级博物馆。2008年7月,重庆市渝中区重庆中国三峡博物馆风景区正式被国家旅游局批准为国家AAAA(4A)级风景名胜区。

5.中山四路:抗战文化体验

中山四路区域内抗战文化资源富集,是抗战时期国民政府中枢所在地。沿线有周公馆、中国民主党派陈列馆、桂园、特园、张骧公馆、潘文华公馆、戴笠公馆等众多反映抗战历史的遗址。

在打造重庆"最美街巷"过程中,街道在保留文物遗迹历史面貌的同时,又融合巴渝建筑特色,将沿街众多建筑改为青砖灰瓦、拱窗拱廊的中西合璧风格。既最大限度地保留了建筑的历史风貌,又反映了时代进程的重庆城市新貌,不仅使街景更美观,还传承了历史文脉,彰显了文化特色[2]。

2010年,中山四路被网民评选为"重庆最美一条街"。

---

[1]《母城渝中》编辑委员会.母城渝中[M].重庆:重庆出版社,2013:148-150.
[2]《母城渝中》编辑委员会.母城渝中[M].重庆:重庆出版社,2013:155.

6.洪崖洞:巴文化与商贸文化体验

洪崖洞民俗风貌区通常被简称为洪崖洞。洪崖洞北临沧白路,南面嘉滨路,建在百丈悬崖峭壁之上的"洪崖滴翠"旧址上,显得既雄伟又新奇,既古典又现代。按照"世界独有,重庆一绝"的理念,风貌区复制了"悬崖上的吊脚楼,记忆中的老重庆特色"。作为重庆历史文化的见证和重庆城市精神的象征,洪崖洞蕴含"一态、三绝、四街、八景"。"一态"指文化休闲业态,由餐饮休闲、酒吧休闲、文化休闲、娱乐休闲、保健休闲、运动休闲、购物休闲和旅游休闲八部分构成。"三绝"指吊脚楼、集镇老街、巴文化。"四街"指纸盐河街江畔酒吧街、天成巷巴渝风情街、洪崖洞盛宴美食街、城市阳台异域风情街。"八景"指洪崖滴翠、两江汇流、吊脚群楼、洪崖群雕、城市阳台、巴文化柱、中华火锅第一鼎、嘉陵夕照。洪崖洞集中展示了重庆本土蓄积的人文力量,为游客呈现出一个集巴渝民俗文化和饮食娱乐文化为一体的休闲商业王国。

7.解放碑:抗战文化与革命文化体验

解放碑全名为"人民解放纪念碑",是重庆的标志性建筑。1940年3月12日,在孙中山逝世纪念日,筹建纪念碑。1941年12月30日,纪念碑正式落成,命名为"精神堡垒"。1945年10月,在"精神堡垒"的旧址上筹建"抗战胜利纪功碑",于1947年10月10日竣工。1950年更名为人民解放纪念碑,由时任西南军政委员会主席刘伯承题写碑名。解放碑为八面柱体盔顶钢筋混凝土结构,碑通高27.5米,边长2.55米,碑内连地下共八层,设有旋梯达于碑顶,总占地面积62平方米。碑体上端有大钟,每到整点时便会鸣响报时。

(二)美食文化体验

重庆母城美食底蕴厚重,是渝派美食的核心展示区。渝派美食种类丰富,包括重庆火锅、渝派川菜、重庆江湖菜、重庆小吃等类别。在众多渝派美食中,重庆火锅独具特色。重庆火锅又称毛肚火锅或麻辣火锅,它的兴起与重庆母城历史上航运业的发达有着紧密关系。船工们以毛肚、黄喉、鸭肠、血旺等为原材料,加以麻辣佐料,以边煮边食的方式进餐,从而形成了重庆火锅。在重庆母城,知名的火锅品牌有重庆小天鹅火锅、奇火锅、巴将军火锅。此外,还有众多在重庆当地人中享受盛誉的其他品牌。

丰富的美食文化,在重庆母城孕育了众多知名餐饮品牌,如老四川、小洞天、小天鹅、德庄、清华、友谊。

在重庆母城，形成了众多特色美食积聚街区。八一路好吃街以各种小吃为特色，汇聚了山城小汤圆、王鸭子、丘二馆、颐之时、九重天等名特小吃及知名餐饮品牌；较场口、小米市、日月光是休闲美食汇聚地；凯旋路、中兴路聚集了各式火锅、传统风味、特色菜馆；长滨路的江湖菜，嘉滨路的重庆渔港，是重庆本土母城美食的集中地。此外，大坪商圈的新兴商业街区，其融合多种风格的餐饮，也越来越受人欢迎。

(三)交通旅游体验

重庆因为独特的山城、江城地理环境，有着很多独特的交通工具。随着时代发展，这些交通工具也拥有了旅游资源的特性，因此形成了独特的交通旅游体验。

两江索道。两江索道即嘉陵江索道和长江索道。重庆人为克服大山大水的阻隔，在20世纪80年代初期就创造了城市空中载人过江索道，成为重庆市民出行的重要工具。嘉陵江索道于1982年1月建成，是中国的第一条客运索道；长江索道于1987年10月建成的，有着"万里长江上第一条跨江客运索道"的美誉。2010年，嘉陵江索道与长江索道正式被列入第二批重庆市文物保护单位名单。

索道已被打造成为新的旅游产品——"空中两江游"，坐索道观看两江美景成为重庆旅游的新亮点。巩俐、梁家辉"乘坐"《周渔的火车》来到长江索道，《门》《疯狂的石头》更是让两江索道蜚声中外，前来索道取景的剧组已不下20余家。

皇冠大扶梯。皇冠大扶梯是山城重庆立体交通的集中体现。由于地势起伏，公路交通不方便，电梯、扶梯就成了重庆市民上下山的重要交通工具。皇冠大扶梯又名两路口大扶梯，它连接了两路口和重庆火车站，有亚洲第一长扶梯之称。由于坡度大，乘坐皇冠大扶梯让人有一步登天、会当凌绝顶的感觉。皇冠大扶梯由上、下梯和备用梯共三台扶梯组成，每台最大载客能力为13000人次/小时。

李子坝轻轨站。李子坝轻轨站为重庆轨道交通2号线中的一个站点，是国内第一座与商住楼共建共存的单轨(轻轨)高架车站。该站位于嘉陵江南畔的李子坝正街39号商住楼6-7层，因其"空中列车穿楼而过"成为蜚声中外的景点。

山城步道。"山城步道"一词有广义、狭义之分。广义的山城步道,通指重庆市区内的具有多层梯坎的步道;狭义的山城步道,则特指位于重庆母城的山城第三步道,它也是最具体特色的山城步道。山城第三步道经渝中区观音岩经石板坡到中兴路,全长1748米。它由北向南,依次经过市中山医院(原国民党政府立法、司法院)、抗建堂、菩提金刚塔、法国仁爱堂旧址、悬空栈道等,融历史文化与城市景观于一体。

(四)购物文化体验

重庆母城现代商务发达,商圈众多,很多游客到重庆母城旅游,都会进行购物体验。

重庆时代广场。重庆时代广场是重庆高端时尚生活的集中地及旅游地标,它的前身是汇集众多知名品牌的高端购物商场美美百货。时代广场作为西南地区最高端的购物商场之一,云集了100多家国际名牌。广场还汇聚了各具特色的中西食肆和进口食品超市,是集购物、餐饮、休闲于一体的一站式购物中心。

金鹰财富中心。金鹰财富中心以销售顶级珠宝、钟表、配饰、豪车以及休闲餐饮为主,是高端商品齐聚的地方,可以买到GUCCI、欧米茄等世界知名品牌,还有艾伦斯特珠宝、无印良品、许留山等等。

太平洋百货。太平洋百货位于大都会广场内。太平洋百货共有8层营业楼面,提供购物、餐饮、娱乐、观光、休闲等多方位的综合性服务,所经营商品涵盖时尚、休闲用品、男女服装、男女鞋、各式名表、皮件及精美饰品等,还有丰富多样的各类美食。

重庆日月光中心。位于较场口的重庆日月光中心是时尚服饰、餐饮娱乐、数码生活完美结合的一站式购物广场。日月光购物中心有百余家知名时尚品牌入驻,有市内最大的免税店,经营品牌有HERMES等服装品牌。5万平方米超大美食餐饮区汇集了中西美食。

新世纪百货。位于解放碑步行街的新世纪百货,可以买到与重庆市民生活息息相关的商品,是重庆市著名的大型零售企业。

重庆百货大楼。重庆百货大楼发端于老字号宝元通。1920年,宝元通在宜宾成立,主要经营百货及布匹生意。1935年,公司总部迁至重庆,位置在繁华地段的陕西路。由于经营有方,业务蒸蒸日上,不断向外扩展。宝元通分公司不仅遍布四川,还在上海、南京、武汉、昆明及西安等地纷纷成立了分公司。分公司除通用"宝元"两字外,在其后均冠以当地地名简称作为分公司名称,如成都分公司叫"宝元蓉"、上海分公司叫"宝元申",而重庆分公司则叫"宝元渝"。1950年5月1日,在宝元通百货公司重庆分支机构"宝元渝"的基础上,成立了西南区百货公司门市部,标志着重百大楼建店。重百成为重庆市第一家国营百货商店,宝元通也因此成为我国第一家由私营转向国营的民族资本商业企业。20世纪90年代,重百进行股份制改革,于1996年上市,成为当时西南地区唯一一家商业上市公司。

来福士广场。重庆来福士坐落于重庆朝天门广场与解放碑之间,直面长江与嘉陵江交汇口,成为衔接地铁站、公交换乘站、客运码头和游轮中心的水陆交通枢纽。来福士广场以八栋高层建筑形成风帆样式的建筑景观,寓意重庆"乘风破浪、扬帆起航"。广场覆盖城市生活的各个方面需求,包括甲级写字楼、购物中心、高端住宅及五星级酒店和服务公寓。

四、重庆母城的旅游主题功能区

重庆母城的旅游资源,按照其主题可以划分为如下功能区。

(一)国际地标主题功能区

国际地标主题功能区,为打枪坝以东区域,以国际地标为主题,沿重庆九开八闭重庆母城城墙线,涵盖解放碑中央商务区、朝天门、湖广会馆、巴县衙门、十八梯、洪崖洞、通远门等区域,是巴渝文化的历史传承见证地区,当代开放发展成果的综合展现和体验地区。

(二)都市印象主题功能区

都市印象主题功能区以中央山脊以北为区域,以都市印象为主题,以大礼堂、中山四路、文化宫、燕子岩、李子坝、重庆天地为支撑,是全面传承和展现抗战文化、革命文化、统战文化的区域,同时也是文博展览、创意设计区域。

(三)时尚新城主题功能区

时尚新城主题功能区以中央山脊以南为区域,以时尚新城为主题,以大坪商圈、菜园坝区域为支撑,是打造现代潮流文化、发展体验消费的主要区域,吸引重庆本地年轻群体进行文旅消费。

小结

本章主要阐述了重庆母城古代至现代的商贸发展历程,重点讲述了近代以来重庆母城商贸发展情况,包括下半城的早期商贸、川东劝业会、抗战时期重庆母城商贸业、直辖后重庆母城商贸业、重庆商贸文化和重庆现代都市商务圈的相关知识。此外,还从重庆母城的旅游发展概况、重庆母城的都市旅游资源、重庆母城的都市旅游主题体验、重庆母城的旅游主题功能区等方面,讲述了重庆母城的旅游文化。

实践建议

选择某重庆"老字号",考察其发展历程,并提出合理化发展建议。

参考阅读

关于"旅游文化"的界定

云南师范大学旅游与地理科学学院副教授赵红梅,在《论旅游文化——文化人类学视野》一文中提出,在人类学意义上,旅游文化是多元文化主体在相互接触中所形成的自我协调的意义系统,这一系统是由各介入主体围绕旅游活动而创造产生。

首先,文化人类学关注文化问题与文化接触,该定义正是从文化接触的切面来思索旅游文化的形成,因此,这是个立足于文化人类学的定义。

其次，多元文化主体是广义的旅游主体，包括旅游者在内的一切旅游介入者，通过他们丰富多彩的旅游活动，旅游文化才得以产生。

再次，将旅游文化定格在发生或形成阶段，有利于其内涵与外延的框限。

最后，界定旅游文化是一个自我协调的意义系统，原因在于多元主体存在的事实，任一主体都可能在文化接触中迸发创造性的旅游活动，从而收获其欲寻求的意义，亦因各取所需的价值张力，使得旅游文化是一个自我协调的意义系统。

思考与自测

一、思考题

(一)重庆商贸发展的历史背景是什么？

(二)母城渝中的都市商务文化体现在哪几个方面？

二、自测题

(一)填空题

1.重庆母城商贸最早起源于( )时期。

2.( )以后，重庆母城的商贸发展有了明显的进步。

3.重庆渝中区沿( )北岸的一段老城区，被称为下半城。

4.重庆第一家既能听川戏又能喝茶的戏园是( )。

5.( )于1950年成立，它是西南地区第一家大型国有商业企业。

6.1910年，为激发民众创业热情，重庆城外的菜园坝举办了( )。

7.近代母城商贸发展衍生的知名老字号有( )、( )。

8.创办了民生实业公司的民族资本家是( )。

9.(　　)是全国十大批发市场之一。

10.拥有古巴渝十二景洪崖滴翠的特色民俗风貌区是(　　)。

11.解放碑商圈有"中国十大新地标商务区"、"中国著名商业街"、(　　)、"中国首批示范步行街"之称。

12.大坪商业圈的三大支柱分别是:(　　)、英利国际广场、万科万锦汇。

13.(　　)是重庆市人民政府的"菜篮子工程"的重要载体。

14.湖广会馆参观区域主要分为四个部分:禹王宫、广东公所、齐安公所、(　　)。

15.位于朝天门广场中央的是重庆(　　)标志。

16.洪崖洞的三绝指的是:(　　)、集镇老街、巴文化。

17.两江索道是指的横跨长江和(　　)的索道。

18.重庆母城的旅游主题功能区分别为(　　)、都市印象主题功能区、时尚新城主题功能区。

19.亚洲最长的一级提升坡地大扶梯名为(　　)。

(二)选择题

1.哪个码头是丝绸、绢帛的出入口?(　　)
A.朝天门码头　　B.储奇门码头　　C.翠微门码头　　D.太安门

2.曾是重庆总商会会长的是(　　)。
A.李耀庭　　　　B.吴蕴初　　　　C.鲜伯良　　　　D.卢作孚

3.近代拥有主要银行、票号的街市是?(　　)
A.白象街　　　　B.陕西街　　　　C.米市街　　　　D.打铜街

4.重庆渝中区沿长江北岸的一段老城区是?(　　)
A.上半城　　　　B.下半城　　　　C.朝天门　　　　D.白象街

5.城内最大的山米交易市场是?(　　)
A.陕西街　　　　B.油市街　　　　C.打铜街　　　　D.米亭子

6.主持了重庆自来水改建工程,成立了西部最早的水泥厂的爱国实业家是(　　)。
A.吴蕴初　　　　B.吴羹梅　　　　C.胡子昂　　　　D.温少鹤

7.更名为太平门码头的原码头名为(　　)。
A.铜元码头　　　B.茄子码头　　　C.当归码头　　　D.水码头

8.(　　)的使用是为了不让下一位买家知道上一位买家的成交价格,这样避免不同价格引起买卖双方的纠纷。

　　A.暗语　　　　　B.钱票　　　　　C.坐茶馆　　　　D.货物样品

9.(　　)是西南地区商品、物资集散的重要地点。

　　A.大阳沟菜市场　　　　　　　B.学田湾菜市场

　　C.朝天门批发市场　　　　　　D.解放碑

10.哪个市场曾经被叫过"臭阳沟"?(　　)

　　A.大阳沟菜市场　　　　　　　B.学田湾菜市场

　　C.大溪沟菜市场　　　　　　　D.观音岩农贸市场

11.重庆母城的现代都市商务区不包括(　　)。

　　A.解放碑商业圈　　　　　　　B.大坪商业圈

　　C.化龙桥商业圈　　　　　　　D.三峡广场商业圈

12.下列哪个商业圈是以重庆天地为主的涉外商务中心?(　　)

　　A.化龙桥商业圈　　　B.解放碑商业圈　　　C.大坪商业圈

13.由"青狮白象锁大江"这句吉利语得名的街道是?(　　)

　　A.白象街　　　　B.油市街　　　　C.打铜街　　　　D.陕西街

14.狭义的山城步道,特指位于重庆母城的(　　)。

　　A.山城第一步道　　　　　　　B.山城第二步道

　　C.山城第三步道　　　　　　　D.山城第四步道

15.下列哪项旅游资源不属于巴渝文化旅游资源?(　　)

　　A.湖广会馆历史街区　　　　　B.九开八闭古城墙

　　C.十八梯　　　　　　　　　　D.鹅岭公园

16."人民解放纪念碑"的碑名由时任西南军政委员会主席(　　)题写。

　　A.刘伯承　　　　B.贺龙　　　　　C.邓小平　　　　D.陈锡联

17.下列哪一项属于国家一级博物馆?(　　)

　　A.三峡博物馆　　　　　　　　B.自然博物馆

　　C.抗战遗址博物馆　　　　　　D.红岩革命历史博物馆

18.下列哪一项属于都市印象主题功能区?(　　)

　　A.朝天门　　　　B.湖广会馆　　　C.巴县衙门　　　D.中山四路

19.下列哪一项属于国际地标主题区?(　　)

　　A.文化宫　　　　B.燕子岩　　　　C.李子坝　　　　D.湖广会馆

185

参考文献

《商贸渝中》编辑委员会.商贸渝中[M].重庆:重庆出版社,2013.

邓晓,何瑛.重庆主城的商贸发展历程初探——从远古到1949年[J].长江文明,2014(01):68-74.

第七章 母城文化发展战略

▶ 内容提要

重庆母城所在的渝中区，集山水风貌、历史文化和现代都市为一体，具有较为完备的文旅产业体系和配套设施。"十四五"期间，渝中区将构建现代产业体系作为城市发展的重要支撑，深度推进文旅融合发展和商务发展，全面提升城市经济品质、人文品质、生态品质、生活品质。

▶ 学习目标

掌握：渝中区区域发展定位、文旅融合发展策略和商务发展规划。[1]

理解：渝中区发展战略与重庆母城文化资源之间的关系。

了解：渝中区未来发展重点板块。

---

[1] 本章的主要资料来源为：《中共重庆市渝中区委关于制定渝中区国民经济和社会发展第十四个五年规划和二〇三五年远景目标的建议》，中国共产党重庆市渝中区第十二届委员会第八次全体会议，2020年12月11日
《渝中区"十四五"时期国民经济和社会发展基本思路》，渝中区政府，2020年6月
《重庆母城文化传承发展规划》，渝中区文旅委提供
《渝中区全域旅游规划》，昌辉旅游发展服务机构/奇创旅游规划咨询机构
《渝中半岛公园地区总体设计》，渝中区发改委
《重庆市渝中区步行系统专项规划》，渝中区发改委

重庆母城所在的渝中区文化源远流长,有着丰厚的历史文化积淀。渝中是重庆的"母城",老中有旧,旧中有新,传统与现代的张力赋予了渝中独特魅力,使渝中半岛具备山水人文的交融性、城市历史的累积性、文化形态的多样性、文化资源的富集性和文化主题的鲜明性。渝中半岛两江环绕,城市形构与自然环境交融,空间格局独树一帜,是主城滨江区域的核心地段,岸线资源丰富,并拥有鹅岭—枇杷山为中脊的山地。在城市建筑和街道布局上,重庆城与全国其他历史文化名城相比,没有中国绝大多数传统城市所追求的"中轴线"布局。在整体空间上,围绕自然地貌,拥有独一无二的两江江岸线和中脊天际线,雄关浩水形成了在国内外都具有独特性的山城和江城景观,旅游资源丰富。

新时代背景下,渝中区将"以建成高质量发展高品质生活新范例为统领,推进服务业现代化、社会治理现代化,在全面建成小康社会基础上实现新的更大发展,产业实力壮大、城市有机更新、人文渝中建设取得重大突破,基本建成重庆现代服务业引领区、历史文化展示区、国际交往窗口区、美好城市示范区","母城文化保护传承利用进一步加强,文旅融合发展深入推进,人文渝中的魅力充分展示"。

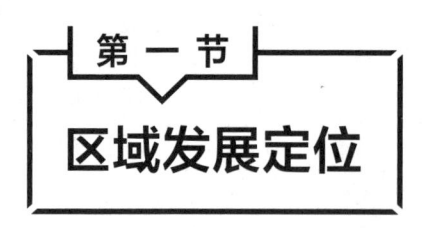

第一节 区域发展定位

渝中区已编制完成了《渝中区全域旅游规划》,推进全域统筹规划、全域合理布局、全域服务提升、全域系统营销,构建良好自然生态环境、人文社会环境和放心旅游消费环境,实现全域宜居宜业宜游。

规划着重强化山水风貌、巴渝母城和现代时尚三个核心特色要素,依托重庆母城所在的渝中区独特的自然地貌、现代城市建设,打造轮廓清晰、天际线敞亮、山脊点突出、建筑栉比鳞次、上下半城有机融合的半岛立体山水风貌，留住自然山水轮廓；通过保护并活化文化资源，充分传承和展现母城文化。

一、指导思想

渝中区将积极抢抓"一带一路"、"长江经济带"、自由贸易区、成渝地区双城经济圈发展等机遇，以"山水之城，美丽之地"为总体蓝图，以持续建设渝中全域旅游示范区为统领，以国际化、绿色化、人文化、现代化为重要抓手，以培育高质量文化旅游产业作为全区战略性主导产业为目标，以"文商旅城"融合和全域旅游为主要路径，强化渝中山水半岛、母城记忆和现代时尚元素，聚焦文旅发展主要领域和重点区域，创新旅游发展机制和发展模式，大力挖掘保护并活化利用"母城"文化资源，切实满足人民群众不断增长的高品质文旅需求。

二、总体定位

渝中区将从以下方面进行总体定位。

（一）国际文化旅游大都会

面对旅游观念不断成熟、旅游需求进一步升级和日益多元化、旅游诉求从功能层面逐渐上升到情感层面的新型文旅消费市场，通过打造宜游宜业宜居的文化旅游产业集聚区，提供全域便捷无缝旅游交通，复兴彰显地域情境的母城时尚生活方式，建设强化担当、体现作为、充满韧性的未来文旅新城，致力于打造一个西部枢纽、全球门户、深度探访型都市旅游目的地，与游客建立情感共鸣，让游客在旅行中寻求心灵契合、价值认同在重庆母城实现。努力为全年龄段、各类客群创造充满活力的"一带一路"和长江经济带联结点上的国际文化旅游大都会。

（二）国际旅游名城核心区

抓住一带一路、成渝协同发展、自贸区等发展机遇，围绕全市打造国际知名旅游目的的总体目标,依托渝中区外国领事馆集中、抗战时期驻华大使馆旧址、名人故居众多等条件,提升国际化旅游接待和营销水平,强化国际化消费中心、国际会议组织接待、国际大牌时尚发布等功能,将渝中打造成为国际旅游名城核心区。

(三)国家全域旅游示范区

以全域旅游示范区创建为引领,围绕"国际化、人文化、绿色化、现代化"要求,深度挖掘母城文化、立体山水等旅游资源潜力,构建快捷的立体交通,美化城区环境,完善旅游服务和配套,积极创新旅游产品和开发模式,推进文商旅城融合发展,把渝中打造成为具有独特魅力、全国一流的全域旅游示范区。

三、分区聚焦发展

按照资源条件、交通串联、城市风貌控制、产业发展基础等因素,渝中文旅产业发展空间布局为:"三区聚焦、两水串联、一脊贯通、多点支撑"。三区聚焦为东部国际地标区、北部都市印象区、南部时尚新城区;两水串联为长江滨江路区域、嘉陵江滨江路区域;一脊贯通为沿山李子坝、佛图关、化龙桥、虎头岩约4000米长的渝中区中央山脊线;多点为16个重点区域和重要的景点景区、文创园区、重点历史文化建筑等。

(一)三区聚焦

"三区"是渝中区文化和旅游产业发展重要载体空间,也是母城文化集中体现的区域。"三区"将打造一批传统风貌区、山城老街区、特色老社区和现代时尚新城区,坚持突出文脉传承、风貌保护、功能提升、产业发展,传承母城文化、历史场景、民俗生境等传统风貌街区核心特征及文化内涵,形成文化内涵丰富的载体空间,为文化旅游产业发展提供优质载体。

1.东部国际地标区

东部国际地标区为打枪坝以东区域,以"国际地标"为主题,沿"九开八闭"重庆母城城墙线,以解放碑中央商务区、朝天门、湖广会馆、白象街-巴县衙门、十八梯-山城巷、洪崖洞-戴家巷、民生路-通远门等区域为支撑,是巴渝文化的历史传承见证、当代开放发展成果展现、未来文旅发展核心区域，将实现文旅全要素融合发展，其文化展示主线为巴渝、移民及现代时尚文化。

东部国际地标区将重点推进十八梯、湖广会馆、鲁祖庙、戴家巷等传统风貌区、山城老街区、特色老社区建设；建设魁星楼中央艺术区、大都会美丽产业园等特色产业园区，加快推进新华时尚文化城等载体建设。

2.北部都市印象区

北部都市印象区为中央山脊以北区域，以"都市印象"为主题，以大溪沟、大礼堂-马鞍山、中山四路-曾家岩、大田湾-文化宫、燕子岩-飞机码头、李子坝-三层马路-印制二厂、重庆天地区域为支撑，是全面传承和展现抗战文化、革命文化的区域，同时也是发展文博展览、创意设计的区域。

北部都市印象区将推进中山四路传统风貌区、大田湾及文化宫传统风貌区、民国印钞厂老街区、国际村社区等传统风貌区、山城老街区、特色老社区建设，建设后街影视文化产业园、红岩村文化产业园等特色产业园区，加快推进嘉陵天地二三期、重庆中心等载体建设。

3.南部时尚新城区

南部时尚新城区为中央山脊以南区域，以"时尚新城"为主题，以大坪商圈、菜园坝区域为支撑，是打造现代潮流时尚文化、发展体验消费的主要区域，重点发展文旅购物、原创音乐、文艺培训、餐饮住宿、休闲娱乐。

南部时尚新城区策划打造重庆国际IP产业园、菜园坝滨江产业园、联通大厦健康产业园等特色产业园区。

（二）两水串联

1.长江滨江路区域

朝天门-菜园坝-九滨路沿长江串联线，是重庆展示山水城市风貌及移民文化、开埠文化的重要长廊。依托轨道18号线、长滨路和老成渝铁路改造线，串连朝天门、湖广会馆、白象街、十八梯、飞机码头、菜园坝区域，是长江滨江重要的游客组织通道，是滨江亲水休闲的主要区域。

2.嘉陵江滨江路区域

朝天门-大溪沟-重庆天地沿嘉陵江串联线，是构建山水风貌、展现抗战文化及红岩文化的重要长廊。依托轨道2号线、嘉滨路,串连朝天门、洪崖洞、戴家巷、李子坝抗战遗址公园、三层马路、重庆天地、红岩纪念馆等区域,是滨江健身休闲的主要区域,是北区滨江游客组织通道,是联动磁器口、红岩革命纪念馆的文化脉络。

(三)一脊贯通

以中央山脊线为线,以朝天门零公里-人民解放纪念碑-打枪坝水厂纪念水塔-红星亭-跳伞塔-瞰胜楼-电视塔为坐标点位,串连打枪坝水厂、枇杷山公园、国际村(公园)、鹅岭公园、佛图关公园、重庆电视塔、虎头岩公园的中央山脊,串连山城巷、通远门、燕子岩、大田湾体育场、印制二厂、总部城等区域,联合打造立体山城公园。中央山脊线是充分展示渝中山水地形的重要标志,是城市逐步由东向西发展的历史见证,是重要游览步行道路的起始点,是城市的重要观景游览平台和夜景灯饰区域。

(四)多点支撑

主要为解放碑CBD、朝天门2个核心区域,湖广会馆、十八梯、白象街-巴县衙门、十八梯-山城巷、洪崖洞-戴家巷、民生路-通远门、燕子岩-飞机码头、大礼堂-马鞍山片区、中山四路-曾家岩、大田湾体育场-文化宫区域等10个历史文化风貌区(老街区)、大坪商圈、重庆天地、菜园坝3个商贸商务区、1个山城公园区域,另外包括重要的景点景区、文创园区、重点历史文化建筑等。其中,解放碑CBD、朝天门为一级重点区域,湖广会馆、十八梯、白象街-巴县衙门、洪崖洞-戴家巷、李子坝-大公报-三层马路-鹅岭二厂区域为二级重点区域,其余为三级开发区域。

四、城市形态升级

城市更新成为渝中区城市建设的重要途径,也将是实现渝中区中长期发展"母城文化"的重要战略,以强调统筹推进为思路,全区布局、分片区分重点有序改造,高水平推进商业商务楼宇功能改造,全面推进老旧小区改造,加快推进历史文化街区和风貌区保护更新,完善城市更新工作和投融资机制,促进城市更新与产业转型升级、人口结构优化、城市品质提升有机结合,打造宜居宜业宜游的品质城区,彰显母城活力与魅力。

(一)整体保护整治,提升"母城"氛围

重点推进传统风貌区、山城老街区、山城老社区的保护利用,应保尽保,宜用则用,全方位展示渝中历史,提升"文气"氛围。保存传统区域风貌,维护原有街巷肌理,以先进的实施操作模式改善区域内生活品质。坚持全面保护古城风貌,严密把控、精益求精;坚持以重点历史文化街区为切入点,进行整体保护整治、更新利用;坚持采取"修旧如旧"的原则,保护单体历史遗迹,彰显历史本色;坚持改造古城的基础设施,确保历史文化保护与现代生活的融合。

历史文物修复工作得到加强,活化利用率提高。截至2018年6月,渝中区在现存170处文物中,已完成大礼堂、湖广会馆、法国领事馆旧址、东华观藏经楼等文物维修工程共86处,130处文物保存现状完好,修复率(完好率)达76.5%;桂园、通远门、湖广会馆、国民政府警察局旧址等131处文物对外开放,开放率达77%。针对历史建筑保护利用,出台了《渝中区历史建筑活化利用管理办法》,进一步完善了文物管理机制。

(二)注重山水城市特色风貌打造,构建山城半岛步行系统

渝中区致力建设成为山水交融、错落有致、富有立体感的美丽山水城市,先后完成《渝中半岛公园地区总体设计》《重庆市渝中区步行系统专项规划》,初步形成由山地中脊线及嘉陵江、长江滨江路构建的半岛城市轮廓,塑造了山水立体城市形象。通过建设空中廊道、地下连廊、扶梯、石梯、崖壁栈道为步行通道,串联文博会馆、文堂庙所、名人故居等,深入市井街巷,连通江岸和山脊,构建山地城市特色交通网络,构建巴渝母城步行观光体系。

(三)推进特色文旅产业集聚区建设,强化产业载体建设

渝中打造了一批特色文旅产业集聚区,在空间上引导文化集聚彰显、点位集聚抱团发展,服务功能集聚小区域自成体系,改变渝中文旅资源各自为战、位能低下、难成合力之局面,在主城核心区域形成了若干具有不同文化特色的产业集聚区。

(四)推进全域配套,提升旅游吸引力

渝中区加强了文旅配套设施建设,强化城市绿化、旅游景点、会议中心、

餐饮与休闲场所、购物商场等旅游设施对游客的吸引力。注重城市传统与现代结合,实现传承与创新共存,用无处不在的点滴细节打动游客。2020年11月渝中区被文化和旅游部授予第二批"国家全域旅游示范区"称号。

图7-1 重庆长江大桥

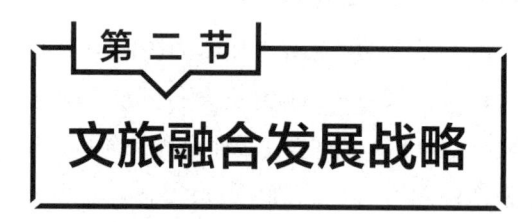

第二节 文旅融合发展战略

重庆母城所在的渝中区,正在结合自身特点,大力推进文旅融合发展战略。

一、文旅融合发展现状

重庆母城所在的渝中区紧抓文旅融合发展,文旅产业增长较快。截至2019年底,渝中区文化旅游企业约8000家,其中,规上文化旅游企业218家。

文旅产业增加值约135.03亿元,占全区GDP比重12.65%。接待游客6744万人次,旅游业总收入463.5亿元。2019年规上文化、旅游服务企业营业收入分别增长14.6%和20.5%。经过近几年的培育,区内有A级景区13个,旅行社196家,宾馆660余家,两江游船8艘,演艺场所10个,市级文艺院团7家。

文化遗产富集。渝中是重庆历史文脉传承最完整、文化遗产最富集的地区。现存非物质文化遗产46项,博物馆20家,不可移动文物200处,其中全区有全国重点文物保护单位18处(30个点),占全市的33%(全市55处),市级文保单位47处,占全市的17%(全市282处),市级以上文物数量居全市第一。

城市空间布局独特。渝中半岛两江环绕,城市形构与自然环境交融,空间格局独树一帜,是主城滨江区域的核心地段,岸线资源丰富,并拥有鹅岭—枇杷山为中脊的山地。在城市建筑和街道布局上,重庆城没有中国绝大多数传统城市所追求的"中轴线"布局;其在整体空间上,围绕自然地貌,拥有独一无二的两江岸线和中脊天际线,雄关浩水形成了在国内外都具有独特性的山城和江城景观。

文化艺术资源丰富。目前,渝中区有重庆画院、重庆市艺术创作中心、重庆书法艺术中心等众多重要文艺机构,有各类文艺文化人才700余人,近年获得有分量的国家级、国际级文艺奖项30多项。

二、文旅融合发展思路

渝中区是典型的山城、江城和历史文化名城核心区,也是文化旅游服务业集聚区。母城文旅融合发展以历史为根、文化为魂,保护与传承好历史文脉,挖掘母城文化内涵,用好用活文化载体、文化元素、文化符号,释放文化活力,对历史遗存、历史事件、历史人物等文化资源进行活化利用,打造城市国际影响力和文化软实力。

渝中区将有序推进风貌区、老街区、老社区建设,使母城的现代化的功能载体与传统历史文化风貌交相辉映。"文商旅城"融合发展加速推进,文化产品供给日趋多元,旅游配套设施更加完善,文旅产业能级显著提升。

图7-2 山城巷一角

三、文旅融合发展策略

重庆母城的文旅融合发展,将从业态融合发展、资源融合发展、市场融合发展、服务融合发展、交流融合发展等5个方面推进。

(一)业态融合发展

推进文旅融合发展,首先要推进业态融合发展。

1. 业态融合发展基础

渝中区作为重庆都市旅游的重要目的地,承载着"山水之城,美丽之地"的核心内涵。2016年2月,渝中区获国家旅游局"全域旅游示范区"首批创建单位。渝中区已基本构建形成了以文化创意和设计、文化艺术服务、新闻出版发行、影电视服务、文化休闲娱乐服务及文化商贸服务等产业门类为主的现代文化业体系。

近年来,渝中区积极推动文化载体建设,拥有洪崖洞、重庆演艺集团等国家级文化产业示范基地,重庆科普传媒创意基地、滨江创意设计产业走廊等市级创意产业基地,以及新华书店、湖广会馆、重庆演艺集团、新博雅公司、市歌舞团、洪崖洞市级文化产业示范基地。拥有湖广会馆及东水门老街、中山四路2个历史文化街区,重庆城墙遗址、十八梯、山城巷及金汤门、白象街、打铜街、大礼堂马鞍山片区、李子坝、大田湾及劳动人民文化宫、鲁祖庙等9个传统风貌区,在重庆市规划的主城区32个市级历史街区、传统风貌区中约占1/3。

渝中区现有三峡博物馆、红岩博物馆、中国民主党派陈列馆等博物馆20家,有重庆歌剧院、重庆京剧团等驻区的市级院团6家,有国泰艺术中心、重庆大礼堂、文化宫剧院、巴渝剧院等演出场馆6个,有重庆美术馆、王琦美术馆、晏济元美术馆等美术馆9家,有重庆画院、重庆市艺术创作中心、重庆书法艺术中心等重要文艺机构。

2. 业态融合发展策略

渝中区依托母城历史、山水基底和智慧系统,推进全域旅游示范区建设,示范性构建高端综合服务业体系,将重点聚焦文化旅游领域,通过产业跨界融合催生新业态、新模式。按照"宜融则融,能融尽融,以文促旅,以旅彰文"的工作思路,重点培育六大融合产业。

(1) 文化旅游深度融合

推进渝中文旅空间与产业紧密结合,构建"传统支柱产业+新兴优势产业+未来核心产业",迭代更新的现代文旅产业体系;推进渝中文化事业、文化产业和旅游业融合发展。针对博物馆、艺术馆、展览馆等文化类旅游产品,突出渝中"母城"文化的内涵和精髓。

(2) 发展"旅游+体育"

利用渝中区多形态的地质地貌,以山城步道、滨江、高楼等特色资源为核心依托,开发登楼、登山、攀岩等户外体育运动旅游产品,大力发展水上运动、徒步登山、山地自行车赛等运动旅游品牌,重点打造"城市山地马拉松""环半岛国际山地自行车大赛"等重点特色体育旅游项目,推动旅游与体育融合发展,不断提升渝中区在国际国内体育旅游市场的影响力。

(3) 发展"旅游+医疗"

以大坪医院等医疗机构为重点,探索建立文化旅游医疗基地建设,开发建设一批国际化的康体医疗服务机构。依托重庆医科大学,建设环医科大学特色医疗产业带;依托解放碑1089艺术美丽中心,积极引入高端美容、医疗机构,打造集医疗、美丽、时尚为一体,以艺术文化为主题的医疗商业综合体;引入国际医疗卫生机构认证,满足境内外游客的休闲疗养服务需求。

(4) 发展"旅游+教育"

推动"红岩联线"提档升级,打造爱国主义教育基地,吸引全国各地游客前来开展红色主题教育。提档升级红岩革命纪念馆,积极运用科技手段,运用高清360度环屏电影、全息投影等先进展示方式,优化体验,展示更真实、更生动的红岩历史。依托红岩革命纪念馆外闲置厂房区域,规划打造红岩文创园区,开展红色主题培训。

结合下洪学巷作为重庆儒学发源地的优势,联动湖广会馆,打造重庆国学教育基地,积极开展中小学生国学教育及培训、民间技艺交流,拓展研学之旅产品。

依托重庆大轰炸遗址,扩展地下展示展览空间,开展国防教育。

(5)发展"商贸+旅游"

积极推进商贸业与旅游业的深度融合,提升旅游购物质量,延伸旅游产业链;研发特色文创商品;培育具有渝中特色的综合性旅游餐饮、购物聚集区,联合制定旅游商品网点布局规划,建立完善多元化的旅游商品销售网络。

(6)发展"金融+旅游"

金融业是渝中区经济的两大压舱石之一,另一压舱石为商贸(商务)业。渝中区将发挥区域金融中心的金融业优势,拓宽文化旅游企业融资渠道,建立政府主导型的文化旅游业资产证券化市场,研究设立文化旅游产权交易中心。依托五一路重庆金融中心产业集聚优势,由行业协会牵头,金融与旅游机构联姻,大力开发旅游金融产品。

(二)资源融合发展

推进文旅融合发展,还要推进资源融合发展。

1.资源融合发展基础

渝中区旅游资源富集,禀赋较高。有嘉陵江、长江等山水自然生态资源;有解放碑、朝天门码头、洪崖洞、长江索道、重庆湖广会馆、重庆市人民大礼堂等众多旅游资源点;有商贸、购物、美食、娱乐等都市资源;自然景观、都市时尚、人文历史较完美地在此结合,形成了相对完整的旅游资源体系。截至2018年末,全区共有国家A级旅游景区13个,其中8个4A级景区(在全市数量最多)、3个3A级景区、2个2A级景区和一大批特色景点。

随着社会发展,渝中区作为重庆市的母城,其文化旅游资源的富集优势将更为突出,其资源融合发展更为明显。

2.资源融合发展策略

"抗战名城"、"巴渝古都"、"山水半岛"和"时尚都市"等定位已经将重庆市旅游与渝中区旅游紧密联系在一起。

渝中区将依托长江、嘉陵江、朝天门、解放碑商圈、长江索道、三峡博物馆等重点资源,打造时尚山水都市,以文化休闲推动商圈升级;依托红岩村、李子坝抗战遗址公园、桂园、重庆大韩民国临时政府旧址、史迪威将军博物馆等重点资源,打造世界级二战名城,塑造世界级文化休闲客厅形象;依托湖广会馆、洪崖洞、通远门为代表的重庆母城城墙遗址和十八梯、白象街、南宋衙署遗址等历史资源,打造巴渝文化古都,以特色街区活化历史文化体验。

(三)市场融合发展

推进文旅融合发展,也要推进市场融合发展。

1.市场融合发展基础

从地域构成上来看,渝中区近程客源市场以川渝及周边市场为主。中远程客源市场以北上广等大型、特大型城市为主,或为长江游轮旅游的过境游客。

从客源群体上来看,渝中区家庭出游与商务出游所占比例较大,年龄上以中青年旅游者居多。入境游客中60%的以观光旅游为主、22%以商务出游为主。

从产品偏好来看,至渝中区的国内游客偏重巴渝文化、山水文化、都市文化,多以山水游、都市游为主;入境游客偏好抗战文化、开埠文化,多以三峡游和二战遗址游为主。

从发展趋势上看,未来渝中游客将更多为自助游客,团队游客主要来自三峡游,游客对文创产品的需求增长较快。

2.市场融合发展策略

市场融合发展将从以下三个方面进行。

(1)"多元产品,广开市场"的融合策略

针对重庆本地、全国和境外市场不同客源展开文旅产品创新。既要为重庆人留下母城记忆,提高购物休闲娱乐满意度,吸引全市年轻群体消费;

也要为全国和境外的游客展示磅礴大气的山水城市现代风貌,精致鲜活的建筑风格,丰富多彩的巴渝文化旅游产品。加强周边省市、城市及区县的互动,形成文旅体验环线,共享客源。特别是要通过深入挖掘传统文化内涵,开发具有特色的文化旅游产品,进一步丰富旅游体验,推动传统文化融进旅游市场。要关注年轻群体的文化旅游需求,注重融入时尚文化元素,培养渝中未来旅游市场的生力军和主力消费人群。

(2)做好五篇市场开发文章,突破三大重点客源市场

做好五篇市场开发文章:深化旅游区域合作与发展,加强在市场拓展、游客互送、品牌共建、信息共享等方面的合作,共同推进区域旅游格局的形成;加快开发主体市场,实施针对性市场开发策略,采取重点客源市场直销、与专业客群俱乐部、媒体、网络合作等多种方式,集中力量突破重点细分市场;在客源地建立营销中心,采取"进社区、进学校、进企业、进协会"的点对点精准营销;推出特殊营销政策,如通过不定期发放数量不等的免费景区门票或针对特定人群的景区、酒店、交通免费票,全面撬动重点旅游客源市场;创新策划国际知名节事活动,吸引眼球,形成都市时尚制高点。

突破三大重点客源市场:以四川、贵州、湖南、湖北、陕西等周边五省为重点,深度开发周边市场;以长三角、珠三角、京津冀为重点,加快开发主体市场;以东部二、三线城市为重点,加快培育新兴市场。

(3)加强城际旅游联合,增加入境客源

增加旅游广告投放,做足重庆、成都、北京、上海、广州等枢纽国际机场的品牌营销,加强城际旅游联合营销;通过联合旅行社和长江三峡游轮公司,实施对台湾地区、港澳地区,以及日本、韩国、东南亚等主要入境市场的精准营销;通过提升渝中国际性节事活动的世界影响力,积极申办国际性会议,争取知名节会选择渝中作为永久性会址;加强在国际主流媒体的话题类营销。

(四)服务融合发展

推进文旅融合发展,还要推进服务融合发展。

1. 服务融合发展基础

2019年渝中区服务业增加值超过1200亿元,在国内知名中心城区中居于领先地位,呈现集聚发展、升级发展态势,发展水平和质量稳步提升。

渝中区的服务业政策效应不断显现。2019年深化开展"服务企业年"活动,大规模减税降费等政策全面落实,吸引服务企业入驻政策成效逐步显现。

2. 服务融合发展策略

渝中区将推动服务业知识化、高端化、智能化发展,创新发展文化旅游特色产业,优化服务业空间布局,着力服务创新发展,提升服务质效、能级,加快现代化发展步伐,打响"渝中服务"品牌,形成现代服务业体系,服务业现代化水平和服务承载能力显著提高,将渝中打造成为具有竞争力、辐射力、影响力的国家级现代服务经济中心核心区。

(1)大力发展服务业总部经济

渝中区以总部经济引领促进产业高端化、城市现代化,彰显"母城"地位,集聚特色文旅总部。发挥母城深厚文化底蕴及文旅资源优势,城市品牌影响,引入国内外文旅、商贸知名企业和机构设立区域性总部或分支机构,发挥总部龙头作用。

渝中区将在下半城历史文化风貌带重点引导布局文旅类企业总部;在解放碑中央商务区、朝天门中新合作示范园区重点引导布局金融、商贸、商务类总部企业;在大坪潮流商圈、菜园坝滨江城重点引导布局商贸类总部企业。

(2)多层级商业设施联动

构建高端商圈、特色商业街、社区商业、特色餐饮等联动发展,国际知名品牌和消费者集聚程度高的商贸业新格局,到"十四五"期末基本形成消费内容丰富、商贸品牌高端、消费方式多样、消费氛围良好的高度智能化、便利化、个性化的国际消费中心城市核心区。

(3)打造大重庆旅游集散中心

利用重庆母城的文旅资源和交通优势,打造大重庆城市旅游的主要目的地和全域重庆客流的集散中心。完善配套设施,提升旅游综合服务能力;加快打通景点之间的游线交通瓶颈,完善"快旅慢游"交通体系;完善观景台、游客服务中心、旅游综合体等餐饮、休憩配套设施,增设一批旅游咨询服务点,实现自助语音讲解A级景区全覆盖;加强景区周边旅游秩序综合治理,切实增强旅游景区承载能力和旅游安全保障能力。

(五)交流融合发展

最后,推进文旅融合发展要推进交流融合发展。

1. 交流融合发展基础

渝中区作为重庆的行政中心、经济大区和文旅大区,与外界展开紧密合作,打下了交流融合发展的坚实基础。渝中区将充分发挥历史文脉底蕴深厚、"山、水、桥、城"风貌独特等优势,深入挖掘巴渝历史文化、红色文化、开埠文化等资源,植入新型商业、文化艺术、都市旅游业态,提升渝中旅游的文化内涵,积极融入巴蜀文化旅游走廊建设,全力投入成渝协同发展,并与国内其他省市区展开交流融合。

2. 交流融合发展基础策略

交流融合发展,主要从以下方面推进。

(1)落实交流融合建设任务

渝中区将强化成渝旅游口岸协同联动,打造成为成渝地区高质量发展的综合性口岸;探索在"一带一路"沿线交通枢纽和节点共建旅游合作平台,逐步拓展成渝地区双城经济圈文旅融合开放式发展空间,打造具有国际影响力和竞争力的文旅产业开放合作品牌;加快推动旅游"双城通",争取成渝两地旅游要素整合重组,并互设分支机构。

(2)深化区域交流融合

打造"渝中-锦江"区域合作示范区,依托两地便捷的交通网络和互补的要素产业优势,在规划对接和政策互动、文化旅游、旅游市场开发等方面进行深度合作;努力把渝中和锦江打造成引领川渝合作的先行区,争取成为成渝地区双城经济圈内部合作典范。

此外,渝中区还主动创造合作条件,一体化联动参与泛珠三角区域旅游经贸合作。整体对接国家"一带一路"建设,积极"走出去""引进来",拓展文旅合作新空间,深化与欧亚大陆桥、丝绸之路经济带、21世纪海上丝绸之路经济带以及中亚、南亚、东盟和欧洲的旅游合作共赢,打造面向南亚、东南亚的重要对外开放窗口。

(3)推进交流融合试点工作

在国家政策框架下,发挥文旅融合开放平台试点先行的优势,探索在高度开放创新的环境下有效的文旅融合、区域互动的先行先试功能的新思路。

加快推动成渝地区旅游标准化组织共建、标准化试点和合作,在旅游公共服务、信用体系建设等领域先行开展区域统一标准试点。

一体化构建高速共享旅游信息网络,推动旅游大数据信息服务设施提档升级,开展成渝地区双城经济圈旅游大数据共享试点。

(4)创新文旅整合营销载体

规划布局一批有品位、上档次的图书馆、美术馆、艺术馆、音乐厅、小剧场群落,凸显渝中文化底蕴;依托湖广会馆、山城巷、三层马路和佛图关等独有的街巷梯道为背景,串联古石刻、雕塑小品、碑帖字画等反映母城历史的文化元素,打造文化休闲步道。

实施文化解读工程,创作文艺作品和书画作品,深入挖掘母城文化艺术价值,制订母城历史文化题材专项创作规划,加强对诗词、歌舞、书法绘画、曲艺杂技和历史文化纪录片、动画片、出版物等的扶持,拍摄制作"母城"影视作品。

组织系列母城文化展演,精心打造重庆母城文化艺术节、解放碑CBD周末音乐会、城墙故事会等品牌文化活动,增强湖广会馆、巴渝剧场等旅游驻场演出的吸引力,策划一批实景演出、非遗展示。

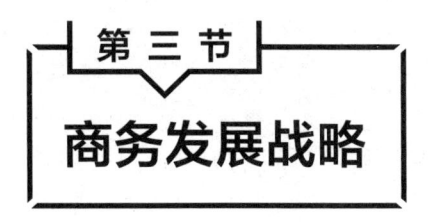

第三节 商务发展战略

渝中区是重庆市的商贸中心,拥有解放碑商圈和大坪商圈2个百亿级商圈。解放碑商圈是重庆市首个社零(社会消费品零售总额)突破500亿元的商圈,已经成为整个西部地区商业步行街发展的典范。2020年,解放碑步行街被评为首批全国示范步行街。

近年来,渝中区积极融入国家"一带一路"建设和长江经济带发展战略,以扎实推进内陆开放高地建设为着力点,努力提升开放型经济发展质量和水平。商贸(商务)和金融行业一样,已经成为渝中区经济发展的压舱石。

一、商务业发展现状

渝中区有总部及重点企业430多家,税收亿元楼36栋,世界500强企业及机构130多家入驻;全区集聚市级以上金融机构167家,其中外资金融机构33家;有解放碑商圈和大坪商圈2大市级核心商圈,1个市级特色夜市,10余条商业特色街,55个专业市场,其中亿元市场13个;汇集商贸和商务国际知名品牌380多个,10家驻渝领事机构齐集渝中。

2019年,渝中商贸业实现增加值283.2亿元,同比增长4.3%,占全区GDP比重21.8%。全区现有各类外商投资主体1000多家,商贸和商务服务业投资主体占比超过60%。

全区有实绩的外贸进出口企业约120家,以出口代理和进口分销企业为主,进出口货物主要有工业原材料、机电设备、农产品、纺织品、电子产品、日用品等。全区培育境外投资企业76家,对外承包工程企业11家,在建境外工程项目8个,对外投资合作区域主要集中在我国香港,以及美国、东南亚、欧洲、拉美、非洲等地。

二、商务发展思路

渝中区着力推进商业设施、业态、商品结构提升,主要从以下几个方面着手进行。

建设时尚消费聚集区。巩固"双核"支撑功能。联动打造解放碑—朝天门商圈,做大做强大坪商圈。

加快商业街提档升级。重点推进重庆"十字金街"建设。"十字金街"东起小什字,北临沧白路、临江路、民生路,西至金汤街,南到和平路、新华路。打造重庆天地、较场口夜市、石油路美食街、后街等一批品牌特色商业街区,适应美食休闲新需求,规范发展主题餐厅、网红餐厅和美食街区。

引导购物中心业态调整,促进文旅消费更加融合。引导朝天门、大融汇、来福士广场、重庆中心等各大新增商业载体开发商应用新技术,实施错位竞争、特色发展,构建更具体验性、更具特色的商业业态。

鼓励发展休闲度假主题酒店和特色民宿,提升餐饮业品质。鼓励国内外重要消费品牌在渝中发布新产品、新服务,围绕打造"渝中购物"品牌,形成"购物休闲、特色餐饮、文体娱乐、演艺体验、观光旅游"五位一体的新商贸模式。

引导传统商场向"小而美"主题商业转型。支持品牌专卖店向功能更加复合的旗舰店、概念店升级。

鼓励发展新零售。培育引进商旅文融合和"互联网+"等新兴商业模式。促进实体零售与网络电商、商贸业与文化旅游等其他产业、内贸外贸融合发展,打造一批商旅文体联动示范项目;打造智慧渝中商旅文消费服务平台;打造"网上解放碑",发展智慧停车、智慧楼宇、智慧消费等,建设智慧商圈。

打造"重庆好礼"品牌体系。鼓励设计开发蜀绣、船模、烙画等非遗产品伴手礼,建设非遗产品体验店。

提高游客满意度。要积极关注、及时回应旅游舆情。

三、重点商务板块发展布局

渝中区将以优化四大功能片区和十个服务业集聚区为抓手,推进重点商务板块发展布局。

(一)优化四大功能片区

注重差异定位、功能互补、特色发展,加快建设一批关联企业集聚、主导功能突出、综合配套完善的现代服务业集聚区,推动四大功能区协同发展。

1. 解放碑中央商务区

以"产城景融合立体半岛·国际化开放人文片区"为目标愿景,以高端化、特色化、品质化为基本导向,通过脉络共联、商业共荣、魅力共塑,大力推进朝天门-解放碑一体化,塑造一体化空间格局;通过业态、品牌、形象、消费、服务、体验、科技、载体等方面的升级,全面提升解放碑CBD的能级和区域辐射能力;通过加强朝天门"山水之门、人文之门、开放之门"的塑造,洪崖洞-朝天门-湖广会馆2.7公里岸线品质的提升,以及智慧城市示范区建设,打造国际化、绿色化、智能化、人文化高品质核心城区。

2.历史文化街区

以保护性开发为根本理念,打造适文适旅的城市历史文化立体空间,聚集文创产业,发展休闲产业,利用城市文脉与青山绿水交相辉映、现代时尚建筑与传统川东民居相映成趣的特色,推动渝中区以文化旅游为中心的核心竞争力建设,助推渝中差异化竞争力的提升。

3.大石化新区

大石化新区由大坪、化龙桥和石油路区域组成。渝中区将依托现有产业布局和优势,在智能化领域围绕"重庆链岛",突出发展区块链、大数据和人工智能技术的研发和应用,打造产业智能化转型升级平台、创新场景应用平台,助推渝中区现代服务业的智能化发展。在专业服务业领域,渝中区将围绕"化龙桥专业服务集聚示范区"建设,着重发展涉外服务贸易,助推渝中区现代服务业的国际化发展;在健康医疗产业领域,围绕"大坪大健康集聚示范区"和"环重医创新生态圈"建设,着力发展医疗产业。

4.电子商务和创意产业园

以数字经济发展模式为引导,以"科创""文创"双驱动,聚集互联网产业,推动"互联网+"战略和跨境电商战略,重点发展数字经济、智能经济、创意经济、共享经济、流量经济五类经济模式,重点打造互联网企业项目孵化、电子商务、数字文化、创意设计、大数据应用五大细分领域,持续成为带动渝中区新经济发展的"火车头"。

(二)打造十个服务业集聚区

充分发挥渝中区各板块比较优势,以集聚、集约发展为导向,对接"四大片区"综合布局导向,优化服务业功能分工和空间布局,加快构建2个具有全国影响力、8个具有西部地区影响力(2+8)的特色服务业集聚区,推动服务业形成层次分明、有机互动的发展空间新格局。

1.两大具有全国影响力的服务业集聚区

依托中新(重庆)战略性互联互通示范项目、国家自由贸易试验区两大国家战略平台及重庆中央商务区市级发展平台,做大做强做靓解放碑中央商务区、朝天门现代商务区两大服务业集聚区,加快推进两大集聚区一体化发展,彰显在全国乃至全球的渝中服务影响力。

2.八大具有西部地区影响力的服务业集聚区

依托渝中产业基础及资源要素优势,进一步提升品质、做大总量、做响品牌,构建具有全市乃至西部地区、长江中上游地区影响力的特色服务业集聚区。

(1)下半城历史文化风貌带

依托湖广会馆历史文化街区、老鼓楼衙署遗址公园,十八梯、白象街、山城巷等传统风貌区及长江索道等城市历史记忆,加强上下半城、各风貌区的互联互通,加快解放东西路、长滨路高架桥、长江索道、道门口等改造及品质提升,促进产城景融合,突出发展都市文化旅游业,提升"网红城市"名片、"母城"文脉传承的内涵和影响力,建设下半城历史文化风貌带文旅服务集聚区。

(2)化龙桥国际商务区

依托企业天地、重庆天地等现代化楼宇群,重点布局国际会展、跨国法务、会计审计、咨询与调查、中介外包等产业,吸引集聚入渝的国际人才,布局发展商务服务业。吸引消费金融、科技金融、大数据金融、商业保理、投资基金、资产管理、财务公司等新兴业态落户,打造西部地区知名的创新金融集聚区,建设化龙桥国际商务、新型金融服务集聚区。

(3)大坪潮流商圈

依托英利国际、时代天街等代表性项目,着眼增强新兴消费功能,升级优化大坪通信市场,建设大坪潮流商圈现代商贸集聚区。

(4)总部城数字经济集聚区

依托总部城区块链创新产业基地、清华启迪协信数字产业园等载体,探索发展区块链底层技术、应用场景,发展数字服务经济、科技转化服务等产业,完善海浪厂等地块功能引导,打造以"链岛"为标识的科技创新服务、数字经济集聚区。

(5)大溪沟文创设计产业集聚区

发挥区域丰富的人文资源优势,依托万科黄花园、大礼堂-马鞍山传统风貌区、蒲田大厦、科协大厦、名流公馆等楼宇载体,改造提升盛迪亚大厦、广场大厦、良源大厦等楼宇,瞄准文化创意、科技创新两大主攻方向,促进文化创新产业根植发展、创新集聚。

(6)上清寺互联网科创产业集聚区

深化拓展园区发展空间,加快建成重庆中心等商业商务楼宇载体,盘活投资大厦、太平洋广场等楼宇,改造广发大厦、希尔顿商务大厦等楼宇,积极提升互联网服务业、数字经济集聚度和影响力。

(7)菜园坝滨江城

高起点规划、高品质建设,发挥滨江城重庆站综合交通枢纽功能、鹅岭-菜园坝生态通廊优势,传承新中国第一条铁路的历史记忆,推进重庆站枢纽、老成渝铁路改造、成渝客专、渝湘高铁建设;加强轨道、道路、旅游码头等交通配套设施建设;加快市场搬迁、沿江消落带整治;实施重庆站及周边载体建设,实现产城景融合。重点发展现代商贸、滨江文旅,突出枢纽型经济特色,塑造城市新名片,建设菜园坝滨江城商贸、文旅服务业集聚区。

(8)环重医创新生态圈

围绕居民健康服务需求,发挥区域优质资源优势,依托重庆医科大学、重医附一院、大坪医院、陆军医学中心、重庆市第八人民医院、长航医院等资源,联动周边区域,延伸医疗产业链,推进医养、健康零售、母婴服务等业态发展,积极发展医疗医美、健康管理、健康咨询等大健康产业相关业态,打造商业医疗综合体,形成引领全市的大健康服务业集聚区。

四、新型商业形态发展规划

渝中区将大力支持跨境电商等新业态发展,推进跨境电商示范园建设,引导重点跨境电商平台线上线下融合发展,加快构建海外仓、网贸馆等境外营销物流体系。加快发展转口(离岸)贸易等新型贸易方式,推动摩配、农产品、服饰等专业市场对接融入国际市场,探索开展市场采购贸易试点。

(一)新型商业形态发展现状

渝中区电子商务和创意产业园(以下简称电创园),是母城新型商业形态的代表,其位于渝中区中部,覆盖上清寺、两路口、大溪沟3街道,园区面积约5平方公里,占全区陆地面积四分之一,常住人口约18.2万人。

园区先后被授予"2018十大活力产业园区""国家科技企业孵化器""国家电子商务示范基地""重庆市创意产业基地"等称号。

(二)新型商业形态发展布局

渝中区电子商务和创意产业园按照"整体规划、分步推进、集约集聚、错位发展"的原则，从空间上谋划"上清寺互联网科创产业集聚区、大溪沟文创设计产业集聚区、鹅岭-李子坝融合发展区"三大重点区域。

1.上清寺互联网科创产业集聚区

上清寺互联网科创产业集聚区依托重庆互联网产业园、环球大厦、广发大厦、港天大厦、华安大厦、中安大厦等产业园和楼宇集群优势，深化拓展园区发展空间，健全"互联网+"信息技术产业体系，培育"互联网+"平台企业，提升互联网服务业集聚度和影响力。重点发展大数据可视化技术、智能化设备开发、物联网检验检测认证、互联网创业孵化、互联网科技咨询、科技金融等互联网服务业，将打造成为数字文创、数字传媒为一体的科创产业集聚区。

(1)重庆互联网产业园

依托环球大厦、港天大厦、中安大厦、广发大厦和两路口移动电子商务产业园，重点孵化、培育成长性互联网企业，向希尔顿商务大厦、投资大厦、重庆村1号商务大厦等周边沿线载体拓展，逐步推进园区环境优化升级，构建"产业培育区+产业成熟区"的互联网产业空间布局，形成"产业培育-产业转移-产业聚集"的重庆互联网产业园发展的特有路线，实现企业数量、产值和产业集中度成正比发展。

(2)大田湾体育产业带

依托大田湾体育场等场地资源和楼宇载体，树立"大体育"发展理念，以体育服务业、体育销售、贸易代理与出租业、体育与相关产业融合发展新业态等为重点方向，着力引进一批体育产业专家人才，集聚一批文体旅重点企业，以提升体育产业市场竞争力，努力争创市级产业示范基地。

(3)重庆中心片区

依托重庆中心商业商务载体逐步建成，鼓励世茂集团自持重庆中心商业商务面积，利用优质载体，支持其商业引进国内外优质品牌，打造高端消费集聚地；针对其商务写字楼功能，结合集聚区产业发展形态，对接国内知名园区运营机构和重点企业，积极引导进行"互联网+"的产业链建设。

(4)环重医创新生态圈B区

以重庆医科大学及其附属医院为核心，推动环重医创新生态圈B区建设。依托电创园现有智能+、互联网+、现代技术服务产业基础,通过与环重医创新生态圈B区临床、科研、产业资源对接整合,致力于打造集技术研发、成果转化、智能制造、市场销售为一体,具备内生创新能力的产业链。

2.大溪沟文创设计产业集聚区

大溪沟文创设计产业集聚区,将构建以消费型文创业态和生产型文创业态为主,以电子商务、互联网和信息技术等特色产业为辅的文创设计产业基地。依托远见中心、重庆文创互联网楼宇产业园、创意大厦、科协大厦、中冶赛迪、市设计院、富城大厦、良源大厦等重要载体,发展影音、动漫、网游、传媒、视觉艺术、软件和计算机服务等消费型文创业态,以集聚区内的大礼堂、三峡博物馆为展示平台,打造"生产—发行—消费"产供销一体的文创产业链。

(1)大溪沟创意产业园

重点加快创意设计、建筑设计、景观设计、工业设计等产业基础建设,拓展研发设计、服装设计等高端设计业态;引进双创服务平台,探索打造楼宇产业园创客孵化中心,进一步加速创意设计产业集聚,强化创意设计服务功能。

(2)嘉滨路数字经济产业带

依托名流公馆、江都怡园、龙泉花园、远见中心、大宇·里面、重庆公馆、聚金大厦、华信大厦、万科翡翠都会等载体,发展电子商务、大数据智能化、数字文化、数字艺术展示等数字经济产业,逐步构建布局合理、特色鲜明、功能完善的数字经济产业生态体系,努力争创市级数字经济产业示范基地。

(3)大礼堂马鞍山片区

围绕"国家历史文化名城展示区"和"成渝地区协同打造巴蜀文化旅游走廊"等建设要求,以"保护传统风貌,提升共享品质,改善民生功能"为目标,依托三峡博物馆、人民广场、大礼堂"三点一线"旅游轴,联动中山四路、春森路、张家花园山城步道等周边街巷,发展数字内容、文化演艺、文化交易、影视制作等,协助推进马鞍山传统风貌区建设和产业布局工作。

依托中山文化产业园、U创空间、靶点影视文化产业园等载体,引进新型商业、文化艺术、都市旅游业态,丰富"吃住行游购娱、商养学闲情奇"等体验式、情景式业态,推出文化旅游主题产品,促进文化旅游消费升级。

3.鹅岭-李子坝融合发展区

片区拥有主城核心区最具山城、江城、不夜城特色的山水自然景观,片区将推动文化、商贸资源融合发展,拓展文化创意产业辐射功能。

(1)三层马路老街区

利用三层马路首开区、嘉陵新村地块、防空洞、文物修缮工程等新增载体,引进重庆本土特色餐饮、洞子酒吧、文创展示区、音乐小镇、智慧街区等特色业态,同时新建特色步道、谋划特色交通、扩展周边消费业态,打通三层马路与李子坝观景平台及李子坝抗战遗址公园断层。

(2)民国印钞厂老街区(贰厂南区)

加快推进贰厂南区建设,打造精品民宿小镇,提升"岭上"片区整体形象。

小结

本章主要从区域发展定位、文旅融合发展战略、商务发展战略三个方面讲述重庆母城文化发展战略。其中,文旅融合发展战略主要讲述了业态融合发展、资源融合发展、市场融合发展、服务融合发展、交流融合发展等五个方面。商务发展战略主要讲述了商务发展的现状和路径,重点讲述了商务板块发展布局、新型商业形态规划。

实践建议

考查重庆渝中文旅融合业态,重点参观鹅岭-李子坝片区、十八梯传统街区,了解鹅岭贰厂、十八梯等文旅融合项目开发状况。

参考阅读

渝中区到二〇三五年远景目标

按照党的十九大对实现第二个百年奋斗目标作出的"两步走"战略安排,到二〇三五年我区将与全国、全市一道,基本实现社会主义现代化。展望二〇三五年,我区产业实力壮大、城市有机更新、"人文渝中"建设阶段性任务全面完成,将在西部高水平建成现代服务业引领区、历史文化展示区、国际交往窗口区、美好城市示范区,服务业现代化、社会治理现代化全面实现。综合经济实力、科技创新能力大幅提升,经济总量和居民人均收入迈上新的台阶,国际消费中心城市核心区、西部金融中心主承载区和重庆服务业高质量发展示范区建设目标全面实现;各方面体制机制更加完善,法治政府、法治社会和平安建设达到更高水平;全面深化改革和扩大开放取得重大突破,开放程度和国际化水平在中西部领先;文化事业和文化产业更加繁荣发展,文化旅游深度融合,"母城"文化魅力充分彰显,"人文渝中"更具吸引力和影响力,山清水秀美丽之地建设成效明显;城市品质走在西部前列,国际化、绿色化、智能化、人文化现代城区全面建成;人的全面发展、全体人民共同富裕取得更为明显的实质性进展,中等收入群体显著扩大,基本公共服务实现均等化,居民生活水平差距显著缩小,高品质生活充分彰显。

——《中共重庆市渝中区委关于制定渝中区国民经济和社会发展第十四个五年规划和二〇三五年远景目标的建议》

思考与自测

一、思考题

重庆文旅融合发展策略将从哪五个方面推进?

二、自测题

(一)填空题

1.《渝中区全域旅游规划》着重强化山水风貌、(　　)和现代时尚三个核心特色要素。

2.依托重庆母城所在的渝中区独特的自然地貌、现代城市建设,建筑栉比鳞次、上下半城有机融合的(　　)山水风貌。

3.渝中区全域发展以(　　)为总体蓝图。

4.渝中区全域发展的总体定位包括国际文化旅游大都会、(　　)、国家全域旅游示范区。

5.渝中区致力于打造一个西部枢纽、全球门户、(　　)都市旅游目的地。

6.渝中区围绕(　　)要求,建设全域旅游示范区。

7."三区"区域是产业发展重要载体空间。包括东部国际地标区、北部都市印象区、(　　)。

8.渝中全域发展多点支撑,按照重要性划分,(　　)为一级重点区域。

9.针对历史建筑保护利用,出台了(　　),进一步完善了文物管理机制。

10.渝中区业态融合策略,按照(　　)的工作思路。

11.重庆儒学发源地是(　　)。

12.(　　)是渝中区经济的两大压舱石之一,另一压舱石为商贸(商务)行业。

13.渝中区2个百亿级商圈是(　　)。

14.解放碑中央商务区以(　　)为目标愿景。

15.渝中区电子商务和创意产业园以数字经济发展模式为引导,以(　　)双驱动。

16.大石化新区依托现有产业布局和优势,在智能化领域围绕(　　)突出发展区块链、大数据和人工智能技术的研发和应用。

(二)选择题

1.下列选项中,哪一个不是渝中传承文化(　　)?
A.巴渝文化　　　B.抗战文化　　　C.网红文化　　　D.红岩精神

2.南部时尚新城区为中央山脊以南区域,以"时尚新城"为主题,以(　　)商圈、菜园坝区域为支撑。
A.大坪　　　　B.化龙桥　　　C.杨家坪　　　D.石桥铺

3.下列选项中,属于渝中全域发展多点支撑一级重点区域的是(　　)。

 A.湖广会馆 B.十八梯 C.解放碑 D.洪崖洞

4.(　　)渝中区被文化和旅游部授予第二批"国家全域旅游示范区"称号。

 A.2019年7月 B.2019年11月 C.2020年7月 D.2020年11月

5.渝中区市级以上文物数量居(　　)。

 A.全市第一 B.全市第二 C.全市第三 D.全市第四

6.下列选项中,属于渝中"时尚山水都市"旅游资源的是(　　)。

 A.湖广会馆 B.洪崖洞 C.红岩村 D.解放碑商圈

7.重庆市首个社零突破500亿元的商圈是(　　)。

 A.观音桥商圈 B.解放碑商圈 C.三峡广场商圈 D.杨家坪商圈

8.下列选项中,属于解放碑中央商务区的是(　　)。

 A.长航大厦   B.世贸大厦

 C.来福士广场   D.光控朝天门中心

9.渝中区有市级特色夜市(　　)个。

 A.1   B.2   C.3   D.4

10.长江索道是国家(　　)级旅游景区。

 A.5A   B.4A   C.3A   D.2A

11.下列选项中,属于爱国主义教育基地的是(　　)。

 A.朝天门 B.红岩村 C.洪崖洞 D.白象街

12.渝中区拥有(　　)国家级文化产业示范基地。

 A.4个   B.3个   C.2个   D.1个

13.下列选项中,属于国家级文化产业示范基地的是(　　)。

 A.洪崖洞   B.湖广会馆

 C.中山四路   D.鹅岭印刷贰厂

14.下列选项中,属于历史文化街区的是(　　)。

 A.洪崖洞   B.鹅岭印刷贰厂

 C.十八梯   D.中山四路

附录:自测题答案

第一章

一、思考题

略

二、自测题

填空题:

1.巴 2.明玉珍 3.1997 4.戴鼎 5.劳动人民文化宫 6.王泉根 7.刘氏刺熨疗法 8.茶船 9.包杂包 10.姬 11.吊脚楼 12.朝天门 13.通远门 14."展言子儿" 15.金融中心 16.张家德 17.字水宵灯 18.重庆大学 19.穿斗老房 20.中山四路

选择题:

1.D 2.D 3.A 4.B 5.C 6.D 7.B 8.B 9.C 10.B 11.B 12.B 13.C 14.D 15.A 16.B 17.A 18.C 19.A 20.D

第二章

一、思考题

略

二、自测题

填空题:

1.花边束颈圜底罐 2.白虎 3.江州 4.南宋孝宗淳熙十六年/1189年 5.化龙桥 6.巴乡村 7.宁厂 8.磐 9.巴人 10.巴式釜 11.铜鍪 12.巴渝 13.兴隆 14.灯戏 15.交通部 16.夏商 17.寋氏 18.新石器 19.湖广填四川 20.国府路

选择题:

1.A 2.B 3.A 4.D 5.D 6.D 7.B 8.A 9.C 10.D 11.D 12.A 13.D 14.C 15.D 16.B 17.A 18.B 19.A 20.A

第三章

一、思考题

略

二、自测题

填空题：

1.40个　2.沙嘴码头、嘉陵码头和月亮碛码头　3.夔关　4.《烟台条约》　5.《马关条约》　6.《烟台条约续增专条》　7.日本　8.华轮独营　9.缫丝　10.森昌字号　11.川东各起民团声言打教　12.邹容　13.航运　14.涵虚电影场　15.《渝报》　16.川江号子　17.《广益丛报》

选择题：

1.A　2.A　3.D　4.B　5.A　6.D　7.D　8.C　9.A　10.D　11.D　12.D　13.B　14.B　15.D　16.B　17.A　18.D

第四章

一、思考题

略

二、自测题

填空题：

1.原重庆高级工业职业学校　2.上清寺　3.陪都　4."防区制"　5.刘湘　6.甲种　7.长寿、江津、合川、綦江　8.重庆大轰炸　9.国民革命军陆军新编第四军　10.北京路　11.国泰戏院　12."一城三带九片"　13.抗战胜利纪功碑　14.红岩村　15.李子坝公园　16.特园　17.苏军烈士墓　18.打铜街

选择题：

1.D　2.D　3.D　4.A　5.D　6.A　7.D　8.B　9.D　10.C　11.C　12.D　13.B　14.A　15.A　16.D　17.C　18.A　19.D

第五章

一、思考题：

略

二、自测题

填空题：

1.重庆独立和蜀军政府成立　2.《渝报》　3.革命军中马前卒、《革命军》　4.公强会　5.铁路干线国有　6.邓中夏　7.打枪坝　8.1939　9."四·二一"　10.确保大西南　11.大迁回、大包围　12.桂园　13.邓小平　14.1949年11月30日　15.邓小平　16.中共重庆地委

选择题：

1.A　2.A　3.A　4.D　5.D　6.B　7.A　8.C　9.C　10.D　11.B　12.C　13.A　14.C　15.D　16.C　17.C　18.C　19.D

第六章

一、思考题：

略

二、自测题

填空题：

1.巴国　2.南宋　3.长江　4.同乐茶园　5.重庆百货大楼股份有限公　6.川东劝业会　7.桐君阁大药房、冠生园　8.卢作孚　9.朝天门批发市场　10.洪崖洞　11."中国西部第一街"　12.龙湖时代天街　13."重庆学田湾市场"　14.湖广填四川移民博物馆　15."公路零公里"　16.吊脚楼　17.嘉陵江　18.国际地标主题区　19.皇冠大扶梯

选择题：

1.C　2.A　3.B　4.B　5.D　6.C　7.A　8.A　9.C　10.A　11.D　12.A　13.A　14.C　15.D　16.A　17.A　18.D　19.D

第七章

一、思考题

略

二、自测题

填空题：

1.巴渝母城　2.半岛立体　3.山水之城,美丽之地　4.国际旅游名城核心区　5.深度探访型　6.国际化、人文化、绿色化、现代化　7.南部时尚新城区　8.解放碑CBD、朝天门　9.《渝中区历史建筑活化利用管理办法》　10."宜融则融,能融尽融,以文促旅,以旅彰文"　11.下洪学巷　12.金融业　13.解放碑和大坪　14.产城景融合立体半岛·国际化开放人文片区　15."科创""文创"　16."重庆链岛"

选择题：

1.C　2.A　3.C　4.D　5.A　6.D　7.B　8.B　9.A　10.B　11.B　12.C　13.A　14.D

后 记

由重庆广播电视大学渝中区分校组织编写的《重庆母城文化概论》一书,经过所有参与者的共同努力,得以顺利出版。

本教材的出版,无论是对人们学习重庆母城文化,还是对重庆母城文化的整理、发掘、利用、宣传工作,都有着重要的价值和意义。

本教材由张静、余晴担任主编,王丹、李豪军、郭家雨担任副主编。

本教材的编委会主任为:张静、余晴;编委会副主任为:王丹、李豪军、郭家雨;编委会成员有:马蓉、刘魏、许蓝之、李林霖、肖梦思、吴自育、沈禹希、陈宏、罗佳、梁蔺蔺。

此外,还有周春燕、田学芝、冉婷、邹登顺、宋波、甄腾飞、冉婷、熊诗意、张海龙参与了本教材的编写工作;罗兹柏、邹登顺、周春燕、罗巨浪参与了大纲策划和统稿工作。郭家雨、罗巨浪承担项目统筹工作。文中图片由余辉拍摄提供。

胡继明、余善云为本教材承担学术顾问工作。

在此对上述人员的工作表示衷心感谢!

欢迎本教材的使用者和其他读者,对本教材提出宝贵意见,以便我们将来再版时根据合理意见对本教材进行修订。